COLECCIÓN CRÍTICA TRIBUTARIA

NARRATIVAS TRIBUTARIAS

3

COLECCIÓN CRÍTICA TRIBUTARIA

NARRATIVAS TRIBUTARIAS

Eleonora Lozano Rodríguez
(compiladora)

3

Juanita Castro Romero
Alfredo D'Costa Rodríguez
Juan Carlos Durán Uribe
Andrés Guevara González
Félix Andrés López Pulido
Gloria Johana Morales Osorio
Camilo Andrés Perilla López
Andrés Felipe Rivas Cardona
Cindy Johanna Simbaqueva Vigoya
Ruby Esperanza Yaya Escobar

Universidad de los Andes
Colombia
Facultad de Derecho

Nombres: Lozano Rodríguez, Eleonora, compiladora, autora. | Castro Romero, Juanita, autora. | D'Costa Rodríguez, Alfredo, autor. | Durán Uribe, Juan Carlos, autor. | Guevara González, Andrés, autor. | López Pulido, Félix Andrés, autor. | Morales Osorio, Gloria Johana, autora. | Perilla López, Camilo Andrés, autor. | Rivas Cardona, Andrés Felipe, autor. | Simbaqueva Vigoya, Cindy Johanna, autora. | Yaya Escobar, Ruby Esperanza, autora.

Título: Narrativas tributarias 3 / Eleonora Lozano Rodríguez (compiladora).

Descripción: Bogotá : Universidad de los Andes, Facultad de Derecho, Ediciones Uniandes, 2022. | 432 páginas : ilustraciones ; 14 × 21 cm. | Colección Crítica Tributaria

Identificadores: ISBN 9789587981568 (rústica) | ISBN 9789587981599 (electrónico)

Materias: Impuestos | Derecho fiscal

Clasificación: CDD 343.04–dc23 SBUA

Primera edición: abril del 2022

Ediciones Uniandes
Carrera 1.ª n.° 18A-12, bloque Tm
Bogotá, D. C., Colombia
Teléfono: 601 339 4949, ext. 2133
http://ediciones.uniandes.edu.co
http://ebooks.uniandes.edu.co
infeduni@uniandes.edu.co

ISBN: 978-958-798-156-8
ISBN *e-book*: 978-958-798-159-9
DOI: http://dx.doi.org/10.15425/2017.496

Corrección de estilo: Ana María Noguera
Diagramación: Vicky Mora
Diagramación de cubierta: Angélica Ramos

Universidad de los Andes | Vigilada Mineducación.
Reconocimiento como universidad:
Decreto 1297 del 30 de mayo de 1964.
Reconocimiento de personería jurídica:
Resolución 28 del 23 de febrero de 1949, Minjusticia.
Acreditación institucional de alta calidad, 10 años:
Resolución 582 del 9 de enero del 2015, Mineducación.

CONTENIDO

A MANERA DE INTRODUCCIÓN: EL CONTEXTO

Mediante la Resolución 1274 del 28 de enero del 2016, el Ministerio de Educación Nacional otorgó el registro calificado por siete años a la Maestría en Tributación de la Universidad de los Andes. Desde su concepción como maestría de profundización[1], este programa tiene especial énfasis en el estudio y la solución de casos y problemas avanzados relacionados con la tributación nacional, subnacional, internacional, supranacional y comparada.

En consecuencia, sus materias han sido especialmente diseñadas para que el estudiante reconozca las problemáticas tributarias más importantes y, de esa manera, esté en capacidad de proponer alternativas de solución. Como resultado, en el curso Perspectivas Interdisciplinarias de la Tributación los estudiantes logran identificar las principales tensiones en la relación entre la tributación y otras disciplinas, pertenecientes o no al área jurídica, lo cual les permite establecer un mejor diálogo con profesionales de materias afines a la tributación. En el curso Temas Avanzados de la Tributación Colombiana, por su parte, se analizan las problemáticas (normativas, doctrinales y jurisprudenciales)

1 El artículo 24 del Decreto 1295 de 2010 (nuevo artículo 2.5.3.2.7.5. del Decreto Único Reglamentario del Sector Edùcación, Decreto 1075 del 26 de mayo del 2015) distingue las maestrías de profundización de aquellas de investigación al establecer que: "La maestría de profundización busca el desarrollo avanzado de competencias que permitan *la solución de problemas o el análisis de situaciones particulares de carácter disciplinar, interdisciplinario o profesional, por medio de la asimilación o apropiación de saberes, metodologías* y, según el caso, desarrollos científicos, tecnológicos o artísticos. La maestría de investigación debe procurar el desarrollo de competencias científicas y una formación avanzada en investigación o creación que genere nuevos conocimientos, procesos tecnológicos u obras o interpretaciones artísticas de interés cultural, según el caso" [énfasis añadido].

más relevantes de los tributos nacionales y subnacionales, así como del procedimiento tributario, teniendo siempre en mente propuestas de mejora para el débil sistema tributario del país. En la asignatura Temas Avanzados de la Tributación Internacional, Supranacional y Comparada, los estudiantes profundizan en las tensiones interpretativas y aplicativas de las normas internas e internacionales con implicaciones fiscales en las distintas operaciones transfronterizas. Finalmente, los estudiantes cuentan con dos materias electivas: una de cualquier programa de maestría de la Universidad, para promover así el análisis interdisciplinar y la flexibilidad curricular, y otra propia de nuestra maestría, para buscar mayor especialidad. En estos cursos los alumnos, siguiendo sus propios intereses académicos y profesionales, perfilan aún más su profundización. En la figura 1 se visualiza mejor la estructura académica del segundo año de la maestría, pues el primero es la Especialización en Tributación de la Universidad de los Andes.

Figura 1. Estructura curricular del segundo año de la Maestría en Tributación

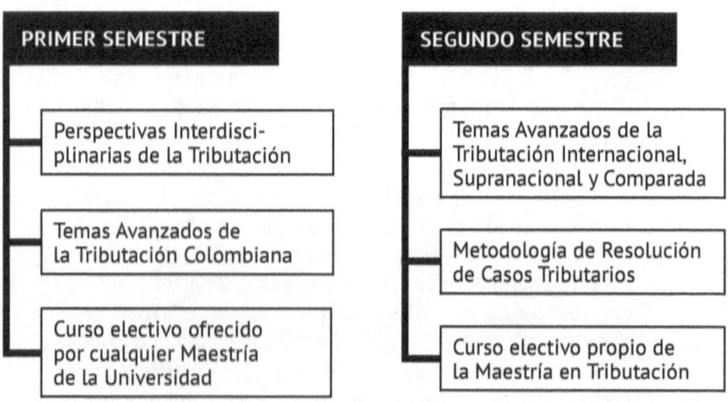

Fuente: elaboración propia.

El diseño y la puesta en práctica de las anteriores materias y su metodología, básicamente de seminario, han sido retadores. Sin embargo, consideramos que el mayor aporte a la literatura tributaria lo constituye sin lugar a dudas el trabajo de grado de nuestra maestría, que ambiciosamente hemos denominado narrativa tributaria y cuyos primeros resultados presenta esta publicación. El trabajo de grado de la Maestría en Tributación (profundización), siguiendo la distinción que ha realizado la normativa nacional entre maestrías de profundización y de investigación, está dirigido al diseño y estudio de un caso de naturaleza tributaria[2].

Para explicar la metodología del trabajo de grado, este aparte de la publicación hablará a cuatro voces y queremos que sea precisamente una narrativa. Esto quiere decir que la metodología de la narrativa tributaria se explicará a partir de la escritura misma de una narrativa. El *Diccionario de la lengua española* de la Real Academia Española define *narrativa* como el "género literario constituido por la novela, la novela corta y el cuento"[3], por lo que esta parte metodológica tendrá, siguiendo a Philip N. Meyer[4],

2 El artículo 24 del Decreto 1295 del 2010 (nuevo artículo 2.5.3.2.7.5 del Decreto Único Reglamentario del Sector Educación, Decreto 1075 del 26 de mayo del 2015) diferencia las modalidades de trabajo de grado de las maestrías de profundización y de investigación, respectivamente, así: "El trabajo de investigación de la primera, podrá estar dirigido a la investigación aplicada, al estudio del caso, o la creación o interpretación documentada de una obra artística, según la naturaleza del programa. El de la segunda debe evidenciar las competencias científicas, disciplinares o creativas propias del investigador, del creador o del intérprete artístico" [énfasis añadido].

3 *Diccionario de la lengua española*, acceso el 26 de mayo del 2017, http://dle.rae.es/?id=qgmJhdd.

4 Philip N. Meyer, *Storytelling for Lawyers* (Nueva York: Oxford University Press, 2014), 4.

una escena (la Universidad de los Andes), un reparto (una profesora y académica tributarista, un exalumno de la Facultad de Derecho, una asesora pedagógica versada en tecnología y una experta en acompañar procesos de escritura académica), una trama (una serie de eventos), una línea de tiempo (un recuento ordenado, o no, cronológicamente) y una situación humana apremiante (las dificultades de enseñar y aprender tributación). Esta es entonces nuestra narrativa. ¡Qué mejor para enseñar y aprender, que hacer!

Eleonora Lozano Rodríguez

febrero del 2020

¿CÓMO ENSEÑAR Y APRENDER LA COMPLEJA TRIBUTACIÓN COLOMBIANA?

El caso de la narrativa tributaria como propuesta pedagógica para enseñar y aprender tributación*

Juan Carlos Durán Uribe

Eleonora Lozano Rodríguez

Gloria Johana Morales Osorio

Ruby Esperanza Yaya Escobar

* Para citar este capítulo: http://dx.doi.org/10.15425/2017.220

Francesca Lopera, reconocida tributarista de una de las mejores universidades del país, profesora de Tributación del pregrado y directora de la maestría y especialización en Tributación, tiene varias inquietudes sobre cómo mejorar la educación en las áridas temáticas tributarias. Dado que reconoce sus debilidades pedagógicas y tecnológicas, consulta a Clementina del Valle, experta en innovación en tecnología y educación. Ambas, en compañía de un exalumno de Francesca, construyen una nueva técnica pedagógica para enseñar y aprender tributación con un importante componente de escritura creativa.

PALABRAS CLAVE

Enseñanza de la tributación, aprendizaje de la tributación, narrativa o *storytelling*, narrativa tributaria, maestría en investigación, maestría en profundización, trabajo de grado, tributación para todos.

GLOSARIO

Aprendizaje de la tributación: Proceso mediante el cual el estudiante y las personas en general asimilan el conocimiento tributario, a la vez que desarrollan competencias para aplicarlo en sus respectivos campos de estudio o laborales, o en su cotidianeidad.

Enseñanza de la tributación: Proceso mediante el cual se diseñan, ejecutan y evalúan intervenciones pedagógicas cuya finalidad es el aprendizaje de los estudiantes en materia tributaria.

Estrategias de solución: Alternativas de respuesta a la problemática.

Historia: Narración de una situación fáctica que envuelve una problemática o tensión en materia tributaria.

Maestría en investigación: Tipo de maestría creado por el Decreto 1295 del 2010, mediante el cual se busca que el estudiante elabore un trabajo de grado creador de nuevo conocimiento jurídico, a partir de estudios teóricos, debates doctrinales o asunción de posturas determinadas.

Maestría en profundización: Tipo de maestría creado por el Decreto 1295 del 2010, mediante el cual se busca que el estudiante elabore un trabajo de grado que involucre un estudio de caso, encuentre la solución a un problema concreto o analice una situación en particular de carácter disciplinar.

Metodología: Conjunto de reglas, conductas y estándares que se deben seguir de forma ordenada para obtener un producto o un resultado esperado.

Narrativa o *storytelling*: Metodología de aprendizaje y enseñanza que se basa en la narración de historias o recursos literarios, cuyo objetivo es acercar a los estudiantes a contenidos tributarios de una manera no convencional, pero a la vez íntimamente relacionada con el ejercicio del consultor o asesor tributario.

Narrativa tributaria: Metodología propia de la Maestría en Tributación de la Universidad de los Andes, basada a su vez en la metodología de la narrativa o *storytelling*, la cual fomenta el estudio y aprendizaje de la tributación mediante la narración de una historia que plantee y resuelva una problemática disciplinar o interdisciplinar.

Problemática: Pregunta que sintetiza un estado de cosas en el que aún no se ha encontrado una respuesta concreta, pacífica o uniforme.

Propuesta de impacto o mejora: Producto que busca materializar la solución a la problemática.

Solución: La alternativa más sólida para responder a la problemática.

Trabajo de grado: Producto final que todo estudiante de una maestría, ya sea de investigación o de profundización, debe entregar como requisito para obtener su título de magíster.

Tributación: Disciplina que estudia los tributos y su relación con el derecho, la economía, la contaduría, entre otras.

¿CÓMO ENSEÑAR Y APRENDER LA COMPLEJA TRIBUTACIÓN COLOMBIANA?

La profesora y su ideal retador

Francesca Lopera siempre fue una "devoralibros". Sus compañeros de clase la recuerdan por cursar doble programa de Derecho y Economía en la universidad. Fue precisamente por esa formación interdisciplinar que terminó en las áridas materias tributarias. Sin embargo, con el paso del tiempo, se ha dado cuenta de que estos dos saberes no son suficientes, más aún cuando múltiples disciplinas confluyen en su comprensión.

Nuestra protagonista siempre tuvo vocación docente. Inicialmente fue monitora y tutora de ilustres hacendistas públicos y tributaristas, luego fue profesora de su *alma mater*. Cada semestre académico que imparte el curso de Tributación en el pregrado comprende que si entender los fenómenos tributarios es complejo, enseñarlos es aún más difícil. Esta dificultad se exacerba cuando el auditorio que se debe entrenar también es interdisciplinar.

Además de ser profesora del pregrado, desde hace varios años Francesca es la directora del programa de Especialización en Tributación de la misma universidad. Allí también enfrenta constantemente diversas dificultades en relación con la enseñanza de la tributación, como la precisión y especialidad terminológica, la extensión de la materia, sus diferentes subespecialidades, la heterogeneidad del alumnado y el perfil que se desea del egresado. Sumado a esto, no es fácil encontrar profesores en el área, pues aunque existen excelentes profesionales tributaristas, pocos están formados en pedagogía, o no cuentan con el tiempo que amerita una buena preparación de clase. Para ahondar en las dificultades, recientemente ha descubierto que la tecnología desempeña un rol fundamental en el proceso tanto de enseñanza como de aprendizaje, por lo que siente que es urgente incorporar este tipo de ayudas a las clases.

Precisamente por las anteriores problemáticas, Francesca escribió hace algunos años un texto en homenaje a su gran maestro Estanislao Castellón, en el que reflexionaba sobre la enseñanza de la tributación. Allí disertó sobre sus dificultades y tensiones y formuló algunas propuestas pedagógicas para que los estudiantes adquieran competencias indispensables para su ejercicio profesional. Una de ellas es el desarrollo de simulaciones tributarias en clase (por ejemplo juicios o procesos legislativos simulados), el estudio de la tributación a partir de categorías no tradicionales (por ejemplo desde perspectivas de sociología y género) y el uso de otras técnicas, como el estudio de casos, la elaboración de clínicas jurídicas, el aprendizaje basado en problemas (más conocido como PBL, por su nombre en inglés, *problem-based learning*) y la narrativa en tributación. Algunas de las anteriores propuestas metodológicas las ha puesto en práctica en el pregrado y en la especialización, y otras quedaron en el tintero como buenas aproximaciones pedagógicas, que están pendientes de ser llevadas a la práctica.

Surge ahora un evento aún más retador. Recientemente, junto con su decana Beatriz Estupiñán, ven la necesidad de crear e implementar una maestría en Tributación, que amplíe y fortalezca a la comunidad académica en esta área. El proyecto tiene muy ilusionada, pero también inquieta, a Francesca, pues al crear la maestría bajo la modalidad de profundización, el trabajo de grado de los estudiantes no debe ser la típica monografía de un programa en investigación, sino que además de afianzar los conocimientos y metodologías aprendidos a lo largo de sus estudios, debe servir de material pedagógico para usarlo luego en clases de pregrado y posgrado, y los textos deben ser fuente de futura consulta para interesados en esta área del conocimiento. La idea, en últimas, es acercar la tributación a *todos*, otro de los grandes desafíos de la profesora.

La asesora pedagógica y su guía optimista

Francesca había trabajado con algunas personas, entre ellas Sebastián Donoso, exalumno del curso de Tributación del pregrado. Entre otras cuestiones, habían conversado acerca de cómo enfrentar los retos que planteaba la educación en esta área. Sin embargo, reconociendo que siempre se puede ser mejor docente, buscó ayuda. Así pues, consultó a Clementina del Valle, joven profesora experta en innovación en tecnología y educación, con quien hubo "química laboral" instantánea.

Hasta ese momento, el área de interés de Clementina había sido la relación de las tecnologías de información y comunicación (TIC) con la educación. Siempre le había gustado el diseño de programas y cursos en modalidad semipresencial (*blended learning*); este justamente había sido su tema de trabajo durante los últimos años y la pasión de su vida. Luego de terminar su pregrado, Clementina se dio cuenta de que su futuro estaba en la educación, por lo que sin pensarlo dos veces hizo una especialización y una maestría en Educación en una de las mejores universidades del país. Estos programas cambiaron todas sus concepciones sobre la enseñanza y el aprendizaje, y fue precisamente en esa universidad donde Clementina inició su trabajo académico como investigadora júnior en temas de educación. Después de ocho años en cargos relacionados, ahora dirige uno de los grupos que innova en educación y tecnología en los programas y cursos de posgrado.

En este último cargo directivo Clementina se encontró con Francesca, quien estaba llena de inquietudes pedagógicas que podrían resolverse desde la relación entre educación y TIC. Es por esto que tuvo mucho sentido su química laboral. Clementina piensa que una gran problemática en materia educativa se ve dentro del salón de clases, pues, por un lado, es un lugar en el que el profesor tiene un rol fundamental en la enseñanza, pero, por otro, es allí donde las TIC son cada vez más un vehículo que permite repensar esas habituales formas de enseñanza. Dado que las prácticas docentes no han cambiado, en los salones de clase hay un profesor al frente que simplemente transmite conocimiento a unos estudiantes pasivos que lo absorben. Por eso, para ella lo importante en un profesor no es saber transmitir conocimiento, sino mucho más. "Se debe capacitar a los profesores para enseñarles a sus estudiantes a aprender a aprender y a construir el conocimiento y aplicarlo en contextos reales; el profesor debe crear un ambiente que favorezca el desarrollo de competencias sociales, de comunicación y de trabajo colaborativo en sus alumnos", decía apasionadamente Clementina en las reuniones que sostenía con Francesca y Sebastián.

Asimismo, Clementina afirma que el problema de una educación que no se conecte con la realidad digital es mundial, a pesar de que la tecnología ofrece enormes oportunidades a la sociedad y se ha demostrado de diversas maneras que es posible apoyar el aprendizaje con medios tecnológicos con resultados significativos en todos los niveles educativos. En general, este cambio es una deuda global. En últimas, lo que ella y su dependencia hacen es ayudar a los profesores a innovar en sus concepciones y prácticas educativas con la inclusión de la tecnología.

El exalumno y su experiencia curiosa

Francesca y Clementina concluyeron que para entender mejor la problemática era importante vincular al grupo de trabajo a Sebastián Donoso, quien con su experiencia como exalumno y como persona interesada en la educación enriquecería las discusiones pedagógicas para mejorar la enseñanza del área tanto en el pregrado como en el posgrado.

Desde pequeño, Sebastián sabía que lo suyo era la educación. En el colegio se imaginaba en el papel del profesor y se abstraía pensando cómo podría mejorar las clases de sus maestros. Cuestionaba los métodos educativos y proponía, incluso, lecturas y actividades. Él era estudioso y a la vez crítico. "Rebelde", decían algunos profesores; "no deja títere con cabeza", decían otros. Lo cierto es que en su mente, antes de decidirse por el derecho, él sabía que las aulas eran su pasión. En la universidad, Sebastián aprovechó la oportunidad de ser monitor de dos materias, lo cual le ayudó a seguir explotando su vocación docente, a la vez que iba conociendo más y más sobre el derecho. Al igual que Francesca, trabajó de la mano de varios profesores ilustres de la Facultad de Derecho. Se enfrentó a la experiencia de un aula de clase, a las preguntas difíciles, a estudiantes retadores y a la corrección y retroalimentación de trabajos. Todo esto le gustó tanto que, después de su grado, continuó trabajando como profesor asistente.

Transcurría el 2014 cuando Sebastián, en octavo semestre de Derecho, tomó la materia de Tributación con Francesca. Su experiencia en la clase fue agridulce, pues sintió que, a pesar de experimentar las valiosas metodologías de aprendizaje propuestas por su profesora, el tema era árido e indescifrable. Era una materia muy compleja, técnica y excesivamente reglamentada. Incluso, él se atrevía a pensar que era una de las áreas más difíciles del derecho. Sin embargo, esto no fue impedimento para que él, una persona enormemente curiosa, estudiara como ratón de biblioteca y sacara adelante la materia con muy buen desempeño, lo que hizo que Francesca lo considerara un estudiante aplicado.

A medida que se acercaba la fecha de su grado, Sebastián tenía clara en su cabeza la voluntad de no desvincularse de la universidad y aceptó la invitación de Francesca para trabajar con ella en la coordinación de los posgrados en Tributación. Fue en la Maestría en Tributación donde pudo explorar las problemáticas de la educación en posgrados, en general, y en derecho y tributación, en particular; toda una experiencia que requirió horas y horas de reflexión, montañas de apuntes y una buena dosis de creatividad.

El problema del trabajo de grado

El equipo integrado por Francesca, Clementina y Sebastián le dio muchas vueltas al asunto. Creían que la normatividad que definía lo que era una maestría en profundización carecía de precisión y establecía una línea divisoria muy poco nítida con las maestrías en investigación. Lo único que podían ver con claridad era que en estas últimas el objetivo fundamental era la creación de nuevo conocimiento, mientras que en las primeras era desarrollar un estudio de caso, resolver un problema concreto o analizar una situación en particular. Pero, ¿cómo es que al resolver un problema concreto o al analizar una situación en particular no se está creando nuevo conocimiento?

A medida que fue pasando el tiempo, las reuniones del equipo se hicieron más constantes. Las mañanas se habían convertido en un espacio de pensamiento y de reflexión, amenizadas con café y palitos de queso de la cafetería Großmutter. En estos encuentros surgieron muchas ideas para hacer del trabajo de grado de la maestría un producto realmente innovador y enriquecedor para estudiantes, tutores y la comunidad académica en general. Sin embargo, la pregunta que se planteaban los protagonistas de esta historia era ¿puede crearse una metodología del trabajo de grado que responda a *un estudio de caso, la solución de un problema concreto o al análisis de una situación en particular*, metas a las cuales apunta la normativa vigente sobre este tipo de maestrías, y que a la vez acerque la tributación a todos los ciudadanos? Las fechas de admisiones estaban cerca y el equipo aún tenía un largo camino por recorrer...

Lo que sigue cuenta con la estructura que tiene el trabajo de grado que construyeron Francesca, Sebastián y Clementina después de mucha reflexión pedagógica y mucho lápiz y papel.

PROBLEMÁTICA

¿Existe una metodología de trabajo de grado para la Maestría en Tributación que sea pedagógicamente sólida y permita realizar un estudio de caso, resolver un problema concreto y analizar una situación en particular y, a la vez, acercar la tributación a todos?

ESTRATEGIAS DE SOLUCIÓN

Francesca, Clementina y Sebastián tenían claro que la normativa colombiana, concretamente el artículo 24 del Decreto 1295 del 2010[1], permite que el trabajo de grado de una maestría en profundización sea un estudio de un caso, la solución a un problema concreto o el análisis de una situación en particular. Sin embargo, a los tres les parecía que estas opciones eran un ejercicio habitual de la

1 Nuevo artículo 2.5.3.2.7.5. del Decreto Único Reglamentario del Sector Educación, Decreto 1075 del 26 mayo del 2015.

profesión de los abogados. Igualmente, pensaban que estas alternativas eran solo una primera acción en la alineación curricular con el objetivo de la maestría, que consiste en que el maestrando, al finalizar el programa, sea capaz de: (1) profundizar en temas sobre tributación, desarrollar estudios de caso, identificar, analizar y solucionar un problema concreto y analizar una situación particular en materia tributaria; (2) crear y perfeccionar habilidades y competencias relevantes para el desempeño profesional y académico; y (3) fomentar la publicación de casos especializados en materia tributaria que, indiscutiblemente, nutrirán los materiales de estudio de esta área del conocimiento. De esa manera, el equipo encontró las siguientes estrategias de solución a la problemática.

Primera estrategia: el estudio de caso

Esta metodología de enseñanza se centra en los participantes, y los sumerge en una situación real, de tal manera que deban entenderla, determinar el problema y resolverlo, mediante la guía del profesor y el apoyo de sus compañeros[2]. Se ha utilizado con frecuencia en el proceso de enseñanza y aprendizaje de la administración de empresas en universidades como Harvard.

Sin embargo, luego de un análisis que el equipo realizó, llegaron a la conclusión de que esta estrategia no era la más apropiada, dado que no hay referentes de casos en

2 Instituto Tecnológico y de Estudios Superiores de Monterrey, *Las técnicas didácticas en el modelo educativo del Tec de Monterrey: el estudio de casos como técnica didáctica* (México: Dirección de Investigación y Desarrollo Educativo, 2000), http://tecnologiaedu.us.es/cuestionario/bibliovir/309.pdf, acceso el 7 de julio del 2017.

materia tributaria que permitan a la dirección de la maestría usarlos como trabajo de grado, lo cual indiscutiblemente también es problemático para el aprendizaje de la tributación pues se desliga la teoría de la práctica. Francesca, Clementina y Sebastián hicieron una búsqueda exhaustiva e infructuosa de casos en materia tributaria, tanto en la literatura nacional como internacional, y se dieron cuenta de que existe un vacío importante en la casuística de esta disciplina.

Segunda estrategia: la monografía de grado o el artículo académico

La *monografía* es el trabajo de grado por excelencia en la mayoría de facultades de derecho en el país, y se refiere al desarrollo de un tema concreto a partir de la revisión de fuentes bibliográficas relevantes. Para efectos de la Maestría en Tributación, esta podría tratar sobre el análisis de temas avanzados de la tributación nacional, internacional, supranacional o comparada, en el que se expusieran los lineamientos teóricos, las posturas doctrinales, las evidencias empíricas o las recensiones pertinentes para sostener una posición propia.

El *artículo académico*, por su parte, es un producto más breve que la monografía de grado y puede adoptar una de las siguientes tres tipologías, de acuerdo con las categorías del Departamento Administrativo de Ciencia y Tecnología (Colciencias): (1) artículo de investigación científica y tecnológica, (2) artículo de reflexión, y (3) artículo de revisión. La primera tipología se refiere a aquellos escritos que presentan los resultados originales de un proyecto de investigación. La segunda tiene que ver con aquellos resultados de una investigación en los que se involucra el análisis, la interpretación y la crítica del autor. Finalmente, la tercera tiene que ver con la revisión bibliográfica de al menos cincuenta referencias, con el fin de analizar, sistematizar o integrar el estado del arte sobre alguna materia.

Al analizar las dos anteriores formas de trabajo de grado, Francesca, Clementina y Sebastián concluyeron que estas no podrían ser las metodologías por aplicar en la Maestría en Tributación. Al respecto, coincidieron en tres argumentos para rechazarla. Primero, estas metodologías no tendrían un impacto suficiente en la medida en que generalmente están dirigidas a un público especializado y, por tanto, se estaría dejando por fuera la necesidad de acercar la tributación a todos. Segundo, no se refieren al estudio de caso, a la resolución de un problema concreto o al análisis de una situación en particular, lo que hace que no sean productos ideales para ser exigidos en una maestría en profundización. Tercero, estas metodologías no harían que la Maestría en Tributación de la Universidad de los Andes se diferenciara de otras maestrías existentes en Colombia.

Tercera estrategia: la narrativa o storytelling

En un momento de desespero por no encontrar el rumbo, Francesca dedicó una tarde a la lectura, lo que le sirvió como modo de escapatoria y relajación. En una de sus búsquedas, encontró documentos sobre metodologías pedagógicas, en general, y particularmente sobre el método de casos; también recordó que, años atrás, ella había escrito sobre una metodología innovadora denominada *narrativa*. Según lo que había investigado, esta es casi inexistente en el campo de la tributación y tiene como objetivo despertar en los estudiantes el interés por el estudio de casos de las altas cortes por medio del análisis histórico. Esto fue lo que escribió Francesca:

Desde hace varios años se viene hablando en la educación legal de la necesidad de estudiar la tributación por medio de casos, clínicas jurídicas y *relatos de la vida real*. Es así como E. GONZÁLEZ GARCÍA reconoció que para estudiar los aspectos jurídicos de los impuestos es muy recomendable el sistema de casos. Así las cosas, se ha reconocido la casuística como recurso de aprendizaje jurídico.

También se ha discutido mucho la posibilidad de aplicar la técnica del aprendizaje basado en problemas (*problem-based learning*, más conocido como PBL) a la enseñanza de la tributación, técnica que aunque similar al estudio de casos o clínicas jurídicas posee una metodología propia. Así las cosas, para algunos –grupo en el cual me incluyo– no es posible demostrar la comprensión de las temáticas tributarias y sus principios sin una buena estrategia de resolución de problemas.

Algunas de las más innovadoras aproximaciones a la enseñanza de la tributación, y concretamente del derecho tributario, es la publicación de libros como *Tax Stories*, que buscan enganchar a los estudiantes en esta área del conocimiento y destacar la importancia de los impuestos en la educación legal por medio del *relato de historias* (storytelling). *A pesar de que el uso de narrativa en las escuelas de derecho y en la enseñanza no es nuevo, en el ámbito de la tributación era inexistente. El* storytelling *tiene principalmente dos objetivos no excluyentes. El primero, y más explícito, es usar la vigorosidad de esta técnica para atraer el interés de los estudiantes en los casos de las Altas Cortes como el centro de un curso introductorio de tributación. Para* P. L. CARON *los estudiantes sienten el derecho tributario como un camino en continua formación, donde la jurisprudencia muestra los más recientes desarrollos en el ámbito tributario. El segundo, es demostrar la importancia del análisis histórico en el estudio del derecho tributario, así como de la doctrina y de las lecciones institucionales del pasado para el presente* [énfasis añadido][3].

Después de releer estos párrafos, Francesca se preguntó si sería posible que fueran los estudiantes quienes elaboraran los casos, los resolvieran y, a partir de estos, propusieran mejoras al sistema tributario. Fue en ese momento cuando les planteó la siguiente propuesta a Clementina y a Sebastián (véase la figura 1).

Figura 1. Propuesta metodológica inicial para
el trabajo de grado de la Maestría en Tributación

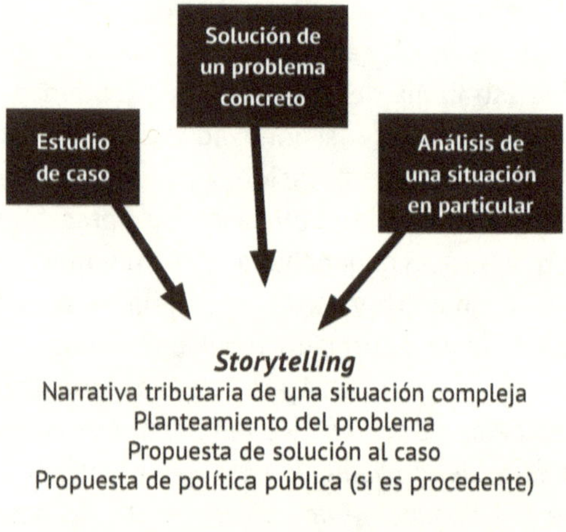

Fuente: elaboración propia (junio, 2016).

3 Eleonora Lozano, "Enseñanza de la tributación", en *Lecciones de derecho tributario inspiradas en un maestro* (Bogotá: Instituto Colombiano de Derecho Tributario y Universidad del Rosario, 2010), 1435.

Los compañeros de Francesca se ilusionaron con su propuesta y pensaron que estas narrativas iban a ser muy útiles para enseñar tributación en el pregrado y el posgrado. ¡Moñona! En ese momento de alegría, Clementina recordó que en la Facultad de Administración los docentes elaboraban casos para que la comunidad académica los debatiera: de seguro podrían apoyarlos en esta iniciativa, precisando la metodología por seguir.

El líder del Centro de Casos de esta facultad era Daniel Vidal, ilustre profesor italiano que emigró a Colombia por circunstancias de la vida. Días después de conversar sobre la propuesta, el equipo de trabajo se reunió con Vidal en su despacho. Allí intercambiaron ideas pedagógicas y material de lectura, pero lo que no intuyeron nuestros protagonistas era que Daniel no era tan optimista con su revolucionaria idea. Su hipótesis era contundente y desalentadora: los estudiantes no podrían escribir esos casos, pues se trataba de una labor compleja que solo podían realizar profesores debidamente capacitados en la metodología para tal fin.

Francesca, Clementina y Sebastián, frustrados con los resultados de la reunión, decidieron ir a tomar café con palito de queso —combinación infalible para levantar el ánimo y lograr la inspiración—, que, una vez metabolizados en los organismos de cada uno, dieron un renovado ímpetu a nuestro equipo para decidir continuar con su iniciativa. La "narrativa tributaria" sería el trabajo de grado de los estudiantes de la Maestría en Tributación. Pero, ¿cómo lograrlo? ¿Requerirían apoyo adicional? La idea estaba cruda, los obstáculos eran grandes y cada día que pasaba se acercaba más la fecha de inicio de la maestría… ¿Sería esto una locura?

Una noche de inspiración, Sebastián tomó la propuesta de Francesca y elaboró un esquema en el que detallaba paso a paso el diseño y la planeación de la narrativa. Para él, esto era apenas un borrador producto de sus divagaciones, pero en cuanto Francesca y Clementina lo vieron, estuvieron de acuerdo en que era una idea interesante y convinieron en que el esquema era el comienzo de un arduo trabajo para poner en marcha la innovadora propuesta. El primer paso era narrar un caso hipotético que planteara una problemática en el campo de la tributación. No obstante, ¿cómo iban a hacer para que los estudiantes comprendieran qué es narrar? Las admisiones a la maestría estaban cerca y los aspirantes presentaban proyectos con cara de una típica monografía de grado.

En esos momentos, Clementina, siempre creativa, buscó a Marcela de la Ossa, literata y experta en apoyar procesos de escritura académica en la Universidad. Indiscutiblemente, si los estudiantes iban a *narrar* historias, deberían hacerlo con un muy buen uso del vocabulario y con una adecuada estructura de las oraciones y los párrafos. Así sería más fácil transmitir a *todos* estas complejas temáticas tributarias. La química del equipo con ella fue inmediata.

Marcela pensó que el proceso pedagógico que estaba pensando el equipo era digno de mostrar: otros programas, facultades y equipos de trabajo deberían proponer más a sus estudiantes este tipo de retos, es decir, una tarea propia de la disciplina y un diseño pedagógico por procesos, en donde se pudiera ayudar a cada estudiante-escritor a lograr cada parte con éxito y con información suficiente sobre cómo seguir adelante.

Así, tras un café, llegaron a acuerdos inmediatos y también a ideas que se podrían seguir trabajando: (1) las instrucciones de escritura y sus criterios de evaluación deberían ser públicos y explicar detenidamente lo que deseaba el equipo en cada entrega; (2) se podría pensar en hacer un taller con los estudiantes para que se acercaran a los elementos básicos de una buena narración (ofrecer toda la información a un lector nuevo, decidir una cronología y seguirla, conectar las partes del relato y usar un lenguaje grato y sencillo, por ejemplo); (3) lo más importante para un escritor es constatar si todo su trabajo se entiende —que es la única forma en que la escritura tiene sentido, si logra lo que quería lograr— y el mejor escenario para conseguirlo es con un lector atento que le cuente a ese escritor en entrenamiento cómo se va construyendo su texto. Con estos elementos sobre la mesa, el primer compromiso fue: en lo que fuera que resultara este proceso pedagógico, Marcela comentaría al margen las narrativas, de modo que cada estudiante tuviera información suficiente sobre qué estaba bien en sus textos, qué podrían mejorar y cómo podrían hacerlo para que otros lectores los entendieran. También se usaría tiempo de una clase para conversar con los estudiantes sobre cómo percibieron los comentarios y sobre algunas recomendaciones generales para continuar su trabajo.

Entonces, Francesca, Clementina, Sebastián y ahora Marcela creen que la *narrativa tributaria* es el camino pedagógico. ¿Será esta una senda exitosa o será uno más de los caminos explorados por Francesca, pero que le siguen generando dudas para una enseñanza y un aprendizaje óptimos de la tributación? Ese es su gran dilema.

Es entonces cuando el equipo, con diferentes acciones, comienza a plantear la propuesta de narrativa tributaria. Esta consta de una descripción de una situación real, una problematización de esta, unas posibles estrategias de solución, entre las cuales se identifica la más apropiada y se resuelve. Además, la narrativa incorpora una propuesta de impacto o mejora que permitirá que los maestrandos, además de generar un caso tributario para que otros puedan usarlo como material pedagógico, trasciendan a propuestas como política pública, proyecto de ley, un *amicus curiæ* (o intervención amigable) ante una alta Corte, una demanda de inconstitucionalidad, un código de ética, entre otras, que aporten a sus disciplinas profesionales y que permitan acercar la tributación a todos.

La narrativa tributaria deja de ser un tipo de trabajo de grado de una maestría en profundización para vincular las formas expuestas en el decreto e incluso generar casos que les evitarían a otros programas encontrar los vacíos metodológicos que se encontraron en este.

SOLUCIÓN

Sí existe una metodología pedagógicamente sólida que permite realizar un estudio de caso, resolver un problema concreto y analizar una situación en particular, a la vez que acerca la tributación a todos: la narrativa tributaria. *Francesca Lopera y su equipo pueden estar tranquilos y confiados en que ese es el mejor camino.* Los argumentos para tan contundente afirmación son los siguientes:

1. **La narrativa tributaria logra que el estudiante sea capaz de explicar (narrar) una cadena de eventos a sus interlocutores.** Como lo plantea Ph. N. Meyer[4], el lenguaje se convierte, por lo tanto, en la principal arma del abogado, y creemos que también lo es para otros profesionales afines a las temáticas tributarias, dado que como operadores jurídicos deben aplicar y discutir la compleja normativa tributaria. Para Meyer, "los abogados gastan su tiempo contando historias [...] Son narradores éticos y verídicos [...] Buscan elaborar argumentos vívidos, persuasivos e irresistibles [...] Los argumentos legales son historias disfrazadas"[5].

4 Philip N. Meyer, *Storytelling for Lawyers* (Nueva York: Oxford University Press, 2014).

5 *Ibid.*, 1-3.

Es así como en este proceso explicativo el estudiante adquiere y afianza unas habilidades que resultan fundamentales para su ejercicio profesional como tributarista. En consecuencia, antes de narrar, debe *escuchar*. Es común que los tributaristas tengan que prestar cuidadosa atención a sus clientes, a la contraparte, al juez, al administrador tributario, a colegas de la misma u otras disciplinas, entre otros. Como lo afirman J. A. Tyler y F. Mullen[6], el relato de historias permite que las personas naveguen por la enredada y compleja red de la experiencia humana, lo cual lo vuelve un proceso netamente "instintivo". De esa manera, y siguiendo a Meyer, en la transversalidad de la narrativa existen fuertes componentes emocionales que se deben tener en cuenta. No olvidemos que, en últimas, el tributarista es una especie de terapeuta que debe calmar a sus intranquilos interlocutores, para lo cual *escuchar* resulta fundamental.

Luego de *escuchar*, el tributarista debe *reconocer* y *organizar* los hechos relevantes, así como las preconcepciones de los actores respecto de la realidad.

2. **La narrativa tributaria logra que el estudiante sea capaz de plantear una problemática o tensión, así como resolverla.** Una vez que el estudiante *escucha*, *reconoce* y *organiza* la información, *plantea la problemática* e inicia su *análisis*. En este proceso resulta esencial *identificar* las instituciones tributarias aplicables, *comprenderlas* y *aplicarlas* a las tensiones que surgen al "aterrizar" los conceptos generales al caso en particular.

6 Jo A. Tyler y Faith Mullen, "Telling Tales in School: Storytelling for Self-Reflection and Pedagogical Improvement in Clinical Legal Education", *Clinical Law Review* 18, n.º 1 (2011): 283.

3. **La narrativa tributaria puede lograr la generación de nuevo conocimiento.** Un proceso narrativo bien llevado puede, incluso, conducir a la creación de significado[7] y a la formulación de recomendaciones, propuestas de impacto o sugerencias de mejora respecto de la situación analizada.
   En últimas, el proceso narrativo permite alcanzar los siguientes objetivos pedagógicos: conocimiento, comprensión, aplicación, análisis, síntesis y evaluación[8] (B. S. Bloom, 1956). Así, el estudiante logra *conocer*, *comprender* y *aplicar* los conceptos necesarios para resolver los problemas en torno a los hechos narrados, así como *analizarlos* y *sintetizarlos*, es decir, resumir los hechos relevantes. Si el proceso es exitoso, puede *evaluar*, etapa última que resulta fundamental para integrar el aprendizaje con la posterior práctica, así como para crear nuevo conocimiento y retornar a la base de la taxonomía[9].
4. **La narrativa tributaria permite la interacción entre la teoría y la práctica.** Una de las principales dificultades en el aprendizaje de la tributación es la aparente desconexión entre los conocimientos teóricos y su aplicación. La narrativa tributaria subsana esa problemática al permitir que el estudiante reconozca los hechos y preconcepciones, identifique la problemática, plantee las estrategias de solución y, luego de una ponderación entre pros y contras, elija la mejor. Igualmente, como ya lo mencionamos, si el proceso narrativo es exitoso, los estudiantes

7 Tyler y Mullen, *Telling Tales*, 291.

8 Benjamin S. Bloom, *Taxonomy of Educational Objectives; the Classification of Educational Goals* (Nueva York: Longmans, Green, 1956).

9 Tyler y Mullen, *Telling Tales*, 290.

pueden formular propuestas de perfeccionamiento e impacto. ¿Qué mejor aplicación práctica de lo aprendido que desarrollar todo este proceso?

Meyer y Tyler y Mullen reconocen esta cualidad. Por ejemplo, Tyler y Mullen plantean tres ideas contundentes por las cuales la conexión entre teoría y práctica mejora la educación: (1) la narrativa permite a las facultades capacitar a sus estudiantes para estar listos para la práctica (*practice-ready*); (2) esa conexión coadyuva a que las facultades entiendan mejor a sus estudiantes y los casos que en la práctica enfrentan, lo cual crea un puente entre la experiencia clínica en la educación superior y la posterior práctica; por último, (3) permite a los miembros de la facultad comprender e informar su enfoque pedagógico: el rol del profesor como quien imparte el conocimiento se redefine y se pone especial énfasis en la experiencia y en la inmediatez de la aplicación del contenido aprendido.

En el capítulo "Bridges to practice, from 'Thinking like a lawyer' to 'Lawyering'", W. Sullivan, Colby, Welch Wegner, Bond y Shulman consideran que la mejor forma de crear puentes entre la teoría y la práctica es introducir a los estudiantes a la *teoría de caso*[10]. Para estos autores, esta pedagogía consta de tres etapas analíticas: (1) el abogado (en nuestro caso, el tributarista) debe determinar cuál es el problema del cliente (retomando a Amsterdam y Bruner[11], es la etapa de la categorización legal); (2) el estudiante debe analizar los principios legales (o de otras disciplinas afines

10 William M. Sullivan, *Educating Lawyers. Preparation for the Profession of Law* (San Francisco: Jossey-Bass, 2007), 87-125.

11 Anthony G. Amsterdam y Jerome S. Bruner, *Minding the Law* (Cambridge: Harvard University Press, 2000).

a la tributación) aplicables; y, finalmente, (3) el estudiante debe construir una narrativa mediante la cual se solucione la problemática del cliente.

5. **La narrativa tributaria sirve de material pedagógico para luego enseñar la tributación.** Por todo lo anterior, no solo los maestrandos se enriquecen elaborando sus narrativas. Futuros estudiantes también aprenderán por medio del estudio de estas en clases de pregrado y posgrado, pues además de tener un documento que registre el proceso de discernimiento y de solución de un caso, estarán cerca de un modelo de escritura retador y divulgativo. Así, los lectores estarán en capacidad de conectar también la teoría y la práctica en un solo lugar, un texto.
6. **La narrativa tributaria contribuye al aprendizaje y la enseñanza interdisciplinar de la tributación.** En su elaboración es muy posible que los estudiantes deban comprender los diálogos entre actores pluridisciplinares (abogados, financieros, contadores, economistas, entre otros) así como ahondar en el análisis de conceptos de diferentes áreas del conocimiento. La metodología que se aplica en la elaboración de la *narrativa* debe, por lo tanto, ser flexible en cuanto al posible uso de métodos cuantitativos y cualitativos, propios de distintas disciplinas.

PROPUESTA DE IMPACTO O MEJORA

Nuestra propuesta de impacto o mejora consta de dos documentos: (1) una guía para la elaboración de la narrativa tributaria (véase el anexo 1 en la página 41) y (2) una guía de citación de fuentes (véase el anexo 2 en la página 65). El primer documento contiene los pasos metodológicos para que los maestrandos diseñen una historia creíble, atractiva y coherente, de la cual extraigan una problemática, las estrategias de solución y su solución. El segundo es la guía de citación que los estudiantes emplearán para elaborar su narrativa tributaria.

BIBLIOGRAFÍA

AA. VV. *Manual para el aprendizaje basado en problemas*, PBL. Bogotá: Facultad de Derecho, Universidad de los Andes, 1998.

AA. VV. *Pautas para la elaboración de estudios de caso.* BID: Departamento de Conocimiento y Aprendizaje, Estudios de caso, marzo del 2011.

Álvarez-Correa D., Eduardo. *Cursos de Metodología Jurídica I y II.* Bogotá: Facultad de Derecho, Universidad de los Andes, 1988.

Amsterdam, Anthony G. y Jerome Bruner. *Minding the Law.* Cambridge: Harvard University Press, 2000.

Blaxter, Loraine, Christina Hughes y Malcolm Tight. *Cómo se hace investigación.* Barcelona: Editorial Gedisa, 1996.

Bloom, Benjamin S. *Taxonomy of Educational Objectives; the Classification of Educational Goals.* Nueva York: Longmans, Green, 1970.

Caron, P. E. *Tax Stories: An In-Depth Look at Ten Leading Federal Income Tax Cases.* Nueva York: Foundation Press, 2003.

Christensen, Roland C., David A. Garvin y Ann Sweet. *Education for Judgment.* Boston, MA: Harvard Business School Press, 1991.

Cifuentes Muñoz, Eduardo (director del proyecto). *Manual de hipertextos jurídicos.* Bogotá: Facultad de Derecho, Universidad de los Andes, 2009.

Escallón Largacha, Eduardo y Andrés Forero Gómez. *Aprender a escribir en la Universidad.* Bogotá: Universidad de los Andes, Centro de Investigación y Formación en Educación CIFE, 2015.

Giraldo Ángel, Jaime. *Metodología y técnica de la investigación jurídica.* Bogotá: Ediciones Librería del Profesional, 2002.

Grossman, John. *The Chicago Manual of Style.* Chicago, IL: University of Chicago Press, 1993.

Guerrero, Víctor Manuel. *Estadística básica para estudiantes de economía y otras ciencias sociales.* México: Fondo de Cultura Económica, 2002.

Hernández Sampieri, Roberto, Carlos Fernández Collado y Pilar Baptista Lucio. *Metodología de la investigación. Enfoques cuantitativo, cualitativo y mixto.* México, D. F.: McGraw-Hill/Interamericana, 2006.

Hess, Gerald y Steven Friedland. *Techniques for Teaching Law.* Durham, NC: Carolina Academic Press, 1999.

Instituto Tecnológico y de Estudios Superiores de Monterrey. *Las técnicas didácticas en el modelo educativo del Tec de Monterrey: el estudio de casos como técnica didáctica.* México: Dirección de Investigación y Desarrollo Educativo, 2000, http://tecnologiaedu.us.es/cuestionario/bibliovir/309.pdf.

Jones, Carolyn C. "Mapping Tax Narratives". *Tulane Law Review*, n.° 73 (1998-1999).

Kornblit, Ana Lía. *Metodologías cualitativas en ciencias sociales. Modelos y procedimientos de análisis.* Buenos Aires: Editorial Biblos, 2004.

López, Diego. *El derecho de los jueces.* Bogotá: Legis, 2009.

López Medina, Diego E. *Las fuentes del argumento.* Bogotá: Legis, 2010.

Lozano, Eleonora. "Enseñanza de la tributación", en *Lecciones de derecho tributario inspiradas en un maestro*, 1410-1443. Bogotá: Instituto Colombiano de Derecho Tributario y Universidad del Rosario, 2010.

Lozano, Eleonora. *Justicia tributaria. Jurisprudencia tributaria del Consejo de Estado, 2005-2016.* Bogotá: Ediciones Uniandes, 2017.

Meyer, Philip N. *Storytelling for Lawyers.* Nueva York: Oxford University Press, 2014.

Neale, Palena. *Preparing a Case Study: A Guide for Designing and Conducting a Case Study for Evaluation Input.* Massachusetts: Pathfinder International, 2006.

Sautu, Ruth. *Todo es teoría. Objetivos y métodos de investigación.* Buenos Aires: Ediciones Lumiere, 2003.

Sullivan, William M., Anne Colby, Judith Welch Wegner, Lloyd Bond y Lee S. Shulman. *Educating Lawyers. Preparation for the Profession of Law.* San Francisco: Jossey-Bass, 2007.

Tyler, Jo A. y Faith Mullen. "Telling Tales in School: Storytelling for Self-Reflection and Pedagogical Improvement in Clinical Legal Education". *Clinical Law Review* 18, n.° 1 (2011).

Zweigert, Konrad y Hein Kötz. *Introducción al derecho comparado.* México, D. F.: Oxford University Press, 2002.

ANEXO 1
GUÍA PARA LA ELABORACIÓN DE LA NARRATIVA TRIBUTARIA*

JUSTIFICACIÓN

La elaboración de una narrativa tributaria es la modalidad de trabajo de grado en la Maestría en Tributación. Este tipo de trabajo responde a las necesidades de: (1) suplir un vacío existente en la literatura jurídica en relación con la casuística tributaria, y (2) tratar de acercar a la ciudadanía a la tributación, con el fin de que esta deje de ser percibida como un área compleja y excesivamente técnica, para reconocerse como una disciplina presente en el día a día de las personas.

Para comprender lo que se entiende por *narrativa tributaria*, esta guía definirá qué es, qué la compone y qué se espera que los estudiantes sean capaces de hacer para llegar al producto final.

OBJETIVOS

Se espera que el estudiante, durante la elaboración y al finalizar su trabajo de grado, esté en la capacidad de:

1. *Solucionar* situaciones problemáticas que requieren de una propuesta de impacto, solución o mejora en temas tributarios mediante la comprensión de los conceptos y metodologías adquiridos a lo largo de la maestría y de la carrera profesional.
2. *Desarrollar* y *consolidar* habilidades de escritura narrativa y casuística, con el fin de estructurar un caso comprensible y susceptible de ser empleado como material pedagógico y de consulta.
3. *Desarrollar* y *consolidar* habilidades orales, con el fin de comunicar de manera adecuada la *narrativa tributaria*.

ETAPAS DE LA NARRATIVA TRIBUTARIA

La elaboración de una narrativa tributaria es una metodología de enseñanza centrada en los estudiantes, que busca que estos alcancen objetivos de aprendizaje mediante la inmersión en una situación problemática aplicable, ya sea real o ficticia. Para alcanzar dichos objetivos, el estudiante deberá: (1) describir a fondo una situación y sustentarla con evidencias; (2) identificar el problema presente en la situación; (3) plantear estrategias de solución y resolver el problema; y (4) formular una propuesta de impacto o mejora que trascienda el ordenamiento jurídico tributario o las realidades económicas y financieras (por ejemplo, una propuesta de política pública, una demanda de inconstitucionalidad, una propuesta de ajuste contable o financiero, una recomendación de postura jurisprudencial, entre otros). En la figura A1 se muestran estas etapas.

Figura A1. Etapas de la narrativa tributaria

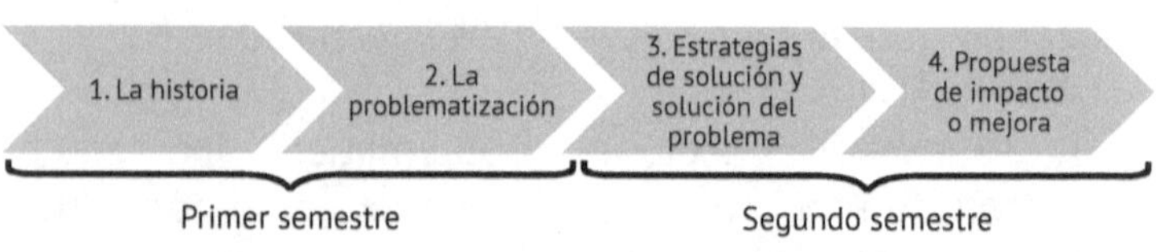

Fuente: elaboración propia.

La historia: descripción de la situación problemática

Esta primera etapa contiene la historia o descripción de la situación problemática, el título, el *hook* (gancho), las palabras clave y el glosario.

La historia o descripción de la situación problemática es una *narración* detallada de unos hechos. Para lograrla, el estudiante debe emplear una redacción sencilla, un hilo conductor definido y un lenguaje claro, concreto y sin tecnicismos, soportado en evidencias que ofrecen relevancia (¿por qué la situación es un problema?), ilustración o ayudan a narrar la historia. Mediante esta descripción se busca que el estudiante narre historias únicas, especiales y relevantes en materia tributaria. Esta debe captar la atención de cualquier lector inquieto por temas tributarios.

En la figura A2 se presenta un flujograma de subetapas que permiten idear una situación problemática y describirla.

Figura A2. Subetapas para idear y describir una situación problemática

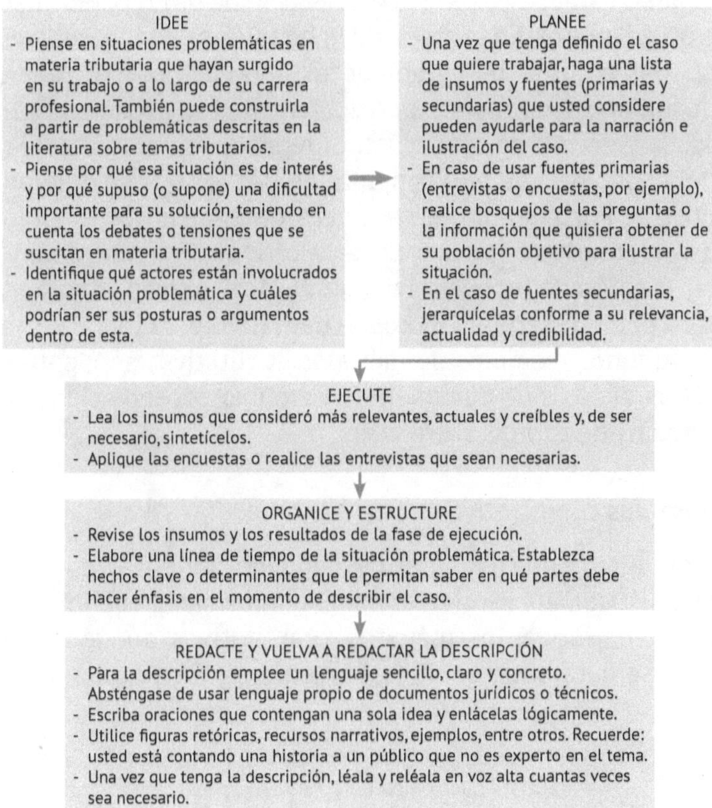

Fuente: elaboración propia.

Del mismo modo, la historia debe incluir toda la información relevante que permita enriquecerla y entenderla (datos, evidencias, experiencias, perspectivas, valores, entre otros). Para obtener esta información, se hará uso de las *metodologías propias de investigación en las ciencias sociales*, es decir, de los métodos *cualitativos* y *cuantitativos* (véase la figura A3).

Métodos cualitativos

Son aquellos que no requieren de medición numérica o análisis estadístico para la recolección de datos o información de interés. En la etapa de la historia, estos métodos se pueden emplear para obtener testimonios, observaciones, documentos, opiniones, percepciones o archivos de prensa. La elección de este método depende, en gran medida, del hecho particular o conjunto de hechos que se quieran ilustrar. Por ejemplo, si se quiere obtener un testimonio de un contribuyente acerca de la propuesta de incrementar la tarifa del impuesto del IVA al 19 %, lo más adecuado será el empleo de un método cualitativo para lograrlo[1].

Algunos ejemplos de métodos cualitativos son: entrevistas, análisis de documentos y archivos, observaciones y trabajos de campo, entre otros.

Métodos cuantitativos

Son aquellos que requieren de medición numérica o análisis estadístico para recolectar datos o información de interés. En la narrativa, los métodos cuantitativos pueden emplearse para obtener cifras, porcentajes, variables, índices

1 Roberto Hernández Sampieri, Carlos Fernández Collado y Pilar Baptista Lucio, *Metodología de la investigación: enfoques cuantitativo, cualitativo y mixto* (México D. F.: McGraw-Hill/Interamericana, 2006), 7 y ss.

o indicadores. La elección de este método depende, en gran medida, del hecho particular o conjunto de hechos que se quieran ilustrar. Por ejemplo, si se quiere ilustrar el hecho de que en el 2014 la empresa A tuvo un descenso dramático en el precio de sus acciones en el mercado de valores, lo más adecuado sería emplear un método cuantitativo para dar respaldo a tal afirmación[2].

Algunos ejemplos de métodos cuantitativos son: encuestas, censos, mediciones, tabulaciones, regresiones, entre otros.

Figura A3. Metodologías en la narrativa tributaria

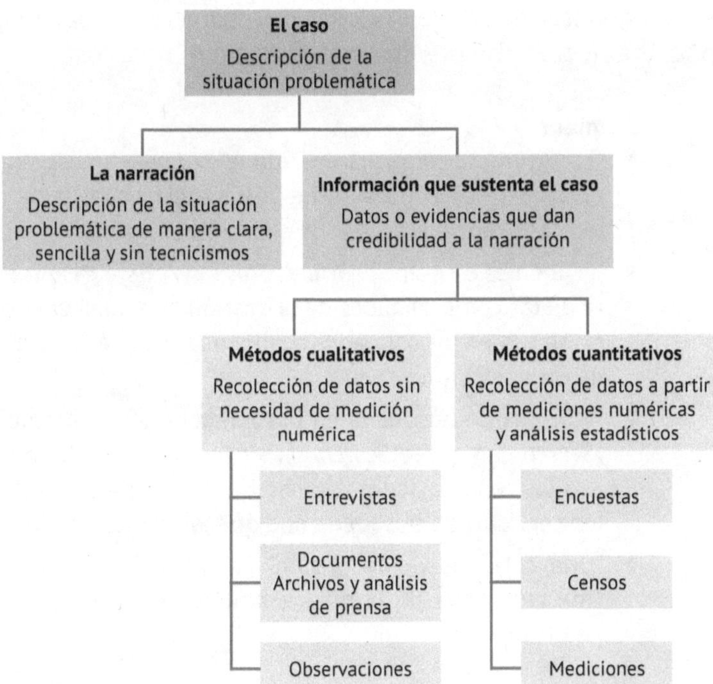

Fuente: elaboración propia.

2 Hernández Sampieri, *Metodología*, 4.

El título

A partir de la construcción de la historia, se identifica un título llamativo para esta. Los títulos deben tener un componente concreto y otro creativo. A continuación, se expone la definición de cada uno de los elementos que deben constituir el título ideal de la narrativa tributaria.

Título creativo

Se vale de juegos de palabras, preguntas, oximorones, metáforas u otros recursos literarios para hacer referencia a la temática de la historia o a los sujetos involucrados en esta y generar interés en el lector. Se caracteriza por impactar al lector y se puede catalogar como ingenioso.

Ejemplos

- "La última tarjeta roja de Zidane"[3] [*Zidane's Last Red Card*]. Este caso trata sobre la gerencia de la ética y los controles disciplinarios en el fútbol internacional.
- "¿Quién es este tipo?" [*Who Is This Guy?*]. Este caso trata de las complejidades de la gestión humana cuando no se tienen las calidades académicas que se esperan de un nuevo empleado.
- "Motores de búsqueda en búsqueda de juego limpio" [*Search Engines in Search of Fair Play*]. Este caso analiza las repercusiones en materia de competencia de los servicios de búsqueda que ofrece Google en India.
- "Una carta desde la prisión" [*A Letter from Prison*]. Este caso trata de la responsabilidad en la gerencia financiera.

3 *Nota de los autores*. Las traducciones de los títulos son propias.

Título concreto

Es una referencia explicativa o enunciativa de los hechos reales o ficticios del caso y su temática. Se utiliza por lo general en los estudios de caso de situaciones reales ocurridas en el pasado. Además, facilita la búsqueda del caso en bases de datos y dejan muy claro para el lector su alcance.

Ejemplos

- "Oferta de Dow Chemical para la privatización de PBB en Argentina" [*Dow Chemical's Bid for the Privatization of PBB in Argentina*]. Este caso trata de la oferta de Dow Chemical para comprar la empresa PBB de Argentina después de su privatización.
- "¿Contrato de licencia o de riesgo compartido? (4). Un caso *ex post* sobre Disneyland Tokio" [*Licensing Arrangement or Joint Venture (4). An Ex Post Case Study of Tokyo Disneyland*]. Este es un caso sobre la decisión de adquirir una licencia de uso o iniciar un proyecto colaborativo entre Disney y una compañía japonesa.
- "Precios de transferencia en Cameco Corp." [*Transfer Pricing at Cameco Corporation*]. Este caso analiza los precios de transferencia en una empresa llamada Cameco.

Títulos para la narrativa tributaria

Se espera que estos tengan un componente creativo y uno concreto.

Ejemplos

- "Divididos venceremos: sentencias sobre matrimonio gay y desobediencia oficial" [*Divided we Stand: Gay Marriage Rulings and Official Disobedience*]. Este caso trata sobre las diferencias culturales y las implicaciones legales del matrimonio gay en Estados Unidos. "Divididos venceremos" (creativo); "sentencias sobre matrimonio gay y desobediencia oficial" (concreto).

- "*Wilkommen* a Europa: la economía política de la política migratoria alemana" [*Willkommen to Europe: The Political Economy of Migration Policy in Germany*]. Este es un caso sobre la política migratoria contemporánea en Alemania. "*Willkommen* a Europa" (creativo); "la economía política de la política migratoria alemana" (concreto).
- "¡Pero usted lo prometió! Gestionar la psicología del consumidor" [*But you Promised! Managing Consumers' Psychological Contracts*]. Este caso analiza la gerencia de las expectativas de los consumidores en las empresas. "¡Pero usted lo prometió!" (creativo); "Gestionar la psicología del consumidor" (concreto).

Tenga en cuenta que en español, a diferencia del inglés, solo debe escribirse con mayúscula inicial la primera palabra de un título (y los nombres propios que contenga). Además, recuerde que los títulos y los subtítulos no llevan punto al final.

Hook

El *hook* de la narrativa tributaria es un párrafo de introducción que despierta el interés del lector y le sugiere, a grandes rasgos, las tensiones que se van a plantear en el caso.

El *hook* incluye al menos dos elementos: por un lado, los sujetos de la narrativa y, por otro, la tensión que se plantea. La inclusión de los sujetos implica involucrar a los protagonistas de la narrativa tributaria y la tensión indica las dificultades o la situación problema a la que se enfrentan los sujetos del caso. Es importante plantear la tensión desde la perspectiva del sujeto.

> **Ejemplo 1**
> Harriet Cornwall, socia de la firma Kensington Palmer LLP, es elegida líder de un equipo de abogados. Mientras los lidera para alcanzar las metas anuales, identifica cuatro miembros del equipo que necesitan especial atención. Cornwall debe enfocarse en mejorar el bajo rendimiento de sus compañeros como colega en vez de asumir la posición de jefe.

El *hook* incluye al sujeto (en el caso anterior, Harriet Cornwall) y plantea la tensión, pues sin necesidad de formular una pregunta explícita, es fácil intuir que lo que le interesa a Harriet es encontrar una manera de liderar a sus antiguos compañeros de trabajo, quienes ahora son sus subordinados y, por lo tanto, no es sencillo interactuar con ellos como lo haría habitualmente un superior.

> **Ejemplo 2**
> Los precios de transferencia usados por compañías multinacionales para aliviar su carga tributaria, además de aumentar sus ingresos netos, pueden tener implicaciones serias para los accionistas, tal y como lo constató el administrador del fondo Saskhedge por experiencia propia. Una inversión suya en acciones de Cameco Corp. ha arrojado pérdidas del 20 %. Además, la Agencia de Impuestos de Canadá ha interpuesto una demanda contra la firma por evasión fiscal mediante el uso de precios de transferencia por medio de su subsidiaria en Suiza. El administrador debe explicarle a la junta directiva las implicaciones de la demanda en el precio de la acción y conceptuar sobre si el precio estimado de 800-850 millones de dólares es razonable.

El *hook* incluye al sujeto, en este caso el gerente de un fondo llamado Saskhedge. Además, se presenta la tensión del caso desde la perspectiva del gerente; se introduce la tensión al decir que él aprendió, de la manera más difícil, las implicaciones de los precios de transferencia en el ingreso de las empresas. También se plantea la tensión desde la perspectiva del gerente porque del *hook* se desprende la problemática a la que se debe enfrentar el sujeto, en este caso, explicarle a la junta de inversión las implicaciones de la demanda.

Las palabras clave

Las palabras clave son los conceptos que permiten relacionar la narrativa tributaria al hacer una búsqueda en una base de datos o un sistema informático. Es el conjunto de términos que tienen relación directa con el caso de la narrativa tributaria y que deben señalarse para que se destaquen en una búsqueda relativa a la temática abordada. Tenga en cuenta el uso de las mayúsculas en las palabras clave: no todas las requieren, solo aquellos nombres de instituciones o personas, por ejemplo[4].

Ejemplo

En un caso de tributación internacional algunas palabras clave podrían ser:

Convenios de doble imposición, Convención de Viena sobre el Derecho de los Tratados de 1969, conflictos de calificación, procedimiento amistoso, Convenio de Doble Imposición entre el Reino de España y la República de Colombia, servicios de consultoría, tributación de las regalías, interpretación de tratados tributarios internacionales.

4 Para mayor información, revise este enlace: http://lema.rae.es/dpd/srv/search?id=BapzSnotjD6n0vZiTp.

El glosario

El glosario incluye el conjunto de acrónimos y palabras que son especialmente relevantes para el caso, o conceptos que es necesario definir para que la temática resulte fácilmente comprensible para cualquier público lector. Para el glosario tenga en cuenta también que la mayúscula después de dos puntos es necesaria.

Ejemplo de un glosario de un caso de tributación internacional:

BEPS: Siglas en inglés para *Base Erosion and Profit Shifting* o erosión de la base imponible y el traslado de beneficios. Iniciativa global liderada por la Organización para la Cooperación y el Desarrollo Económicos (OCDE), con la cual se pretende reformular los principios reinantes en la tributación internacional actual.

Conflicto de calificación negativo: Se presenta cuando, por motivos de diferenciación entre las legislaciones impositivas internas de los Estados contratantes de un tratado tributario, un ingreso es calificado de manera distinta por cada autoridad tributaria, lo cual genera un no gravamen fiscal.

Conflicto de calificación positivo: Se presenta cuando, por motivos de diferenciación entre las legislaciones impositivas internas de los Estados contratantes de un tratado tributario, un ingreso es calificado de manera distinta por cada autoridad tributaria, lo que genera un doble gravamen fiscal.

Convención de Viena de 1969 sobre el Derecho de los Tratados: Tratado internacional de índole multilateral mediante el cual se codificó la costumbre internacional en lo referente a la aplicación, la regulación, los efectos y la interpretación de los tratados internacionales.

Convenio de doble imposición: Instrumento internacional principalmente de naturaleza bilateral por el cual se establece un conjunto de normas tributarias con las que se pretende eliminar o atenuar la doble imposición internacional, tanto jurídica como económica, frente a las transacciones transfronterizas que tienen lugar entre residentes de las partes contratantes.

Establecimiento permanente: Elemento de la tributación internacional dirigido a regular la tributación de las rentas activas de los no residentes fiscales que desarrollan su actividad de manera sustanciosa, con presencia física y con grado de permanencia.

Procedimiento amistoso: Trámite previsto en los tratados tributarios que pretende un acercamiento entre las autoridades fiscales de los países signatarios para solucionar controversias referidas a la aplicación del tratado.

Regalía: Contraprestación económica derivada del licenciamiento o derecho de uso de derechos intangibles o conocimiento adquirido dentro de los cuales se encuentran el *know-how*, las patentes, marcas, entre otros.

LA PROBLEMATIZACIÓN: IDENTIFICACIÓN DEL PROBLEMA EN MATERIA TRIBUTARIA A PARTIR DE LA NARRATIVA

La identificación del problema en materia tributaria es el segundo gran paso dentro de la elaboración y resolución de la narrativa tributaria, que puede ser concomitante desde el inicio de la redacción de esta. Este paso es fundamental para determinar la relevancia del trabajo de grado en la literatura tributaria. En otras palabras, una narrativa que no contenga un problema en materia tributaria no será un trabajo que alcance los objetivos que persigue la Maestría en Tributación.

Durante la construcción de la narrativa, y luego de ella, el estudiante debe identificar, a partir de los hechos clave o determinantes, cuál es el problema central que plantea la narrativa tributaria. En el evento en que la narrativa plantee dos o más problemas complejos, se sugiere revisarla para simplificarla y omitir los detalles correspondientes. Un estudio de caso con varias problemáticas puede resultar inviable en términos de tiempo, recursos y espacio, por ello es aconsejable que la narrativa contemple una sola.

Cómo identificar y formular el problema

Lo primero que se debe tener en cuenta para identificar el problema es que este implica una tensión evidente entre dos o más posturas frente a una situación en particular, un vacío normativo o técnico, una contradicción normativa o técnica o una innovación en materia tributaria (la narrativa). Este problema debe ser *fácticamente posible*, es decir, debe ser susceptible de presentarse en la realidad. En segundo lugar, el problema que se identifique debe guardar relación con los objetivos de la maestría (figura A4).

Para identificar y formular el problema a partir de la narrativa, se sugiere seguir estas indicaciones[5]:

- *Identifique el problema.* Para identificar el problema, se sugiere que el estudiante relea el caso construido, realice una línea de tiempo de los hechos problemáticos y establezca relaciones de causalidad que

5 Palena Neale, *Preparing a Case Study: A Guide for Designing and Conducting a Case Study for Evaluation Input* (Massachusetts: Pathfinder International, 2006).

permitan definir cuál de todos esos hechos fue el desencadenante de los demás. Puede haber varios hechos desencadenantes.

- *Formule el problema en forma de pregunta.* Esta labor implica un trabajo de abstracción por parte del estudiante, quien debe contemplar en dicha pregunta todos los elementos clave de la situación problemática descrita en el (los) hecho(s) desencadenante(s), de una manera clara y coherente. Ejemplos: ¿Son las transacciones electrónicas efectuadas mediante criptomonedas situaciones que configuran el hecho generador del impuesto sobre las ventas? ¿Se ajusta a la Constitución Política, y particularmente a los principios de progresividad y equidad horizontal, el hecho de que a contribuyentes morosos se les imponga un impuesto complementario de normalización tributaria?
- *Identifique si su problema representa una tensión entre dos o más posturas, principios, reglas, argumentos, etc.* Si el problema se ajusta a lo anterior, debe identificar claramente los extremos de dicha tensión. Ejemplo: ¿Debe adoptarse en Colombia un modelo de federalismo fiscal, en el que los entes subnacionales determinen los elementos de la obligación tributaria ante el silencio de la ley, en contraposición a un modelo de centralismo tributario, basado en la premisa de *no taxation without representation*?
- *Identifique si su problema representa un vacío técnico o normativo.* Si su problema representa un vacío normativo o técnico, debe describir de la manera más clara y sintética la situación que se está dejando de regular o contemplar.
- *Identifique si su problema representa una contradicción técnica o normativa.* Al igual que en el caso anterior, el

problema debe contemplar claramente en qué consiste la contradicción.

- Si su problema es de otro tipo, formúlelo de modo que quede claro en qué consiste.

Se sugiere que el problema quede definido de manera tal que sea posible para el estudiante formular respuestas tentativas claras, cortas y contundentes. Asimismo, se recomienda que al finalizar esta etapa plantee al menos dos respuestas tentativas.

Figura A4. Tipos de problemas derivados del caso

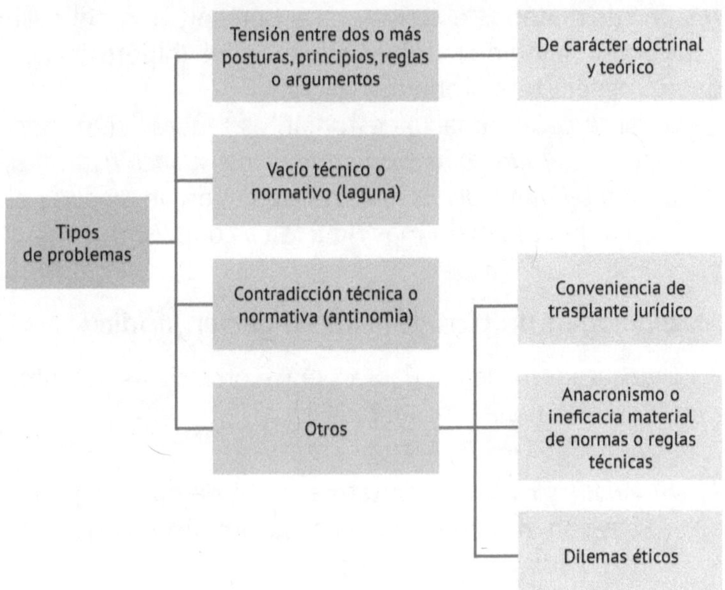

Fuente: elaboración propia.

Otros elementos para tener en cuenta en esta etapa

Se espera que en esta etapa el estudiante tenga en cuenta las siguientes preguntas: (1) ¿Por qué el problema es importante? (2) ¿Cómo se identificó el problema? y (3) ¿El proceso para identificar el problema fue efectivo?

ESTRATEGIAS DE SOLUCIÓN Y SOLUCIÓN DEL PROBLEMA

La tercera etapa consiste en definir cómo se va a solucionar el problema y solucionarlo. En esta, se espera que el estudiante aplique todos los conocimientos adquiridos en la maestría, incluyendo los conocimientos interdisciplinares de sus materias electivas, para la resolución del caso y la confirmación de la respuesta tentativa (hipótesis) que debió prever en la problematización.

Durante esta etapa, los estudiantes tendrán que acercarse a las *metodologías propias de la investigación jurídica, de la contabilidad o de las finanzas,* con el fin de resolver el problema de la manera más rigurosa y completa.

Metodologías propias de la investigación jurídica

En esta categoría se encuadran, entre otras, las siguientes metodologías (véase la figura A5):

- *Análisis normativo.* Interpretación de normas jurídicas con el fin de establecer su significado, sus efectos o sus virtudes o defectos.
- *Análisis doctrinal.* Selección y revisión de textos especializados sobre la materia, en los planos nacional e internacional.

- *Análisis de jurisprudencia.* Selección, lectura e interpretación de sentencias de altos tribunales nacionales o comparados, así como de tribunales de arbitramento. Dentro de esta categoría, se han planteado dos tipos de análisis[6]:
  - Estático: aquel que se centra en una sentencia en particular.
  - Dinámico (línea jurisprudencial): aquel que se centra en dos o más sentencias, con lo cual se establece la línea jurisprudencial de un alto tribunal sobre una materia específica.
- *Análisis comparado.* Selección, análisis, crítica y posibilidad de trasplante de una institución jurídica extranjera dentro del ordenamiento jurídico colombiano[7].

Figura A5. Los métodos de investigación jurídica

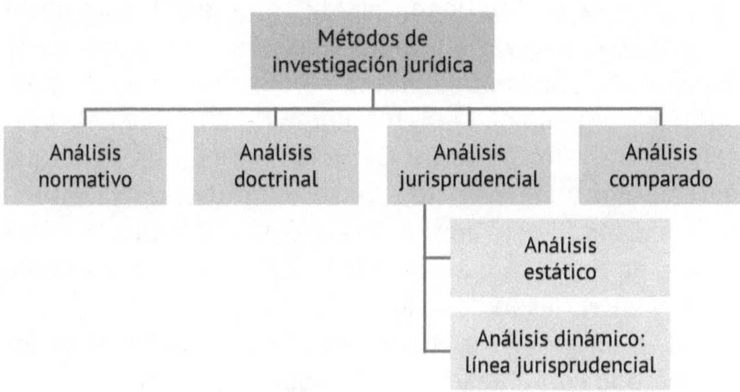

Fuente: elaboración propia.

6 Diego López, *El derecho de los jueces* (Bogotá: Legis, 2009).

7 Para conocer más aspectos del método del análisis comparado en derecho, véase Konrad Zweigert y Hein Kötz, *Introducción al derecho comparado* (México D. F.: Oxford University Press, 2002).

Metodologías propias de la contabilidad y de las finanzas

Estas metodologías guardan relación con las empleadas en las ciencias sociales (cualitativa y cuantitativa). La escogencia de uno u otro enfoque dependerá de los efectos o impactos que se puedan producir por decisiones contables o financieras: si estos son susceptibles de medirse numéricamente, se empleará un enfoque cuantitativo; si no lo son, se empleará uno cualitativo.

En el campo de la tributación, el análisis contable y financiero consta de tres momentos o etapas: (1) la identificación de una tensión entre principios contables, financieros y tributarios; (2) la medición de los efectos o impactos contables (por ejemplo, representación de la tensión en la información financiera, balances e impacto en activos y pasivos); (3) la medición de los efectos o impactos financieros que dicha tensión provoca (por ejemplo: liquidez, rentabilidad, capacidad de endeudamiento). Dentro de la evaluación de las tensiones, el impacto de la decisión empresarial se puede medir en diferentes escenarios por medio de la metodología de flujos de caja descontados a valor presente. Del mismo modo, es usual que los cambios en la medición contable influyan en la estructura de capital de la empresa, por lo que es imprescindible dentro de este análisis considerar los efectos en el escudo fiscal y en el riesgo de apalancamiento.

En la figura A6 se encuentra un flujograma de pasos del método contable y financiero que se sugiere con miras a abarcar las tres etapas anteriores.

Figura A6. Pasos del método contable y financiero

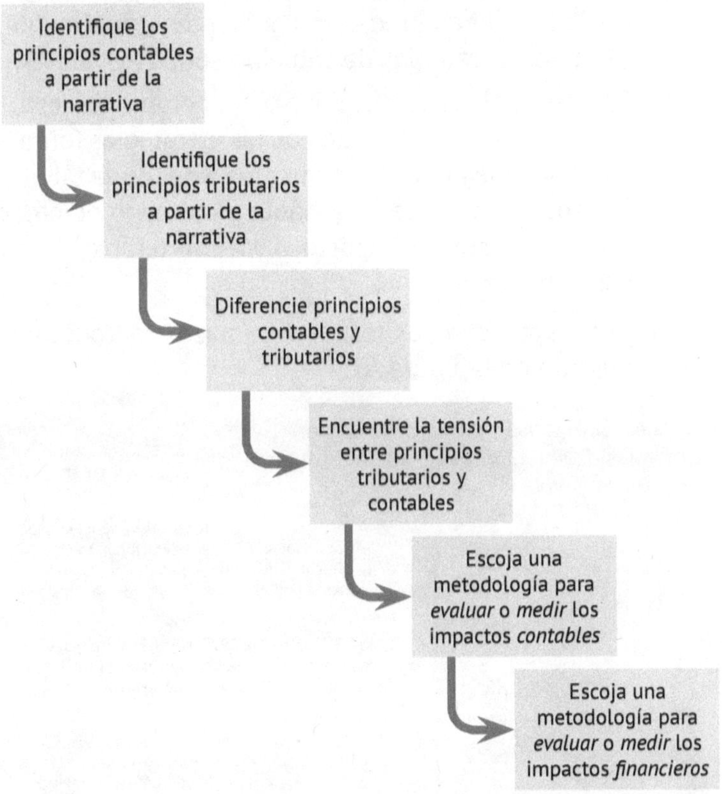

Fuente: elaboración propia.

¿Cómo se lleva a cabo esta etapa?

Metodológicamente, esta etapa —al igual que la primera: el caso— se divide en dos subetapas, de acuerdo con las actividades que deben llevar a cabo los estudiantes:

- *Estrategias de solución del problema.* En esta subetapa, los estudiantes deberán abordar el problema formulado en la etapa 2 (Problematización), seleccionar fuentes que servirán de insumo, identificar posiciones encontradas en las fuentes y, finalmente, formular estrategias de solución sólidas y viables.

- *Solución del problema.* En esta subetapa, los estudiantes deberán elegir una de las estrategias formuladas. Además, deben argumentarla de forma tal que sea sólida, convincente y viable para luego plantear una propuesta de impacto o mejora (etapa 4) con base en ella.

Las subetapas con sus respectivos pasos metodológicos se ilustran en la figura A7.

Figura A7. Subetapas y pasos de la etapa 3: estrategias de solución y solución al problema

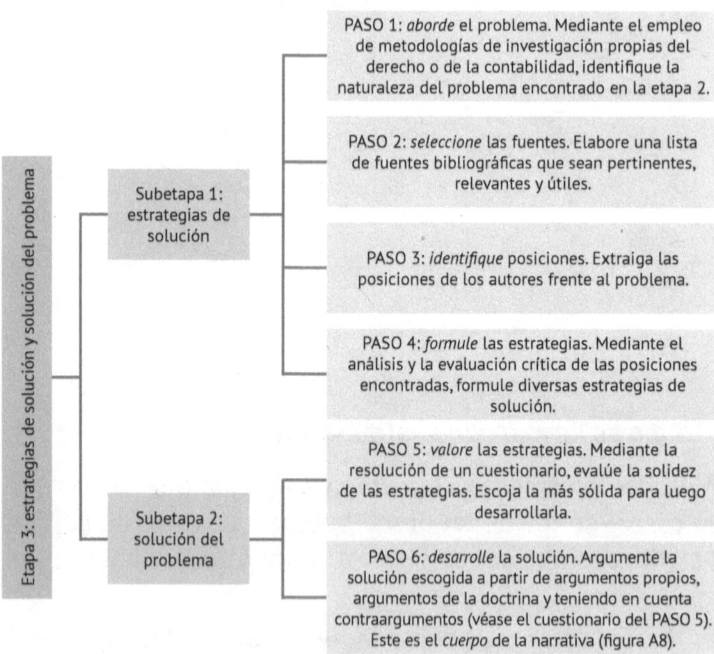

Fuente: elaboración propia.

Figura A8. Pasos metodológicos para desarrollar la solución al problema

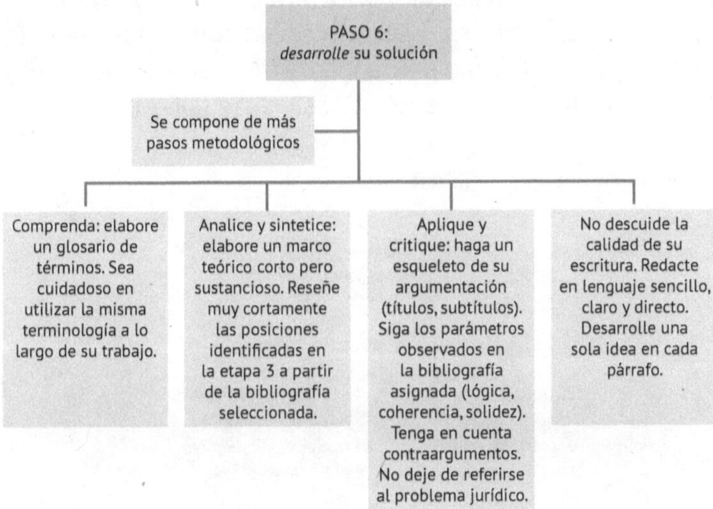

Fuente: elaboración propia.

PROPUESTA DE IMPACTO O MEJORA

Una de las metas de la narrativa tributaria es que tenga un impacto efectivo en el sistema tributario colombiano y que sea un semillero de propuestas y soluciones a las problemáticas que se encuentran en la cotidianidad. Por esa razón, la propuesta de impacto o mejora es, tal vez, la etapa más importante para que la narrativa tributaria adquiera una utilidad práctica.

Para realizarla, es preciso que el estudiante haga un ejercicio de retrospección en el que se pregunta por sus motivos o finalidades para ser tributarista, para cursar la Especialización y la Maestría en Tributación de la Universidad y para elaborar la narrativa que está escribiendo. Igualmente, se debe preguntar qué busca cambiar y qué instrumento es el más idóneo para alcanzar ese cambio. Entre los instrumentos que pueden ser más apropiados están: (1) una propuesta de política pública; (2) un proyecto de ley; (3) un *amicus curiæ*, o intervención amigable, ante una alta Corte; (4) una demanda de inconstitucionalidad; y (5) un código de ética, entre otros (véase la figura A9).

Figura A9. Propuesta de impacto o mejora

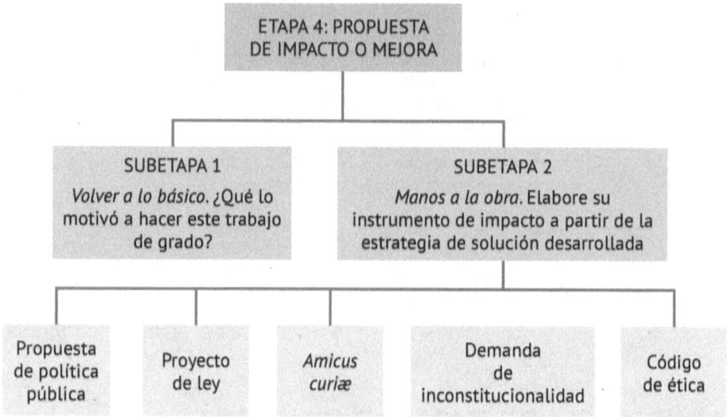

Fuente: elaboración propia.

PUBLICACIÓN DEL TRABAJO DE GRADO

Aquellos trabajos de grado sobresalientes podrán formar parte de una publicación dirigida a suplir el vacío existente en la literatura tributaria en materia de casos. Con la publicación se busca, además, que los trabajos de grado sirvan como material pedagógico y como modo de difusión de la tributación como una disciplina transversal a la vida cotidiana de las personas.

ANEXO 2

GUÍA DE CITACIÓN DE FUENTES*

INTRODUCCIÓN

Por medio de la citación se reconoce la autoría de las ideas y argumentos que se plasman en un documento. Esto quiere decir que los lectores y pares identifican las ideas que se desarrollan en los textos, sus fuentes y la investigación que ha llevado a los autores a sus conclusiones. Así, la citación es un mecanismo útil para promover la transparencia académica.

Los estudiantes de la Maestría en Tributación deben realizar un trabajo denominado *narrativa tributaria*, el cual pretende, por un lado, llenar un vacío existente en la literatura en materia de casos tributarios y, por otro, llevar los temas tributarios al público general, mediante el empleo de casos de estudio que contengan tensiones que se puedan analizar, discutir y resolver.

A partir de estos objetivos, se pretende que la narrativa tributaria tenga un alcance tanto nacional como internacional; está dirigida a un público amplio, no solo a los expertos en tributación. Es por esto que la citación de las fuentes en este documento debe tener un enfoque transnacional que permita su fácil comprensión y tratamiento por lectores colombianos y extranjeros.

Esta guía está elaborada con el fin de implementar el anterior enfoque a partir del formato de citación del manual de estilo Chicago desarrollado por la imprenta de la Universidad de Chicago[1]. Además, se construye con base en la propuesta de citación de fuentes jurídicas colombianas del profesor Diego Eduardo López Medina en el

1 John Grossman, ed., *The Chicago Manual of Style* (Chicago: University of Chicago Press, 1993).

libro *Las fuentes del argumento*[2]. Para todo lo que no esté comprendido en esta guía es posible remitirse a las obras mencionadas.

LAS DIEZ REGLAS GENERALES DE CITACIÓN CHICAGO

Citas directas

Es posible hacer citas directas de las ideas de los autores, caso en el cual estas deberán estar encerradas entre comillas "". Al cerrar las comillas, se realiza la anotación a pie de página, la cual debe ir antes de cualquier signo de puntuación.

> **Ejemplo:** Al hablar de la citación jurídica, Diego López considera que es "conveniente adoptar como Formato Estándar de Citación Doctrinal, FED, para el caso colombiano, las reglas generales postuladas en *The Chicago Manual of Style*"[1].
>
> **En el pie de página:** [1] Diego Eduardo López Medina, Renata Amaya-González, Ana María Beltrán-Torres, María Lorena Slebi-Asela y Jorge González Jácome, *Las fuentes del argumento* (Bogotá: Legis, 2010), 71.

Cuando se hace una cita directa de más de cinco líneas, esta debe ir con sangría y sin comillas, además se debe dejar un espacio entre el comienzo de la cita y el texto principal. De igual forma, se debe dejar un espacio entre el

2 Diego Eduardo López Medina, Renata Amaya-González, Ana María Beltrán-Torres, María Lorena Slebi-Asela y Jorge González Jácome, *Las fuentes del argumento* (Bogotá: Legis, 2010), 71.

final de la cita y el texto que continúa. Si se pretende continuar una idea, el comienzo de la cita debe ir precedido de dos puntos, excepto si la idea anterior termina en las conjunciones *que* o *como*, o en las preposiciones *por*, *para*, *con* y *de*. Si se pretende introducir una nueva idea, se debe usar un punto final antes de iniciar la cita.

> **Ejemplo:** Al hablar de la citación jurídica, Diego López considera que
>
> [E]l estilo de Chicago está presente en la mayor parte de *software* de referencia actualmente existentes en el mercado y que son ampliamente utilizados por los profesionales del derecho, incluyendo las así llamadas *reference tools* (herramientas de referencia) de las varias versiones comerciales de Office© 2007 de Microsoft o los *software* de "administración de citas" (*citation management software*) que se ofrecen, por ejemplo, bajo los nombres comerciales de *Endnote©* o *Reference Manager©*[1].

Precisamente por esta versatilidad tecnológica, consideramos útil usar el formato de citación Chicago.

> **En el pie de página:** [1] Diego Eduardo López Medina, Renata Amaya-González, Ana María Beltrán-Torres, María Lorena Slebi-Asela y Jorge González Jácome, *Las fuentes del argumento* (Bogotá: Legis, 2010), 71.

En caso de que se haga una paráfrasis de lo expuesto por un autor, no se necesitan comillas. Basta con incluir el pie de página al terminar de exponer la idea.

> **Ejemplo:** Para Diego López, el uso del formato Chicago de citación es particularmente útil por su compatibilidad con diferentes *softwares*[1].

En el pie de página: [1] Diego Eduardo López Medina, Renata Amaya-González, Ana María Beltrán-Torres, María Lorena Slebi-Asela y Jorge González Jácome, *Las fuentes del argumento* (Bogotá: Legis, 2010), 71.

La primera vez que se cita una obra se utiliza en el pie de página una citación extensa.

Ejemplo: Para Diego López, el uso del formato Chicago de citación es particularmente útil por su compatibilidad con diferentes *softwares*[1].

En el pie de página: [1] Diego Eduardo López Medina, Renata Amaya-González, Ana María Beltrán-Torres, María Lorena Slebi-Asela y Jorge González Jácome, *Las fuentes del argumento* (Bogotá: Legis, 2010), 71.

Por el contrario, si se trata de una citación *consecutiva* de la misma obra y la misma página se utiliza *Ibid.* en el pie de página. Si se cita la misma obra, pero otra página, se añade una coma y el número de página o rango así: *Ibid.*, 72 o bien *Ibid.*, 72-73.

Ejemplo: Para Diego López, el uso del formato Chicago de citación es particularmente útil por su compatibilidad con diferentes *softwares*[2].

En el pie de página: [1] Diego Eduardo López Medina, Renata Amaya-González, Ana María Beltrán-Torres, María Lorena Slebi-Asela y Jorge González-Jácome, *Las fuentes del argumento* (Bogotá: Legis, 2010).
[2] *Ibid.*

Siempre que ya se haya citado una obra y el pie de página no sea consecutivo se utiliza una citación abreviada, que incluye el apellido del autor, una abreviación del título en cursiva o entre comillas, según se verá, y el número de la página que se cita.

Si son dos autores, se incluyen los dos apellidos separados por una *y*, si son tres, los primeros dos apellidos se separan por una coma y el último por una *y* así: Lozano y Durán o bien Lozano, Durán y Gómez. Si son cuatro o más autores, se utiliza *et al.* después del apellido del primero.

También se puede referenciar una nota al pie anterior con *véase la nota* y el número del pie de página que se quiere referenciar.

> **Ejemplo:** Para Diego López, el uso del formato Chicago de citación es particularmente útil por su compatibilidad con diferentes *softwares*[3].
>
> **En el pie de página:** [1] Diego Eduardo López Medina, Renata Amaya-González, Ana María Beltrán-Torres, María Lorena Slebi-Asela y Jorge González Jácome, *Las fuentes del argumento* (Bogotá: Legis, 2010).
> [2] Kate L. Turabian, *A Manual for Writers of Research Papers, Theses, and Dissertations: Chicago Style for Students and Researchers* (Chicago: University of Chicago Press, 2013).
> [3] López *et al.*, *Las fuentes,* 71.
> o también
> [3] Véase la nota 1.

Cuando en una cita textual se modifique una letra, palabra o frase; cuando se añada algún comentario y cuando se añadan cursivas se deben usar corchetes para aclarar.

Según sea el caso, puede escribirse *[énfasis añadido]*, *[cursivas añadidas]*, *[traducción propia]*, etc. Si está al final de una frase o párrafo, el *[énfasis añadido]* va por fuera de las comillas, de lo contrario va por dentro.

Siempre es posible añadir información en un pie de página. Si este también lleva una referencia, primero se incluye esta y después del punto final se escribe la información adicional.

Texto sin modificaciones: Al hablar de la citación jurídica Diego López considera que es "conveniente adoptar como Formato Estándar de Citación Doctrinal, FED, para el caso colombiano, las reglas generales postuladas en *The Chicago Manual of Style*"[1].

Ejemplo 1: Al hablar de la citación jurídica Diego López considera que es "[apropiado] adoptar como [f]ormato [e]stándar de [c]itación [d]octrinal, FED [abreviación propuesta por Diego], *para el caso colombiano*, las reglas generales postuladas en [el manual de estilo Chicago]"[1]. [Énfasis añadido]

Ejemplo 2: Al hablar de la citación jurídica, Diego López considera que es "[apropiado] adoptar como [f]ormato [e]stándar de [c]itación [d]octrinal, FED [abreviación propuesta por Diego], *para el caso colombiano*, las reglas generales postuladas en [el manual de citación Chicago] *[énfasis añadido]*"[1], pues puede decirse que los hábitos de citación en Colombia tienen su propia idiosincrasia.

En el pie de página: [1] Diego Eduardo López Medina, Renata Amaya-González, Ana María Beltrán-Torres, María

Lorena Slebi-Asela y Jorge González Jácome, *Las fuentes del argumento* (Bogotá: Legis, 2010), 71. Diego López realizó en este texto un análisis de múltiples métodos de citación para estudiar cuál se ajusta mejor a la cultura jurídica colombiana.

Cuando en una cita textual se quiera omitir una parte del texto se deben usar puntos suspensivos entre corchetes [...]. Recuerde que solo son tres.

Ejemplo: Al hablar de la citación jurídica Diego López considera que es "conveniente adoptar como Formato Estándar de Citación Doctrinal [...] las reglas generales postuladas en *The Chicago Manual of Style*"[1].

En el pie de página: [1] Diego Eduardo López Medina, Renata Amaya-González, Ana María Beltrán-Torres, María Lorena Slebi-Asela y Jorge González Jácome, *Las fuentes del argumento* (Bogotá: Legis, 2010), 71.

Las tablas y gráficas deben estar precedidas por un título con un corto texto alusivo a su contenido, además de estar numeradas secuencialmente. El título debe ir alineado a la izquierda y conservando la fuente que se esté usando; después de la numeración se escribe punto seguido.

Ambas deben ir posicionadas lo más cerca posible del párrafo donde se mencionan, siempre refiriéndose a la tabla o gráfica por su número, no por su ubicación. Por ejemplo, no es correcto decir: "en la siguiente gráfica...".

Cuando la autoría de la gráfica o tabla no sea propia, debajo de esta se debe añadir la *Fuente:* o *Fuentes:* y la referencia en formato *extenso*. Si es necesario incluir información general adicional, se puede añadir una *Nota:*

debajo de la fuente. Estos textos siempre deben ir alineados a la derecha.

Si es necesario añadir información específica adicional, se utiliza uno o más asteriscos (*).

Ejemplo

Tabla 1. Diferentes estilos de citación y sus disciplinas

ESTILO DE CITACIÓN	DISCIPLINA
APA*	Ciencias Sociales
Chicago**	Historia

Fuente: Laurie Borchard, "Research Therapy: Citing Your Sources", CSUN *California State University Northridge*, acceso el 15 de diciembre del 2016, http://library.csun.edu/blogs/cited/2012/11/15/research-therapy-citing-your-sources/.

Nota: se adaptó la información para que fuera más útil para los fines de esta guía.
* APA es el acrónimo de la American Psychological Association.
** Para referirse al *Chicago Manual of Style*.

Figura 1. Citación automática en Google Scholar

Fuente: Med Kharbach, "An Indispensable Google Scholar Tip for Teachers and Academics", *Educational Technology and Mobile Learning,* acceso el 15 de diciembre del 2016, http://www.educatorstechnology.com/2015/03/an-indispensable-google-scholar-tip-for-teachers.html.

Al final, se recopilan en orden alfabético todas las citaciones extensas realizadas a lo largo del texto bajo un subtítulo alineado a la izquierda denominado *Bibliografía*. En ella, solo se cita una vez la misma obra y *no* se hace referencia a las páginas citadas. En otra sección también se tienen organizadas alfabéticamente las *Normas* y *Leyes* y en otra la *Jurisprudencia*.

Las referencias finales tienen tres diferencias, en comparación con las referencias extensas realizadas en notas a pie de página. La primera es que los elementos principales de la citación (autor, título, etc.) se separan por puntos y no por comas. La segunda es que se invierte el nombre y el apellido para que la referencia bibliográfica comience con el apellido. Y la tercera es que en la bibliografía la información correspondiente a ciudad, editorial y año de la publicación no se escribe entre paréntesis y debe separarse mediante punto. La primera línea de cada referencia va alineada a la izquierda, de la segunda línea en adelante se utiliza sangría francesa. Para ello se puede usar la herramienta Regla de Word.

También es posible añadir obras que no se citaron pero que contribuyeron a la construcción del documento y que pueden ser útiles para el lector. Luego de la sección de la bibliografía se encuentra la sección Normas y, posteriormente, la sección Jurisprudencia.

Ejemplo

BIBLIOGRAFÍA

López Medina, Diego Eduardo, Renata Amaya González, Ana María Beltrán Torres, María Lorena Slebi Asela y Jorge González Jácome. *Las fuentes del argumento.* Bogotá: Legis, 2010.

Turabian, Kate L. *A Manual for Writers of Research Papers, Theses, and Dissertations: Chicago Style for Students and Researchers.* Chicago: University of Chicago Press, 2013.

Normas y leyes

CN art. 189-10
2020/2006, art. 4-4.4
D. 2080/2000, art. 1-a

Jurisprudencia

CConst, T-522/1992, A. Martínez.
CSJ Civil, abril 4/2008. e0800131030061998-00171-01. R. Díaz. Acceso 30 de diciembre del 2015, http:www.ramajudicíal.gov.co/csj_portaljjspjframes/index.jsp?idsitio=

Formatos de referencias generales

A continuación, se exponen los formatos de los tipos de referencias más usados que se encuentran en la página oficial del *Chicago Manual of Style*, en la sección de *Chicago-Style Citation Quick Guide*[3], también se construyen con base en el documento *Cómo citar en estilo Chicago* de autoría de Emma Norman[4]. En caso de no encontrar en esta guía el formato de la fuente que desea citar, lo invitamos a que consulte las obras mencionadas.

3 "The Chicago Manual of Style Online: Chicago-Style Citation Quick Guide", *University of Chicago*, acceso el 28 de febrero del 2016, http://www.chicagomanualofstyle.org/tools_citationguide.html.

4 Emma R. Norman, "Cómo citar en estilo Chicago, técnica de referencia para la elaboración correcta de notas a pie de página y bibliografías", acceso el 8 de febrero del 2016, http://www.iberori.org, http://www.iberori.org/doctos/manual_chicago.pdf.

Libros con un autor	
General	Nombre del autor/apellido(s), *Título del libro* (lugar de la publicación: Nombre de la editorial, año de publicación), números de página si se está citando textualmente o se refiere a una frase o idea específica.
Extenso	Michael Pollan, *The Omnivore's Dilemma: A Natural History of Four Meals* (Nueva York: Penguin, 2006), 99-100.
Abreviado	Pollan, *Omnivore's Dilemma*, 3.
Bibliográfico	Pollan, Michael. *The Omnivore's Dilemma: A Natural History of Four Meals*. Nueva York: Penguin, 2006.

Libros con dos o tres autores	
General	Nombre(s) Apellido(s) y Nombre(s) y Apellido(s) [para dos autores]; o Nombre(s) y Apellido(s), Nombre(s) y apellido(s) y Nombre(s) y apellido(s) [para tres autores], *Título del libro* (lugar de la publicación: Nombre de la editorial, año de publicación), números de página si se está citando textualmente o se refiere a una frase o idea específica.
Extenso	Geoffrey C. Ward y Ken Burns, *The War: An Intimate History, 1941–1945* (Nueva York: Knopf, 2007), 52.
Abreviado	Ward y Burns, *War*, 59-61.
Bibliográfico	Ward, Geoffrey C. y Ken Burns. *The War: An Intimate History, 1941-1945*. Nueva York: Knopf, 2007.

Libros con cuatro o más autores	
General	Nombre(s) y apellido(s), *et al.* [para cuatro autores], *Título del libro* (lugar de la publicación: nombre de la editorial, año de publicación), números de página si se está citando textualmente o se refiere a una frase o idea específica.
Extenso	Diego Eduardo López Medina *et al.*, *Las fuentes del argumento* (Bogotá: Legis, 2010).
Abreviado	López Medina *et al.*, *Las fuentes*, 59-61.
Bibliográfico	López Medina, Diego Eduardo, Renata Amaya González, Ana María Beltrán Torres, María Lorena Slebi Asela y Jorge González Jácome. *Las fuentes del argumento*. Bogotá: Legis, 2010.

Capítulos de un libro	
General	Nombre(s) del autor/ apellido(s), "Título del capítulo", en *Título del libro*, [si tiene coordinador se añade: coordinado por Nombre y Apellido del (los) coordinador(es)] (lugar de publicación: editorial, año), número de página(s).
Extenso	Janet E. Smith, "Moral Character and Abortion", en *Doing and Being: Readings in Moral Philosophy*, coordinado por Joran Haber, Ken Follet e I. A. Newland (Nueva York: Macmillan, 1993), 247.
Abreviado	Smith, "Moral Character and Abortion", 247.
Bibliográfico	Smith, Janet E. "Moral Character and Abortion", en *Doing and Being: Readings in Moral Philosophy*, coordinado por Joran Haber, Ken Follet e I. A. Newland, 235-270. Nueva York: Macmillan, 1993.

Artículos en revistas académicas	
General	Nombre(s) del autor/apellido(s), "Título del artículo". *Título de la revista* volumen de la revista, abreviatura de número, número de la revista (estación del año o mes de publicación [estas dos son opcionales], año de la publicación): número de página(s).
Extenso	Joshua I. Weinstein, "The Market in Plato's *Republic*", *Classical Philology*, n.° 104 (2009): 440.
Abreviado	Weinstein, "The Market", 452-453.
Bibliográfico	Weinstein, Joshua I. "The Market in Plato's *Republic*". *Classical Philology*, n.° 104 (2009): 439-458.

Artículos en revistas electrónicas	
General	Nombre(s) del autor/apellido(s), "Título del artículo", *Título de la revista* volumen de la revista, abreviatura de número, número de la revista [si es el caso] (estación del año o mes [si es el caso] año de la publicación): número de página(s), DOI: numeración DOI [la fecha de acceso es *opcional*, si no hay DOI puede reemplazarse con una URL].

Extenso	Gueorgi Kossinets y Duncan J. Watts, "Origins of Homophily in an Evolving Social Network", *American Journal of Sociology*, n.º 115 (2009): 411, DOI:10.1086/599247.
Abreviado	Kossinets y Watts, "Origins of Homophily", 439.
Bibliográfico	Kossinets, Gueorgi y Duncan J. Watts. "Origins of Homophily in an Evolving Social Network". *American Journal of Sociology*, n.º 115 (2009): 405-450, DOI:10.1086/599247.

Página web o artículo web	
General	Nombre(s) del autor/apellido(s) [si lo hay] "título del artículo o comentario", en *organización que respalda el sitio*, fecha de publicación, fecha de consulta y vínculo.
Extenso	Sheryl Gay Stolberg y Robert Pear, "Wary Centrists Posing Challenge in Health Care Vote", *New York Times*, 27 de febrero del 2010, acceso el 28 de febrero del 2010, http://www.nytimes.com/2010/02/28/us/politics/28health.html.
Abreviado	Stolberg and Pear, "Wary Centrists".
Bibliográfico	Stolberg, Sheryl Gay y Robert Pear. "Wary Centrists Posing Challenge in Health Care Vote". *New York Times*, 27 de febrero del 2010. Acceso el 28 de febrero del 2010, http://www.nytimes.com/2010/02/28/us/politics/28health.html.

Formatos de referencias jurídicas

A continuación, se expone un resumen los formatos de los tipos de referencias jurídicas colombianas que se proponen en el texto *Las fuentes del argumento* para la citación de fuentes jurídicas colombianas. Además, se enlistan las abreviaturas estándar que se pueden usar a lo largo del texto, así como en las notas a pie de página.

Abreviaturas estándar	
Constitución Política de Colombia	CN
Código Civil	CC
Código General del Proceso	CGP
Código de Procedimiento Civil	CPC
Código de Procedimiento Administrativo y de lo Contencioso Administrativo	CPACA
Código de Comercio	CCO
Código Penal	CP
Código de Procedimiento Penal	CPP
Código Sustantivo del Trabajo	CST
Código Procesal del Trabajo	CPT
Código del Menor	CM
Código de la Infancia y la Adolescencia	CIA
Código Nacional de Policía	CNP
Código de Régimen Municipal	CRM
Código de Régimen Político y Municipal	CRMP
Código de Régimen Departamental	CRD
Estatuto Aduanero	EA
Estatuto Tributario	ET
Ley	L.
Artículo(s)	art.(s)
Decreto	D.
Decreto Legislativo	DL.
Acuerdo	A.

Para los artículos se tienen subdivisiones marcadas por un guion (-), ello según cada codificación, se asume que comienza por numerales o literales, luego por parágrafos y por último incisos, de ser necesaria su referencia. Además, para las leyes, decretos leyes, decretos y acuerdos están seguidos de un punto e inmediatamente después la numeración respectiva.

Ejemplo

CN art. 189-10
Este formato indica que estamos frente al artículo 189, numeral 10 de la Constitución Nacional.
CST art. 161-b1
Este formato indica que se trata del artículo 161, literal b), numeral 1 del Código del Trabajo.
CN art. 29-2
Este formato indica que estamos frente al artículo 92, inciso 2 de la Constitución Nacional.
D. 2020/2006, art. 4-4.4
En esta cita se referencia el numeral 4.4. del artículo 4 del Decreto 2020 del 2006.
D. 2080/2000, art. 1-a

En este caso se hace referencia al literal a) del artículo 1 del Decreto 2080 del 2000.

La mención de la jurisprudencia de las altas cortes en el texto es libre de cada autor, pero al hacer una cita textual o una paráfrasis de la jurisprudencia es necesario utilizar a pie de página el formato estándar. No hay que olvidar que cuando la cita se haga a pie de página y se cite una jurisprudencia por primera vez se usa el formato "extenso" y cuando se cite la misma jurisprudencia de nuevo en el texto se debe hacer uso del formato abreviado. Al final del texto la jurisprudencia se cita con el formato bibliográfico.

En general, cuando sea posible agregar la URL para las sentencias debe incluirse seguida de la fecha de acceso. En los cuadros siguientes se resumen las reglas del formato estándar:

Consejo de Estado	
General	CE, número de la sección y letra de ser el caso [Plena o Consulta], fecha de la sentencia (mes día año), número de expediente. Inicial del nombre del magistrado ponente. Apellido del magistrado ponente, acceso y fecha de acceso, URL de la sentencia.
Extenso	CE 3, julio 6/2006, e25000232700020050172501, R. Saavedra, acceso 30 de diciembre del 2015, http:www.ramajudicial.gov.co/csj_porta1/jsp/frames/index. jsp?idsitio=3.
Abreviado	CE 3, julio 6/2006, R. Saavedra.
Bibliográfico	CE 3. Julio 6/2006. e25000232700020050172501. R. Saavedra. Acceso 30 de diciembre del 2015, http:www.ramajudicial.gov.co/csj_porta1/jsp/frames/index. jsp?idsitio=3.

Corte Suprema de Justicia	
General	Sigla institucional [CSJ], sala [Civil, Laboral, Penal, Plena], fecha de la sentencia [mes día año], número de expediente. Inicial del nombre del magistrado ponente. Apellido del magistrado ponente, acceso y fecha, URL de la sentencia.
Extenso	CSJ Civil, abril 4/2008, e0800131030061998-00171-01, R. Díaz, acceso 30 de diciembre del 2015, http:www. ramajudicíal.gov.co/csj_portaljjspjframes/index. jsp?idsitio=3.
Abreviado	CSJ Civil, abril 4/2008, R. Díaz.

Bibliográfico	CSJ Civil. Abril 4/2008. e0800131030061998-00171-01. R. Díaz. Acceso 30 de diciembre del 2015, http:www. ramajudicial.gov.co/csj_portaljjspjframes/index. jsp?idsitio=3.

Corte Constitucional	
General	Sigla institucional, Identificación de la sentencia: [C, SU, T]-número de la sentencia/año. Inicial del nombre del magistrado ponente. Apellido del magistrado ponente, acceso y fecha, URL de la sentencia.
Extenso	CConst, C-449/1992, A. Martínez, acceso 14 de febrero del 2015, http://www.corteconstitucional.gov.co/ relatoria/2016/c-379-16.htm.
Abreviado	CConst, C-449/1992, A. Martínez.
Bibliográfico	CConst. C-449/1992. A. Martínez. Acceso 14 de febrero del 2015, http://www.corteconstitucional.gov.co/ relatoria/2016/c-379-16.htm.

BIBLIOGRAFÍA

AA.VV. *Manual para el aprendizaje basado en problemas, PBL*. Bogotá: Facultad de Derecho Universidad de los Andes, 1998.

AA. VV. *Pautas para la elaboración de estudios de caso*. BID: Departamento de Conocimiento y Aprendizaje, Estudios de Caso, marzo del 2011.

Álvarez-Correa D., Eduardo. *Cursos de Metodología Jurídica I y II*. Bogotá: Facultad de Derecho, Universidad de los Andes, 1988.

Amsterdam, Anthony G. y Jerome Bruner. *Minding the Law*. Cambridge: Harvard University Press, 2000.

Blaxter, Loraine, Christina Hughes y Malcolm Tight. *Cómo se hace investigación*. Barcelona: Editorial Gedisa, 1996.

Bloom, Benjamin S. *Taxonomy of Educational Objectives: The Classification of Educational Goals*. Nueva York: Longmans, Green, 1956.

Caron, P. E. *Tax Stories: An In-Depth Look at Ten Leading Federal Income Tax Cases*. Nueva York: Foundation Press, 2003.

Christensen, Roland C., David A. Garvin y Ann Sweet. *Education for Judgment*. Boston, MA: Harvard Business School Press, 1991.

Cifuentes Muñoz, Eduardo (director del proyecto). *Manual de hipertextos jurídicos*, 7-12 y 30. Bogotá: Facultad de Derecho, Universidad de los Andes, 2009.

Escallón Largacha, Eduardo y Andrés Forero Gómez. *Aprender a escribir en la universidad*, 85-108. Bogotá: Universidad de los Andes, Centro de Investigación y Formación en Educación-CIFE, 2015.

Giraldo Ángel, Jaime. *Metodología y técnica de la investigación jurídica*. Bogotá: Ediciones Librería del Profesional, 2002.

Grossman, John. *The Chicago Manual of Style*. Chicago, IL: University of Chicago Press, 1993.

Guerrero, Víctor Manuel. *Estadística básica para estudiantes de economía y otras ciencias sociales*. México: Fondo de Cultura Económica, 2002.

Hernández Sampieri, Roberto, Carlos Fernández Collado y Pilar Baptista Lucio. *Metodología de la investigación. Enfoques cuantitativo, cualitativo y mixto*, 7 y ss. México, D. F.: McGraw-Hill/Interamericana, 2006.

Hess, Gerald y Steven Friedland. *Techniques for Teaching Law*. Durham, NC: Carolina Academic Press, 1999.

Instituto Tecnológico y de Estudios Superiores de Monterrey. *Las técnicas didácticas en el Modelo Educativo del Tec de Monterrey: El estudio de casos como técnica didáctica*. México: Dirección de Investigación y Desarrollo Educativo, http://tecnologiaedu.us.es/cuestionario/bibliovir/309.pdf.

Jones, Carolyn C. "Mapping Tax Narratives". *Tulane Law Review*, n.° 73 (1998-1999).

Kornblit, Ana Lía. *Metodologías cualitativas en ciencias sociales. Modelos y procedimientos de análisis*. Buenos Aires: Editorial Biblos, 2004.

López Medina, Diego. *El derecho de los jueces*. Bogotá: Legis, 2009.

López Medina, Diego E. *Las fuentes del argumento*. Bogotá: Legis, 2010.

Lozano Rodríguez, Eleonora. "Enseñanza de la tributación", en *Lecciones de derecho tributario inspiradas en un maestro*. Bogotá: Instituto Colombiano de Derecho Tributario y Universidad del Rosario, 2010.

Lozano Rodríguez, Eleonora. *Justicia tributaria (jurisprudencia tributaria del Consejo de Estado, 2005-2016)*. Bogotá: Ediciones Uniandes, 2017.

Meyer, Philip N. *Storytelling for Lawyers*. Nueva York: Oxford University Press, 2014.

Neale, Palena. *Preparing a Case Study: A Guide for Designing and Conducting a Case Study for Evaluation Input*. Massachusetts: Pathfinder International, mayo del 2006.

Sautu, Ruth. *Todo es teoría. Objetivos y métodos de investigación*. Buenos Aires: Ediciones Lumiere, 2003.

Sullivan, William M. *Educating Lawyers. Preparation for the Profession of Law*. San Francisco: Jossey-Bass, 2007.

Tyler, Jo. A. y Faith Mullen. "Telling Tales in School: Storytelling for Self-Reflection and Pedagogical Improvement in Clinical Legal Education". *Clinical Law Review* 18, n.° 1 (2011).

Zweigert, Konrad y Hein Kötz. *Introducción al derecho comparado*. México D. F.: Oxford University Press, 2002.

CLÁUSULAS DE CONTENIDO TRIBUTARIO EN LOS CONTRATOS INTERNACIONALES

Guías para redactar un clausulado correcto*

Alfredo D'Costa Rodríguez

* Para citar este capítulo: http://dx.doi.org/10.15425/2017.497

Don José —el vendedor de la empresa— dijo: "Yo no quiero asumir ninguna responsabilidad concerniente a impuestos en la venta de la compañía". Tras oírlo, Mr. Gregory Thompson —representante de la multinacional adquirente— le respondió: "Tranquilo, no se preocupe, nosotros nos haremos cargo de todas las obligaciones tributarias de la compañía y de las del proceso de adquisición. Nuestros abogados manejan excelentes modelos de cláusulas para esta clase de convenios". Pero, un momento, señores, ¿esto es legal?, ¿es válido?, ¿están seguros de que ese acuerdo producirá el efecto esperado? Es decir, ¿las cláusulas de contenido tributario pactadas en los contratos internacionales surten plenamente sus efectos jurídicos, tanto frente a la administración de impuestos como entre las partes? ¿Qué elementos se deben tener en cuenta para una adecuada redacción o elaboración de esta clase de convenios?

PALABRAS CLAVE

Acuerdo, cláusula, contrato, convenio, *gross up*, impuestos, internacional, interno, licitud, orden, pacto, público, tributario, validez.

GLOSARIO

CISG: Convención de las Naciones Unidas sobre Contratos de Compraventa Internacional de Mercaderías.

Cnudmi: Comisión de las Naciones Unidas para el Derecho Mercantil Internacional.

***Due diligence*:** Proceso de auditoría realizado a una compañía para verificar el cumplimiento de sus obligaciones legales.

***Gross up*:** Acuerdo en el que se adicionan los tributos de la transacción al precio del contrato, con el objeto de efectuar pagos netos para que la parte beneficiada reciba el ingreso neto sin descuentos por obligaciones fiscales.

M&A: Fusiones y Adquisiciones.

***Target company*:** Compañía objeto de una adquisición.

Unidroit: Instituto Internacional para la Unificación del Derecho Privado.

HISTORIA

Don José fundó su compañía en 1978 con dos nobles propósitos: generar empleo en su región y brindarle un mejor futuro a su familia. Luego de una vida de trabajo arduo, el empresario sobrepasó todas sus metas y sueños. Pero no todo era perfecto. Sus hijos no se dedicaron al negocio y prefirieron vivir en Europa. Esta circunstancia siempre intranquilizó a don José, quien llevaba una gran inquietud en el alma al no tener claro el futuro de su legado empresarial.

Sus dudas no carecían de fundamento, dado que don José no había creado una empresa cualquiera: el personal superaba los mil empleados, la compañía gozaba de una calidad tributaria especial como gran contribuyente y además tenía régimen aduanero preferente debido al alto volumen de sus exportaciones; él conocía muy bien las cifras de su negocio. Por ello, en sus cálculos estimaba el valor de la empresa en no menos de 10 millones de dólares, fuera de impuestos. Aunque su compañía había obtenido varios reconocimientos nacionales, precisamente porque don José era una figura pública nacional a pesar de pertenecer al sector privado, a sus hijos nunca les interesó manejar el negocio; ellos tenían afición por el arte, la filosofía y la literatura, pero no por asuntos empresariales.

ESTRATEGIAS PARA LA EXPANSIÓN DE LAS EMPRESAS MULTINACIONALES

En medio de una fría noche en su hacienda en Cajicá, frente a su profunda soledad, don José se preguntaba quién podría asumir el mando de su empresa. Entretanto, en otra parte del mundo, la junta directiva del fondo de inversión Net-Express Corp. se reunía en Santa Helena, California, para discutir sus planes de expansión —que contaban con un presupuesto de 50 millones de dólares— y la localización de las nuevas inversiones de negocio. En esta junta se presentó a Colombia como uno de los mejores destinos de América Latina para invertir[1]. El presidente de la compañía, Robert Callaway, comentó que conocía Cartagena por un crucero que había hecho con su esposa el verano pasado, y manifestó que había visto gente de todas partes del mundo, estupendos bailes nativos y niveles de tributación razonables, especialmente en las ventas ambulantes. Los miembros de la junta no podían creer que los vendedores ambulantes fueran agentes retenedores de impuestos. Después entendieron la broma. Al final de la reunión, Callaway pidió contactar a la firma asesora de la compañía para esta región, que precisó lo siguiente:

> Desde hace ocho años, el sector de alimentos en Colombia está generando un crecimiento del 33 % anual sostenido. Varias empresas locales del sector y, en especial, la sociedad Mi Ramito Ltda. están produciendo excelentes resultados. Esta empresa tiene utilidades netas acumuladas del 264 % sobre el capital social, monto que suma aproximadamente 5200 millones de pesos, es decir, alrededor de 1,6 millones de dólares, con posibilidad de aumentar las ganancias en un 20 %, después de impuestos.

El presidente de Net-Express Corp. propuso investigar a fondo la compañía Mi Ramito Ltda. para una eventual adquisición, y con este fin reunió a un selecto equipo compuesto por George Patton, agente federal y general retirado de las fuerzas militares americanas; Briggite Shiffer, exmodelo británica, y Billy Valentine, actor de profesión con grandes dotes para comunicarse y entrar en confianza

1 Ernst & Young y Procolombia, "Legal Guide to Do Business in Colombia", *Procolombia*, s. f., acceso el 8 de noviembre del 2018, https://www.ey.com/Publication/vwLUAssets/ey-legal-guide-to-do-business-colombia-2018/$FILE/ey-legal-guide-to-do-business-colombia-2018.pdf.

con las personas. A cada uno de ellos se le dio la misión de averiguar todo sobre la empresa Mi Ramito Ltda. y sus dueños. Luego de cuatro días, Patton presentó estados financieros, declaraciones de renta, informes ejecutivos, correos internos, listados de clientes y proveedores, nómina, varias fotografías sobre detalles del negocio, así como información del propietario y su grupo familiar. Además, mencionó las condiciones de seguridad del país y la existencia de un proceso de paz adelantado por el Gobierno con grupos al margen de la ley. Shiffer, por su parte, comunicó al presidente las rutinas diarias y los recorridos que hacía el dueño de la empresa, anotando que este iba de su casa al trabajo exclusivamente y que identificó que su pasatiempo dominical eran los caballos. Por último, Valentine logró ingresar a la compañía haciéndose pasar por un empleado operativo, lo que le permitió conocer a profundidad los pormenores de la empresa y sus conflictos internos.

Después de analizar esta información y tras varios meses de investigación sobre el mercado colombiano, la junta directiva de Net-Express Corp. decidió que Mi Ramito Ltda. era *target company*, por lo que acordó desplegar un proceso de adquisición con un precio máximo de diez millones de dólares. La tarea de adquisición le fue delegada a Mr. Gregory Thompson, un experto en negociación al que le dieron dos meses para cerrar la compra.

EJECUCIÓN DE UNA DECISIÓN EMPRESARIAL: MÚLTIPLES ACCIONES

Mr. Thompson viajó a Bogotá desde Boston el 14 de marzo del 2016, con el fin de ejecutar los planes de compra de su compañía. Durante su vuelo en clase ejecutiva, revisó las principales noticias económicas del mundo, en las que encontró la siguiente tendencia en #irstaxes: "Gross ups:

Prior-year income tax withholding adjustments prohibited under latest IRS Guidance"[2]. A pesar de lo que podría pensarse, esta noticia no le generó mayor inquietud y siguió navegando por diferentes medios de información.

Una vez aterrizó en Bogotá, Mr. Thompson contactó a la firma de abogados corresponsal en esta ciudad, Lawyers & Lawyers, con el fin de revisar estrategias no hostiles de adquisición e iniciar conversaciones con don José, propietario de Mi Ramito Ltda. Los abogados recomendaron que la vinculación con el empresario se generara por medio de la Cámara de Comercio e indicaron que el comunicado debía redactarse, más o menos, en los siguientes términos:

> Respetado señor don José,
>
> Tengo el gusto de saludarlo y de invitarlo cordialmente a la próxima rueda de negocios que se llevará a cabo en la Cámara de Comercio, donde se presentarán empresas locales e internacionales que quieren hacer inversiones en el país.
>
> Si esta oportunidad es de su interés, podemos organizar una reunión privada y generar un mayor acercamiento para una eventual vinculación.
>
> En caso de tener alguna inquietud, por favor no dude en comunicarse conmigo.
>
> Cordial saludo,
>
> Mariela Rodríguez Peña
> Directora de la Cámara de Comercio

2 Ernst & Young, "Prior-year income tax withholding adjustments prohibited under latest IRS guidance", *EY LLP*, s. f., acceso el 26 de noviembre del 2018, https://www.ey.com/Publication/vwLUAssets/EY-gross-up-irs-now-prohibits-

Mr. Thompson atendió las recomendaciones de los abogados, de modo que el 3 de abril del 2016 le enviaron este comunicado a don José, quien se sorprendió y no dudó en contactar a la directora de la Cámara de Comercio, con el fin de conocer más a fondo de qué se trataba este mensaje. Luego de conversar, acordaron reunirse en la sede del Club Los Potros, ubicado en el municipio de Cajicá. Mariela Rodríguez, directora de la Cámara de Comercio, se ufanó diciendo que empresas extranjeras estaban adquiriendo negocios en el país, al tiempo que le comentó sobre posibles alianzas con multinacionales. Cuando escuchó esto, don José no aguantó más y decidió contarle su encrucijada del alma a Mariela. Le dijo:

> A mis hijos nunca les interesó la empresa y yo a mis 82 años no tengo las mismas capacidades para estar al frente. Me está resultando difícil controlar varios asuntos, pues los gerentes no me informan todo o dudan de mi habilidad. Por esta razón, ya no confío en ellos como antes. Además, estamos siendo auditados por la DIAN y no creo que eso vaya a salir bien. Los gerentes no tienen un verdadero compromiso con la empresa, solo les interesa cubrirse bajo una posición y un pago. No aguanto más. Estoy pensando en retirarme de Mi Ramito.

La directora de la Cámara de Comercio comentó que en la rueda de negocios había empresas a las que podría interesarles la adquisición de Mi Ramito. Don José dijo que estaría dispuesto a vender su compañía y así fue como entraron en negociaciones con Gregory Thompson.

---

prior-year-federal-income-tax-withholding-adjustments/$FILE/Gross%20ups%20-%20Prioryear%20income%20tax%20withholding%20adjustments%209-5-2017.pdf.

Don José le consultaba continuamente a su abogado y amigo de toda la vida, Jeremías Leal, sobre el problema que la empresa tenía con la DIAN. La entidad pretendía el pago de 1200 millones de pesos por los años gravables 2013, 2014 y 2015. Justo el periodo en el que don José, por padecimientos de salud, debió dejar encargado de la empresa al gerente de Contabilidad. El Dr. Leal recomendó que lo mejor era acogerse a la amnistía por haber omitido declarar los activos y el registro de gastos improcedentes, dado que esto reduciría el valor de la sanción a 550 millones de pesos. Pero don José, en su terquedad, siempre esperaba ganar y este caso no iba a ser la excepción.

Don José inició la negociación de la venta de la empresa con transparencia, y afirmaba que el comprador tendría que enterarse del problema con la DIAN en su debido momento. Inicialmente, le ofrecieron solo un millón de dólares, unos 3200 millones de pesos, por la empresa. Como no aceptó, fue necesario celebrar varias reuniones para acordar el precio final. Don José le contó a su amigo y abogado, el doctor Leal, que tendría que vender la empresa con ese problema de la DIAN por impuestos. Pero su abogado le contestó que eso no se podía, es decir, que *ni la transferencia del impuesto ni la cláusula de indemnidad tributaria están permitidas por la Ley*[3] *debido a que los impuestos son obligaciones directas, tanto de la empresa como de los socios, con el Estado*[4] (porque la DIAN también les había efectuado el cobro a estos en tanto deudores solidarios).

3 Según CC, 1887, art. 1519: "Hay un objeto ilícito en todo lo que contraviene al derecho público de la nación [...]". Conforme al principio de la autonomía privada y relatividad de los contratos, las partes tienen capacidad para regular sus relaciones y producir efectos jurídicos inter-partes. Véanse CC 1887, art. 1602 y CC, 1971, arts. 824 y 864.

4 ET, marzo 30/1989, arts. 792 y 793b.

Don José y Mr. Thompson se reunieron en varias ocasiones. Una de las últimas veces, el 7 de mayo del 2016, lo único que dificultaba la negociación era el problema tributario que tenía la compañía. A juicio de don José, este conflicto le restaba valor a la transacción, por lo que pensaba que se debía ajustar el precio de la venta. Así, acordaron el valor y las cláusulas más importantes, *incluso el aspecto tributario fue convenido en el contrato*. Al final de la reunión sobre el proceso de venta de la compañía, don José, socio mayoritario y vendedor de la empresa, le manifestó al comprador lo siguiente:

> Si el precio final de compra de la compañía es de tan solo 3 millones de dólares, nosotros podemos aceptarlo, siempre que no asumamos ninguna clase de responsabilidad o carga por impuestos. Tampoco riesgos o pagos de ninguna clase de tributos. Cualquier tema que tenga que ver con las administraciones de impuestos deberá ser asumido por ustedes. Es decir, todo lo relacionado con los tributos, pasados, presentes o futuros de la empresa o de esta operación deberán estar a cargo del comprador. Esto tiene que quedar muy claro en el contrato.

Al respecto, Mr. Thomson expresó: "Si están de acuerdo con el precio, nosotros nos haremos cargo de todo el aspecto tributario de la compañía y de esta transacción". Tras esta declaración, firmaron el contrato de adquisición y celebraron con copas de champaña fría. Al salir del club, Mr. Thompson no tardó en enviar un mensaje de WhatsApp a su casa matriz, en el que comunicaba el logro de la adquisición. Cuando el presidente recibió el texto en Ohio, le respondió: "Good job, Tom. We will produce profits to stakeholders and the shares will be valued! Just a question. *Is it in accordance with the Colombian law the indemnity and transfer all taxes to Net-Express by a private document?*". En este momento, Mr. Thompson recordó las discusiones de sus abogados sobre el tema, quienes habían concluido que, a pesar de que esta era una práctica usual en contratos internacionales, existían vacíos normativos en Colombia, así como distintas interpretaciones y debates sobre los pactos privados de contenido tributario. Mr. Thompson tampoco pudo evitar acordarse de los honorarios cancelados a sus abogados.

"NEGOCIAR COMO ENEMIGOS PARA VIVIR COMO AMIGOS"[5]

Una vez llegaron a un acuerdo sobre el precio de la compañía, Net-Express Corp. y Mi Ramito Ltda. iniciaron formalmente la discusión sobre los términos del contrato. Para ello, don José y Mr. Thompson se dieron cita el 11 de mayo del 2016 a las 09:30, en el Club Los Potros. A la reunión asistieron los abogados.

El equipo jurídico de Net-Express presentó el proyecto de contrato de adquisición de las cuotas sociales en Mi Ramito Ltda., que tenía las siguientes cláusulas: "Precio, forma de pago, ley o derecho aplicable, resolución de conflictos, e impuestos". Cuando don José oyó la palabra impuestos, reiteró: "Les he dicho, *¡yo no asumiré ninguna responsabilidad por impuestos!*". Mr. Thompson, como muestra de su compromiso, leyó el texto de la cláusula respectiva, que decía lo siguiente:

> En el evento de que el Comprador (o cualquier otro agente de retención u otra persona actuando en su nombre) se

5 Frase pronunciada por el presidente de un grupo financiero durante la negociación de un proyecto de inversión.

encuentre obligado, en virtud de la ley aplicable, a retener, deducir impuestos (con el alcance de la definición pactada en este acuerdo) o demás valores al Vendedor conforme a los términos de este Contrato, *el Comprador deberá sumar a los valores adeudados el monto correspondiente a las deducciones, retenciones aplicables e impuestos propios que en virtud de la ley deba asumir el Vendedor*; de manera que el Vendedor reciba, en las fechas previstas para los respectivos pagos, una suma igual al total de los valores que le deben ser pagados bajo el presente Contrato. Hacen parte del presente convenio todos los valores que por concepto de impuesto(s) deba pagar el Vendedor por esta transacción, los cuales serán asumidos en su totalidad por el Comprador y pagados al sujeto activo de recaudo o directamente al Vendedor, mínimo ocho (8) días antes de su vencimiento para el pago.

El Comprador mantendrá indemne al Vendedor por todo el aspecto tributario de la presente operación y el Vendedor tendrá derecho a ser indemnizado si ha experimentado perjuicios cuyo valor sea igual o superior a 10 000 dólares[6].

Luego, Mr. Thompson le explicó a don José:

Está muy claro en el contrato que *no le descontaremos suma alguna de dinero por los impuestos que usted deba pagar por esta operación, que le pagaremos su impuesto de ganancia ocasional, y que ni siquiera pagará la retención en la fuente que por ley debería asumir, tampoco responderá*

6 José Andrés Romero Tarazona, "Estructuración de la adquisición de Negoción en Colombia por Inversionistas Extranjeros", en *Estudios de Derecho Tributario, Derecho Aduanero y Comercio Exterior*, coordinado por Mauricio Plazas Vega (Bogotá: ICDT, 2015), 223.

> *por los impuestos que deba la compañía.* Además, usted está exonerado de responsabilidad por asuntos fiscales, ya que nosotros nos haremos cargo de todo esto[7].

Don José recordó que su amigo abogado le había dicho que esto no se podía hacer, de manera que su sabiduría le dictaba que "de eso tan bueno no dan tanto". Además, él sí conocía el mecanismo para realizar pagos al exterior con cláusulas que su contador llamaba *gross up*, y sobre cuya legalidad siempre tuvo dudas. Entonces, decidió arriesgarse y preguntarles a los abogados de la contraparte qué opinaban sobre estas cláusulas. El asesor respondió:

> Por nuestra experiencia en esta clase de procesos, vemos que la redacción del contrato sigue la voluntad de las partes, y especialmente, *en atención a la capacidad de influencia y dominio del comprador o vendedor.* En este caso, la cláusula gira en torno a su criterio sobre la operación, es decir, está redactada a su favor como vendedor, señor José, así que no asumirá impuestos ni será responsable por el pago de los mismos[8].

La prudencia de don José le impidió seguir preguntando *si esta clase de pacto era realmente válido.* Después, el

7 ET, marzo 30/1989, art. 398.

8 La autonomía privada es un principio de la contratación internacional y, especialmente, del arbitraje internacional. Véanse Convención de México, 1994, art. 1; Principios Unidroit, 2011, art. 1.4; Convención de Nueva York, 1958, art. 2-b; Reglamento Roma I, art. 9.1; Ley Modelo de la Cnudmi sobre Arbitraje Comercial Internacional, 1985, arts. 34-ii y 36-bii; Principios sobre la Elección de Ley Aplicable en materia de Contratos Comerciales Internacionales de la Haya, 2015, art. 11; CISG, 2011, arts. 2 y 4. Véase también Romero, "Estructuración", 223.

abogado añadió: "En este caso, *estamos frente a un contrato internacional y, por ende, la libertad privada prácticamente no tiene barreras*. Por ello, se ha escogido como ley aplicable los principios de la contratación internacional (Unidroit). En caso de conflicto será un árbitro internacional con sede en Panamá quien resuelva cualquier diferencia". Don José aclaró: "Yo no hago contratos para romperlos, mucho menos para iniciar pleitos, no tengo inconvenientes con esa parte del contrato".

Mr. Thompson confió más en don José que en sus propios abogados. Por ello, quiso volver sobre el punto relacionado con los impuestos y manifestó que además debía quedar consignado qué se entiende por impuestos y así dar garantías a su vendedor. En respuesta, los abogados afirmaron que el contrato tendría la siguiente cláusula para mayor claridad:

> "Impuesto" o "impuestos" se refiere a todos los tributos, impuestos, gravámenes gubernamentales sobre el ingreso, la propiedad, el patrimonio, el consumo, las ventas, la celebración de contratos o la ejecución de actos de cualquier índole; el pago o la obligación de pago derivados de la legislación de seguridad social, requeridos por cualquier entidad gubernamental, así como cualquier interés, penalidad o adición atribuible a cualquiera de dichos impuestos[9].

Por todo lo anterior, Mr. Thompson se preguntó: "*¿Debemos entender que los pactos sobre impuestos son totalmente válidos en Colombia?*". Su abogado tributarista, quien tenía habilidad para la hacienda pública, dio un breve discurso en el que argumentaba que, "en la práctica, *esta clase de*

9 Romero, "Estructuración", 216.

convenios distribuyen las cargas fiscales, las cuales son por lo demás muy comunes y se denominan en la teoría traslación del impuesto. Este fenómeno económico, que bien puede darse hacia delante o hacia atrás, se llama protraslación o retrotraslación"[10]. Es decir, se asigna la carga al comprador o al vendedor, según sea convenido. En ese instante, otro de los abogados interrumpió para agregar que la Cámara de Comercio certificó que esta clase de convenios son costumbre mercantil debido a su uso frecuente y reiterado[11].

Mientras tomaban un receso, el practicante de la firma de abogados, Nelson Baladí, le comentó al socio Armando Peñate que quería aportar a la discusión sobre la cláusula de impuestos, recordándole que *el artículo 553 del Estatuto Tributario dispone que esta clase de convenios no son oponibles al fisco*, es decir, que no producen efectos ante la DIAN. Peñate respondió que estaba de acuerdo con esa apreciación, pero que no había tiempo para más disertaciones. Además, agregó que en el *due diligence* tributario a Mi Ramito Ltda. se revisaría esta parte del contrato con mayor detalle. Luego, Peñate llamó al socio fundador de Lawyers & Lawyers, Juan Ramón Latorre, para comentarle sobre los avances de la reunión y, en especial, lo concerniente a las *inquietudes en torno a la cláusula sobre impuestos*. Al respecto, Latorre puntualizó:

> Todo lo que mencionaron es correcto, pero yo les pregunto a ustedes: ¿fueron claros con el cliente diciéndole que esta clase de pactos no son oponibles al fisco, es

10 Mauricio Plazas Vega, *Derecho de la Hacienda Pública y Derecho Tributario* (Bogotá: Temis, 2017), 310.

11 Cámara de Comercio de Bogotá, "Costumbre Mercantil", acceso el 3 de agosto del 2020, https://bibliotecadigital.ccb.org.co/bitstream/handle/11520/14445/CostumbreMercantilA7.pdf?sequence=1&isAllowed=y.

> decir, que dado el caso la DIAN le va a cobrar al que está obligado por la ley? Recuerden que el modelo de cláusula tributaria acogido en el caso de Youngs y Papelitos permitía transferir los impuestos, porque las jurisdicciones intervinientes, Isla Coco y Puerto Canal, posibilitaban distribuir esta carga entre los contratantes. En Colombia, como ustedes lo deben saber, el tratamiento es muy distinto.

Peñate le replicó: "Sí, Juan Ramón, solo que ellos están de acuerdo con que Net-Express asuma todos los impuestos y así se redactó la cláusula en el contrato. La leyeron en la reunión y ellos estuvieron de acuerdo. Es la misma de Youngs y Papelitos. *Lo mejor será que como abogados ampliemos nuestros disclaimers en el due diligence tributario*". Después, cuando retomaron la reunión, decidieron almorzar y conversar sobre temas más tranquilos, de modo que el contrato pasó a un segundo plano. Entrada la noche, aunque ya se habían ido los abogados, don José se quedó hablando y compartiendo experiencias de su vida con Mr. Thompson, momento que aprovechó para preguntarle al extranjero cuánto le habían cobrado los abogados. Este le contestó que el 5 % de toda la operación. A Don José le pareció excesivo y comentó: "Este proceso lo estoy haciendo al interior de la compañía con los empleados, la verdad no he utilizado consultores externos, porque en muchas ocasiones un poco de sentido común elimina su labor"[12]. Tras oírlo, Mr. Thompson decidió contratar a sus abogados únicamente para la elaboración del contrato de

12 Fragmento de la entrevista realizada a Miguel Cuadros en medio del proceso de fusión de Carulla S. A. y Almacenes Vivero, citada en Raúl Sanabria Tirado y Juan Camilo Hernández Mahecha, "Fusión del Banco de Colombia con el Banco Industrial Colombiano, Fusión de Carulla S. A. y Almacenes Vivero S. A." (tesis de Administración, Universidad de los Andes, 2004), 69.

adquisición, y no incluir la ejecución del *due diligence*, para no incurrir en más gastos "innecesarios".

Días después de perfeccionada la operación de compra de la empresa, un importante diario económico del país publicó una columna de opinión en la que se leía como salvedad, *sin responsabilidad alguna para el medio de comunicación*:

> Cláusulas usuales en los contratos internacionales [...]. *[Existen] distintas cláusulas que en la práctica se pueden presentar y negociar.* Por un lado, las denominadas *gross up* o cláusulas de pagos sin retención de impuestos. En virtud de [...] [estas] las partes de un contrato internacional se comprometen a que todos los pagos se efectuarán sin practicar los descuentos de impuestos que se deban realizar en el país en donde se origina el pago. En otros términos, que el pagador de la obligación asumirá los impuestos que se causen en su país, así estos correspondan a la otra parte [énfasis añadido][13].

Tanto don José como Mr. Thompson leyeron la columna y sintieron confianza frente a la negociación celebrada en las cláusulas del contrato, especialmente en las de contenido tributario.

13 Mauricio Medina, "Cláusulas usuales en los contratos internacionales", *Diario La República*, 21 de octubre del 2016, acceso el 8 de noviembre del 2018, https://www.asuntoslegales.com.co/analisis/hector-medina-531081/clausulas-usuales-en-los-contratos-internacionales-2433571.

UN *DUE DILIGENCE* AHORRADO, UN CONFLICTO NO EVITADO

Al año siguiente, el 28 de febrero del 2017, la DIAN emitió mandamiento de pago contra la sociedad Mi Ramito Ltda. y sus socios por la suma de 2200 millones de pesos, exigiendo el pago total de la obligación y de las respectivas sanciones e intereses por mora, así como la corrección de las declaraciones de los años 2013, 2014 y 2015. Desconocía, así, el acuerdo privado de compraventa de cuotas sociales que estaba conforme a la ley nacional colombiana. En este documento, la DIAN expresó: "De acuerdo con el artículo 553 del mismo estatuto, *los acuerdos entre particulares sobre impuestos no son oponibles al fisco*, situación que no restringe la negociación entre los particulares bajo los parámetros en que es permitido hacerlo a la luz de las disposiciones legales vigentes" [énfasis añadido][14].

EL CONFLICTO ES DESAFORTUNADO, PERO EL PRECEDENTE ESPERADO

En el 2017, Mr. Thompson, quien estaba encargado de la representación legal de Mi Ramito en Colombia, recibió con asombro el cobro de la administración de impuestos. Pese a que manejaba una buena relación con los directivos de Net-Express, no iba a ser fácil dar explicaciones sobre esta deuda —menos aún cuando él pudo evitarla—, así

14 DIAN, Concepto n.° 100208221, febrero 12/2018, acceso el 29 de noviembre del 2018, https://colombia.moorestephens.com/MediaLibsAndFiles/media/colombiaweb.moorestephens.com/Documents/Concepto-DIAN-No-099-de-2018-Efectos-de-los-acuerdos-privados-para-el-manejo-de-impuestos-en-los-consorcios_1.pdf.

que pensó mucho en cómo informar la noticia a la junta directiva. Tras darle algunas vueltas, decidió que en vez de llevar el problema, llevaría la solución. Para evitar el cobro de la DIAN, procedió a consultar el Estatuto Tributario colombiano, en el que encontró: "Contra el mandamiento de pago procederán las siguientes excepciones [...] 5. *La interposición de demandas* de restablecimiento del derecho o de proceso de revisión de impuestos ante la jurisdicción de lo contencioso-administrativo" [énfasis añadido][15].

Así las cosas, Net-Express presentó demanda contra la DIAN por intermedio de su apoderado, el abogado Jeremías Leal. Tras la interposición de la demanda, fueron suspendidas las medidas cautelares de embargo en contra de Mi Ramito Ltda. Después de mucho tiempo, *la decisión judicial de última instancia fue desconocer los efectos del convenio privado sobre impuestos frente a la administración tributaria*, de modo que la justicia contencioso-administrativa condenó a Mi Ramito Ltda. y a don José a pagar los tributos adeudados y el cumplimiento de la obligación y de las sanciones, junto con los intereses por mora respectivos[16].

Don José, por su parte, terminó demandando en arbitraje internacional por la cláusula de contenido tributario y sus efectos privados inter-partes, debido a que tuvo que pagar una importante suma de dinero para levantar la medida cautelar de embargo que pesaba sobre su hacienda de Cajicá por incumplimientos como socio de Mi

15 ET, marzo 30/1989, art. 831.

16 Con relación a esta clase de controversias, el Consejo de Estado expresó: "La obligación tributaria, en cuanto nace de la ley y no de un acuerdo de voluntades, establece quién es el sujeto obligado al pago de la prestación, no susceptible de modificaciones entre particulares [...]. Con mayor razón una cláusula semejante es inútil frente al Estado en un contrato entre particulares". Véase en CE 4, febrero 18/1983, E. Low.

Ramito. La pretensión principal de la demanda arbitral era el reintegro de la totalidad del valor pagado por los impuestos, más las sanciones penales del contrato. Es decir, demandó para que se hiciera valer la cláusula de contenido tributario en la que trasladó los impuestos y las responsabilidades tributarias a Net-Express.

En esta misma instancia, la sociedad extranjera presentó demanda de reconvención contra don José, con igual pretensión, es decir, para obtener el pago de los impuestos que tuvo que asumir y *alegó como excepción de fondo que la cláusula de contenido tributario —esto es, la transferencia e indemnidad del impuesto— trasgredía el orden público internacional colombiano* toda vez que los impuestos son derechos de la Nación[17].

17 Los impuestos pertenecen al derecho público de la Nación, con base en los preceptos constitucionales que estructuran el derecho tributario colombiano: *Legalidad o reserva de ley, eficiencia, equidad, progresividad e irretroactividad de la ley.* Véase CN, arts. 338 y 363. Este conjunto normativo pertenece a la categoría de *orden público internacional* por su carácter imperativo e inderogable, necesario para la estabilidad y seguridad del Estado. Esta institución se encuentra reconocida por mecanismos internacionales de Hardlaw y Softlaw, como son los siguientes: Convención de México, art. 1; Principios Unidroit, 2011, art. 1.4; Convención de Nueva York, 1958, art. 2-b; Reglamento Roma I, art. 9.1; Ley Modelo de la Cnudmi sobre Arbitraje Comercial Internacional, 1985, arts. 34-bii, 36-bii; Principios sobre la Elección de Ley Aplicable en materia de Contratos Comerciales Internacionales de La Haya, 2015, art. 11; CISG, 2011, arts. 2 y 4. Solo para citar una de las convenciones anteriores, los Principios Unidroit establecen: "Estos Principios no restringen la aplicación de normas de carácter imperativo, sean de origen nacional, internacional o supranacional, que resulten aplicables conforme a las normas pertinentes de derecho internacional privado" (Unidroit, 2011, art. 1.4). "La violación de una norma de carácter imperativo que resulte aplicable en virtud del artículo 1.4 de estos Principios, ya

El árbitro internacional abordó el caso mediante el estudio detallado de la validez del contrato y en especial de la cláusula sobre impuestos debatida. Así, se adentró en la libertad privada como fundamento esencial de los particulares para contratar, teniendo en cuenta que la ley aplicable correspondió a los principios Unidroit, los cuales respaldan plenamente la autonomía privada y la buena fe. De hecho, en la demanda se argumentó la internacionalidad del contrato para ensamblar la autonomía privada como base de la relación contractual.

No obstante, el tribunal arbitral revisó el pacto de contenido tributario de cara a la institución jurídica del orden público *verdaderamente* internacional, barrera que limita las estipulaciones contractuales. Así, *el árbitro encontró que el sistema tributario del Estado colombiano había sido alterado y que se había puesto en grave riesgo el recaudo de los impuestos en la operación realizada. En consecuencia, desconoció la cláusula* y decidió condenar a don José en favor de Net-Express[18].

---

sea de origen nacional, internacional o supranacional, tendrá los efectos, en el supuesto que los tuviera, que dicha norma establezca expresamente" (Unidroit, 2011, art. 3.3.1). Los instrumentos jurídicos citados, ante la violación del orden público internacional, disponen como efecto jurídico el desconocimiento del acuerdo o pacto celebrado contra el orden público internacional, bajo instituciones como de nulidad o ineficacia por ilicitud en objeto del pacto.

18 Véanse algunos casos de arbitraje internacional en los que se debatieron cláusulas de contenido tributario en William Park, "Arbitrability and Tax", en *Arbitrability: International & Comparative Perspectives* (Boston: Kluwer Law International, 2009), acceso el 29 de noviembre del 2018, https://www.arbitration-icca.org/media/4/54080822237337/media012409314487590tax_and_arbitration_w_w_park.pdf. En el caso de Bayway Refining Co. v. Oxygenated Marketing & Trading A.G., la Corte del Distrito de Nueva York aceptó

Años más adelante, con el laudo arbitral a su favor, Net-Express presentó demanda de execuátur para el reconocimiento del laudo en Colombia ante la Corte Suprema de Justicia[19] y hacer efectivo el cumplimiento de don José. En este proceso fue reconocido el laudo extranjero por parte de la corporación nacional que acogió la argumentación desarrollada en arbitraje, con respecto a la violación del orden público internacional colombiano por la cláusula de contenido tributario[20].

---

la cláusula que asignó la responsabilidad de los impuestos federales, estatales y locales al comprador. No fueron debatidos formal ni sustancialmente los problemas de validez en la relación jurídico-privada, ni de la obligación jurídico-tributaria por alteración del sistema fiscal. En opinión del escritor del presente artículo, el demandante debió argumentar las razones por las cuales el acuerdo violaba el orden público internacional, justificación que produciría consecuencias jurídicas distintas de las expresadas por la Corte. Véase en https://law.justia.com/cases/federal/appellate-courts/F3/215/219/608111/.

19 El reconocimiento de laudos y sentencias extranjeras es un mecanismo de colaboración judicial internacional regulado por la Convención de Nueva York (1958) de la cual hace parte Colombia.

20 Para el reconocimiento de laudos y sentencias extranjeras, la Corte Suprema de Justicia, Sala de Casación Civil (2017) aclaró el concepto de orden público internacional en los siguientes términos: "Ahora bien, es preciso aclarar que el concepto de 'orden público internacional' de un país no puede ser confundido con el de 'orden público interno' de ese Estado, noción que según se ha explicado en la doctrina nacional se refiere a las leyes imperativas en el derecho privado, las cuales no pueden ser desconocidas o derogadas por convenciones entre particulares, como lo dice, impropiamente, el artículo 16 del Código Civil. [...] Ha distinguido la doctrina que existen dos tipos de normas imperativas, aquellas que se consideran de 'orden público de dirección' y las de 'orden público de protección'. Mientras en las primeras, cuyo contenido puede ser político, económico o

Conforme lo anterior, en la siguiente sección se explicará la fundamentación jurídica de los elementos que se deben tener en cuenta para determinar la legalidad (validez y eficacia) de las cláusulas de contenido tributario pactadas en los contratos internacionales.

PROBLEMÁTICA

¿Las cláusulas de contenido tributario pactadas en los contratos internacionales surten plenamente sus efectos jurídicos, tanto frente a la administración de impuestos como en la relación jurídico-privada inter-partes?

---

social, se condensan los principios fundamentales de las instituciones y la estructura básica del Estado o de la comunidad, las segundas fueron destinadas por el legislador a proteger un determinado sector o grupo, y por ende, no representan los valores y principios fundantes o esenciales del Estado, en los cuales se inspira su ordenamiento jurídico. Solamente las de 'orden público de dirección' interesan al derecho internacional privado para integrar el concepto de 'orden público internacional' del Estado en que se pide la homologación de sentencias judiciales. En esa perspectiva deben entenderse las precisiones efectuadas por esta Corte en uno de los pronunciamientos antes citados, referentes a que en principio, el desconocimiento de una norma imperativa propia del 'foro' del juez del exequátur, *per se*, no conlleva un ataque al mencionado instituto [orden público internacional], lo será, si ello trae como consecuencia el resquebrajamiento de garantías de linaje superior [...], y a que en la jurisprudencia de diversos países se ha admitido que una norma obligatoria de derecho interno no necesariamente prevalece en asuntos internacionales" (CSJ Civil, marzo 22/2017, SC6493-2017).

ESTRATEGIAS DE SOLUCIÓN

Para determinar la validez de la cláusula de contenido tributario celebrada en el contrato internacional privado con efectos fiscales en Colombia, se adelantará el siguiente estudio: (1) la relevancia constitucional del derecho tributario en los acuerdos privados sobre impuestos; (2) la oponibilidad o los efectos del convenio ante la jurisdicción tributaria colombiana; (3) el valor jurídico de la cláusula o su eficacia en la relación contractual, es decir, los efectos inter-partes, a la luz del arbitraje internacional. En aras de responder lo anterior, se hará primero una breve introducción.

Introducción

La relación de un contrato internacional privado con la jurisdicción tributaria de uno o más Estados no es evidente, pero resulta innegable. Durante la ejecución de contratos transfronterizos, las operaciones económicas "aterrizan" ante las administraciones fiscales donde finalmente se encuentran sometidas a la imposición económica en virtud de la potestad tributaria de los Estados de gravar y exigir el pago del impuesto[21]. Por esta razón, en materia internacional es usual que las partes traten de prever las regulaciones fiscales de la operación y así celebran algunos acuerdos para coordinar esfuerzos, facilitar el manejo de la transacción o simplemente por razones de conveniencia[22].

Sin embargo, en este contexto internacional en el que las partes y sus asesores pretenden simplificar la realidad

21 ET, marzo 30/1989, arts. 2, 9, 12, 24 y 25.

22 Romero, "Estructuración", 223.

del contrato con la justificación de la libertad contractual, la cual permite escoger la(s) ley(es) o derecho(s) aplicable(s) a la relación privada, así como la facultad para dictar sus propias estipulaciones en el terreno inter-partes[23] (conforme lo permiten las convenciones internacionales de la contratación privada[24]) se deben precisar tres aspectos que parecen obvios sobre la tributación del contrato, pero no lo son: (1) los contratantes no pueden decidir sobre la ley aplicable en materia fiscal; (2) existen distorsiones y asimetrías legales entre las jurisdicciones tributarias del contrato; (3) normalmente, la potestad tributaria es un derecho que les pertenece a los Estados, de carácter imperativo, inderogable e inmodificable por convenciones privadas[25]; (4) Las normas de orden público internacional que correspondan a la ley del foro del contrato constituyen una barrera para aplicar las disposiciones acordadas.

No obstante, los contratantes celebran convenios con la intensión de que surtan efectos jurídicos plenamente, de acuerdo con las leyes aplicables (fiscal y comercial). Es decir, los contratantes celebran pactos para que sean oponibles no solo ante terceros sino también entre las mismas partes ante las administraciones fiscales, de lo contrario, no tendría ningún sentido hacerlos. Todo lo anterior

23 Autonomía conflictual y autonomía material, respectivamente.

24 Véanse Convención de México, 1994, art. 1; Principios Unidroit, 2011, art. 1.4; Convención de Nueva York, 1958, art. 2b; Reglamento Roma I, art. 9.1; Ley Modelo de la Cnudmi sobre Arbitraje Comercial Internacional, 1985, arts. 34-ii y 36-bii; Principios sobre la Elección de Ley Aplicable en materia de Contratos Comerciales Internacionales de la Haya, 2015, art. 11; CISG, 2011, arts. 2 y 4.

25 En el futuro se hará un estudio de derecho comparado respecto a las facultades de los particulares sobre la obligación tributaria.

resume la importancia que tiene la jurisdicción tributaria para el contrato internacional, como se desarrolla a continuación, respecto al caso colombiano.

La relevancia constitucional del derecho tributario en los acuerdos privados sobre impuestos

La tributación en Colombia ha construido sus cimientos desde el primer documento de su conformación como Estado hasta la Constitución Política actual, que estableció la estructura del sistema tributario como *imprescindible* para el ejercicio soberano estatal[26]. Así, la tributación pertenece a un derecho público de la Nación, con base en los preceptos constitucionales que se estructuran en materia fiscal, como son principalmente: *legalidad o reserva de ley, eficiencia, equidad, progresividad e irretroactividad de la ley.* Pero, además, *capacidad económica o contributiva* relacionada con la *posesión de la riqueza*[27]. Este conjunto normativo es necesario para la estabilidad y seguridad del Estado[28].

El principio de legalidad afirma que es por "mandato constitucional mediante el cual se establece que la creación y regulación de los tributos deben realizarse por

26 Desde las épocas de la colonia la tributación ha sido materia de debate para la fundación del Estado. Ya los próceres de la patria discutían las diferentes clases de impuestos por la necesidad imperativa de los mismos.

27 Julio Roberto Piza Rodríguez, *La obligación tributaria y sus fundamentos constitucionales* (Bogotá: Universidad Externado de Colombia, 2015), 153.

28 CN, julio 7/1991, arts. 338, 363. Además, la alta regulación constitucional de los impuestos en la carta política de Colombia se hace evidente en las siguientes disposiciones: art. 95-9, art. 150-10, art. 150-11, art. 150-12, art. 154, art. 189-20, art. 215-3, art. 287, art. 294, art. 300-4, art. 313-4, art. 317, art. 338, art. 359, art. 362.

medio de la ley"[29]. Por ello, en Colombia, la obligación tributaria se origina por *la realización de los supuestos de hecho establecidos en la ley* como generadores del impuesto[30], en desarrollo de los principios del derecho tributario consagrados en la Constitución Política[31].

Así, los elementos del hecho generador de la obligación tributaria en Colombia en relación con el contrato internacional privado se pueden describir de la siguiente forma: *ratione personae*[32] (sujeto obligado), *ratione*

29 Piza Rodríguez, *La obligación tributaria*, 126.

30 ET, marzo 30/1989, art. 1.

31 Sobre el hecho generador, Mauricio Plazas Vega anota: "El elemento fundamental del impuesto y, por ende, de la relación jurídico-tributaria es el presupuesto fáctico previsto por la ley. Las normas tributarias, como en general las disposiciones que regulan los derechos y las obligaciones correlativas, consagran supuestos de hecho cuya ocurrencia determina el nacimiento de la prestación a cargo del sujeto pasivo sustancial o instrumental (contribuyente o sustituto) y a favor del sujeto activo. Ese presupuesto fáctico de la obligación tributaria sustancial recibe en la doctrina diferentes denominaciones. Algunos autores se refieren al *hecho gravado*; otros mencionan el *hecho imponible*; y algunos citan el *hecho impuesto*; con la idea de resaltar el poder de imperio del Estado, materializado en el tratamiento tributario del hecho o acontecimiento" (Plazas, *Derecho*, 698). Para la DIAN la realización del hecho generador "origina el nacimiento de la obligación tributaria" (DIAN).

32 Distintas denominaciones se encuentran en la ley para designar *obligada*: *contribuyente, sujeto pasivo, sustituto o responsable*. Al respecto, Piza concluye: "El sujeto pasivo puede ser contribuyente o responsable, y este último puede ser sustituto, solidario o subsidiario. Lo que realmente hacen estas normas es una aclaración, consistente en decirle al operador jurídico que cuando las normas se refieran a responsable, debe entenderse contribuyente. De ninguna manera está estableciendo dos categorías diferenciadas, contribuyentes y responsables, ni, mucho menos,

materiae[33] (clase de operaciones realizadas), *ratione loci*[34] (ubicación), *ratione tempore*[35] (momento del hecho imponible). Estos principios constitucionales desarrollados por la ley envuelven la jerarquía de la tributación como garantía no solo para el Estado, sino también para los particulares, según se explica en la siguiente sección.

Efectos de la cláusula frente a la jurisdicción tributaria colombiana: inoponibilidad

Para esta jurisdicción tributaria, *la cláusula de contenido tributario no es oponible.* Es decir, frente a la administración

---

señala que los responsables pueden ser sustitutos, solidarios o subsidiarios" (352). Según Plazas, el término adecuado para identificar al sujeto pasivo del tributo, como en toda obligación, es el de deudor y, para mayor precisión, el deudor tributario (704).

33 Actividades que en virtud legal son *generadoras de riqueza* y, por ello, de *capacidad económica o contributiva.*

34 Bravo explica la teoría de la fuente para el sistema tributario colombiano, así: "Según tal disposición, existen tres elementos fundamentales para determinar la fuente de los ingresos: el lugar de explotación de los bienes, el de la prestación de los servicios y el de la ubicación de los bienes cuya enajenación produce renta". Véase Juan Rafael Bravo Arteaga, *Nociones fundamentales del Derecho Tributario* (Bogotá: Legis, 2007), 255. Como se observa, este elemento acoge como principio de la territorialidad del Estado para decretar y exigir el cumplimiento normativo. En este punto, frente al aspecto tributario, la potestad soberana estatal determina cuándo un ingreso es de fuente nacional. Véase Plazas, *Derecho*, 709.

35 Plazas afirma que "Este aspecto del *hecho jurídico generador*, se relaciona con el momento en que tiene lugar el acontecimiento imponible" (707). El impuesto de renta tiene un periodo fiscal correspondiente al *año gravable* y con relación al impuesto a las ventas IVA, este se causa de manera instantánea.

de impuestos y jueces tributarios, son inmodificables por estipulaciones contractuales aspectos como la posición de acreedor y deudor tributario, hechos que originan la obligación de pago o extinción del crédito tributario, y elementos cuantitativos como bases o tarifas diferentes de las previstas en la ley[36].

En este sentido, la autoridad tributaria colombiana ha concluido en su doctrina que la cláusula en favor de una de las partes para no asumir el pago de impuestos no resulta válida, pues los acuerdos entre particulares no pueden ir en contra de las normas legales. Los hechos generadores de la relación jurídico-tributaria se encuentran consagrados en la ley y no pueden ser objeto de negociación, por lo cual no son oponibles al fisco[37].

El Consejo de Estado, máximo órgano de la justicia sobre la materia, ha expresado que por los *principios de legalidad o reserva de ley* "es claro que no pueden crearse, modificarse o derogarse obligaciones tributarias por la simple manifestación de la voluntad particular, por medio de la convención o contrato"[38]. Sin embargo, "el pacto privado de distribución de la carga tributaria no sería legítimo, no tanto por afrontar el principio de legalidad, como por vulnerar el criterio de capacidad económica fijado en la ley del tributo"[39].

36 Julio Álvarez Rodríguez y Linda Triviño León, "Eficacia de las cláusulas contractuales sobre impuestos", *Revista Legis* n.º 153 (mayo-junio, 2009): 5.

37 DIAN, 3.

38 Álvarez y Triviño, "Eficacia de las cláusulas contractuales", 1.

39 Rosembuj aclara que "la libertad constitucional no es superior, en su tutela, al interés fiscal o al deber de contribuir al gasto público, conforme a la capacidad económica". Véase Tulio Rosembuj, *El fraude a la ley, la simulación y el abuso de las formas en el Derecho Tributario* (Madrid: Marcial Pons, 1999), 83.

La contradicción del pacto contra la ley fiscal se observa también por *el principio de la progresividad* en los impuestos, el cual pregona la distribución de las cargas fiscales de acuerdo con la *capacidad económica o contributiva* del sujeto pasivo en atención al *principio de equidad* de este sistema. Con razón afirma Piza que la capacidad económica se debe entender como *posesión de la riqueza*[40].

En consecuencia, resulta válido afirmar que las modificaciones realizadas por las partes a la ley tributaria pueden reducir los ingresos del Estado porque afectan la capacidad contributiva del sujeto obligado ante el fisco, lo que constituye un motivo para que dichas convenciones no sean lícitas. Es decir que el fundamento jurídico para que los convenios privados no tengan efecto frente a la jurisdicción tributaria se desprende de los postulados de la Carta Política sobre el *principio de reserva de ley y legalidad tributaria, progresividad y capacidad económica o contributiva relacionado.*

Por todo lo anterior, se puede concluir que *son inmodificables los presupuestos legales establecidos en la ley tributaria, por las partes contratantes.* En consecuencia, las estipulaciones privadas que tengan por objeto contenido tributario no producen efectos legales ante la jurisdicción tributaria.

Se ha expresado que los impuestos pertenecen a un derecho público de la Nación de acuerdo con los preceptos constitucionales que estructuran el derecho tributario colombiano y que por esto los pactos de contenido tributario no producen efectos ante la jurisdicción tributaria. Ahora veamos qué efecto tiene todo ello en relación con la validez inter-partes de la cláusula.

40 Piza Rodríguez, *La obligación tributaria*, 153.

El valor jurídico de la cláusula o su eficacia en la relación contractual a la luz del arbitraje internacional: eficacia inter-partes

Para analizar la validez de la cláusula de contenido tributario celebrada en el marco de un contrato internacional privado y de acuerdo con los hechos de la narrativa, es necesario precisar lo siguiente: (1) la ley aplicable al contrato corresponde a los principios Unidroit; (2) el contrato tiene efectos jurídicos y tributarios en Colombia, por lo cual se activa la jurisdicción fiscal de este país; (3) las partes pactaron arbitraje internacional. Tras hacer estas aclaraciones, a continuación se verificará la validez de la cláusula a partir del siguiente esquema: (1) hechos: cláusula celebrada y controversia; (2) principales disposiciones legales aplicables, y (3) conclusiones.

Hechos: cláusula pactada objeto de análisis y debate

> En el evento que el Comprador (o cualquier otro agente de retención u otra persona actuando en su nombre) se encuentre obligado en virtud de la Ley Aplicable a retener, deducir impuestos (con el alcance de la definición pactada en este acuerdo) o demás valores al Vendedor conforme a los términos de este Contrato, el Comprador deberá sumar a los valores adeudados el monto correspondiente a las deducciones, retenciones aplicables e impuestos propios que en virtud de la ley deba asumir el Vendedor; de manera que el Vendedor reciba, en las fechas previstas para los respectivos pagos, una suma igual al total de los valores que le deben ser pagados bajo el presente Contrato. Hacen parte del presente convenio todos los valores que por concepto de impuesto(s) deba pagar el Vendedor por esta transacción, los cuales serán asumidos en su totalidad por el Comprador y pagados al sujeto activo de

> recaudo o a directamente al Vendedor, mínimo ocho (8) días antes de su vencimiento para el pago. [...]
>
> El Comprador mantendrá indemne al Vendedor por todo el aspecto tributario de la presente operación y tendrá derecho a ser a ser indemnizado el Vendedor si ha experimentado perjuicios cuyo valor sea igual o superior a 10 000 dólares[41].

En los hechos del caso se encuentra que la cláusula anterior fue incumplida por quien se obligó a pagar los impuestos, no obstante, el sujeto obligado por ley es quien se beneficia de la cláusula, es decir, de la indemnidad. Además, la parte incumplida justifica su proceder al considerar la cláusula violatoria del orden público internacional.

Disposiciones legales aplicables

> Principios Unidroit
>
> ARTICLE 1.4 (Mandatory rules) Nothing in these Principles shall restrict the application of mandatory rules, whether of national, international or supranational origin, which are applicable in accordance with the relevant rules of private international law. [...]
> ARTICLE 3.3.1 (Contracts infringing mandatory rules) (1) Where a contract infringes a mandatory rule, whether of national, international or supranational origin, applicable under Article 1.4 of these Principles, *the effects of that infringement upon the contract are the effects, if any, expressly prescribed by that mandatory rule.* (2) Where the mandatory rule does not expressly prescribe the effects

41 Romero, "Estructuración", 223 y 233.

> of an infringement upon a contract, the parties have the right to exercise such remedies under the contract as in the circumstances are reasonable. (3) In determining what is reasonable regard is to be had in particular to: (a) the purpose of the rule which has been infringed; (b) the category of persons for whose protection the rule exists; (c) any sanction that may be imposed under the rule infringed; (d) the seriousness of the infringement; (e) whether one or both parties knew or ought to have known of the infringement; (f) whether the performance of the contract necessitates the infringement; and (g) the parties' reasonable expectations" [énfasis añadido][42].

De acuerdo con la disposición anterior, las normas elegidas por las partes no pueden desplazar las leyes imperativas del foro, y mediante una aplicación estricta de dicha disposición estas se interpretan como normas de orden público internacional del Estado[43].

42 Unidroit, *Principios sobre los contratos comerciales internacionales*, 2010, acceso el 8 de agosto del 2018, https://www.unidroit.org/instruments/commercial-contracts/unidroit-principles-2010.

43 Las normas de orden público son aquellos principios fundantes o los valores esenciales de cada Estado necesarios para la estabilidad y desarrollo de un país. En palabras del profesor Monroy, "la noción de orden público sugiere un conjunto de normas tendentes a salvaguardar la seguridad, la estabilidad, la paz, la salubridad y, en general, el interés comunitario y el bien común". Véase Marco Monroy Cabra, *Tratado de Derecho Internacional Privado* (Bogotá: Temis, 2016). El profesor Aljure, al explicar la Ley 1563 del 2012 en materia de arbitraje, considera el orden público internacional de Colombia en los siguientes términos: "está conformado por un grupo de disposiciones extraídas de las normas de orden público colombiano que, por su especial relevancia, importancia o trascendencia, no pueden ser desconocidas por leyes extranjeras o normas

Para aplicar la disposición anterior, el árbitro revisa las normas de orden público internacional aparentemente transgredidas con el pacto privado. Una vez analizadas, estudia el efecto que las normas violadas establecen. Para ello, primero determina las normas de mayor jerarquía de carácter prohibitivo y luego analiza las sanciones dispuestas por estas disposiciones superiores.

Es decir, el artículo 338 de la Constitución Política de Colombia establece como regla general que solo el Congreso de la República puede *imponer* impuestos a los contribuyentes, en tanto que el artículo 4º de la misma norma superior afirma que en un caso de incompatibilidad entre la Constitución y otra norma se prefiere a la primera. Por su parte, el artículo 16 del Código Civil dispone que no podrán derogarse por convenios particulares las normas de orden público; el artículo 1519 de la misma codificación agrega que *hay un objeto ilícito en todo lo que contraviene al derecho público de la nación.* La sanción establecida por contravención de lo anterior se reduce a nulidad absoluta conforme las voces de la misma codificación privada.

Conclusiones

1. La parte incumplida no puede asumir una carga que viole el orden público internacional.
2. Los convenios privados no son inoponibles al Estado.

---

transnacionales contenidas en el laudo arbitral cuyo execuátur se solicita en Colombia. Así, podemos afirmar que toda norma pública internacional de Colombia es de orden público en derecho interno, pero no toda norma de orden público es de orden público internacional de Colombia. Véase Antonio Aljure Salame *et al.*, *Estatuto arbitral colombiano* (Bogotá: Legis, 2013), 570.

3. Los principios de la tributación se encuentran en la Constitución Política de Colombia, en la que se establece el principio de legalidad y reserva de ley.
4. Como el convenio tiene por objeto regular un asunto de competencia de la Nación, esto es, el sistema tributario, la cláusula presenta vicio de nulidad por ilicitud en el objeto y, en consecuencia, no produce efectos entre las partes.
5. El sistema tributario colombiano es de carácter imperativo e inderogable por los particulares debido a que corresponde a un interés fundamental del Estado, necesario para su estabilidad.

PROPUESTA DE IMPACTO O MEJORA

Guías para redactar un clausulado correcto

A partir del orden público internacional como institución defensiva del Estado, las partes del contrato internacional deben considerar en el anexo tributario los siguientes aspectos para celebrar válidamente esta clase de acuerdos:

1. Identificar en el contrato las jurisdicciones tributarias que gravan la(s) operación(es) económica(s) acordada(s).
2. Establecer factores como la residencia fiscal y la fuente o territorio donde se presta el servicio o se ejecuta el contrato y donde se grava(n) tributariamente la(s) operación(es).
3. Identificar si hay convenios para evitar la doble imposición internacional e incorporar las disposiciones legales más relevantes jurídica y económicamente junto con el obligado *ex lege*.
4. Conforme la(s) jurisdicción(es) tributaria(s) aplicables(s), los contratantes deben identificar las cargas

y responsabilidades impositivas que recaen en la transacción, así como el tratamiento tributario de la(s) operación(es) y determinar el sujeto obligado de acuerdo con la ley.

5. Establecer las retenciones por impuestos que se deberían efectuar entre las partes, en virtud de la ley tributaria doméstica o internacional aplicable.
6. Si el interés contractual es recibir los pagos netos sin aplicar deducciones por retenciones de impuestos y el sistema tributario aplicable no permite realizar transferencias o convenios privados de esta naturaleza, las partes pueden acordar en virtud de la autonomía privada cualquiera de las siguientes alternativas: (1) precio fijo; (2) precio ajustado con derecho a reembolsos, y (3) índices de variación en el precio.

   Para la primera alternativa, la cláusula establecerá que el monto acordado como precio del contrato es un monto fijo no susceptible de ajustes por variación en los costos asumidos por el contratista para el cumplimiento de sus obligaciones. En el segundo evento, el precio podrá ser ajustado por las erogaciones efectuadas por el contratista, siempre que estas no excedan determinado valor. En caso de incorporar los tipos de costes susceptibles de reembolso, estos se podrán fijar de manera global[44], pues en caso de ser individualizados y corresponder al orden público internacional de las jurisdicciones aplicables se corre riesgo de nulidad en el pacto. En la tercera alternativa, el convenio podrá establecer que el precio se modificará de forma

44 Imprevistos, por ejemplo.

instantánea o periódica según las variables económicas que determinen las partes[45].

Para el desarrollo de las anteriores alternativas sobre la fijación del precio en las que se tienen en cuenta los montos por impuestos y otros gastos de la relación, necesariamente el clausulado debe contener sobre el particular, al menos los siguientes elementos:

1. Preámbulo o consideraciones de tipo patrimonial sobre el equilibrio económico del contrato;
2. sentido del convenio sobre el precio en los términos acordados;
3. procedimiento sobre comunicaciones, soportes y plazos en los casos de reembolso;
4. deberes de mutua cooperación y lealtad para el cumplimiento tributario;
5. armonización de cláusulas internacionales tipo limitación o exoneración de responsabilidad, cláusulas penales (*withdrawal payments*), de indemnidad o garantía, de mejores esfuerzos, cuidado razonable y debida diligencia (*best effors, best endeavours, due diligence*), fuerza mayor (*force majeure*), excesiva onerosidad (*hardship*)[46].

45 Por ejemplo, no solo de acuerdo con el índice de precios al consumidor o al productor, sino incluso con base al porcentaje de variación en la UVT o en la tarifa para cierto impuesto o retención.

46 Sobre el análisis, problemas y validez de estas cláusulas, véase Marcel Fontaine *et al*, *La redacción de contratos internacionales* (Madrid: Thomson Reuters, 2009).

BIBLIOGRAFÍA

Aljure Salame, Antonio *et al*. *Estatuto arbitral colombiano*. Bogotá: Legis, 2013.

Álvarez Rodríguez, Julio y Linda Triviño León. "Eficacia de las cláusulas contractuales sobre impuestos". *Revista Legis*, n.º 153 (mayo-junio, 2009): 16-21.

Ault, Hugh y Arnold Brian. *Comparative Income Taxation. A Structural Analysis*. Netherlands: Kluwer Law International, 2010.

Bravo Arteaga, Juan Rafael. *Nociones fundamentales del Derecho Tributario*. Bogotá: Legis, 2007.

Bonaimea, Alice, Gulenb Huseyin e Iona Mihai. "Does policy uncertainty affect mergers and acquisitions?". *Journal of Financial Economics*, n.º 129 (2018): 531-558. Acceso el 1.º de diciembre del 2018, https://www-scopus-com.ezproxy.uniandes.edu.co:8443/record/display.uri?eid=2-s2.0-85047726364&origin=resultslist&sort=plf-f&src=s&st1=tax+clauses&st2=&sid=a7082080b7beb720eff264f984043059&sot=b&sdt=b&sl=26&s=TITLE-ABS-KEY%28tax+clauses%29&relpos=1&citeCnt=2&searchTerm=.

Camacho Montoya, Álvaro. "Los 'pactos' entre particulares sobre el pago del impuesto de plusvalía". *Ámbito Jurídico* (jul. 6, 2018). Acceso en octubre del 2018, https://www.ambitojuridico.com/noticias/ambito-del-lector/constitucional-y-derechos-humanos/los-pactos-entre-particulares-sobre-el.

Cnudmi. *Ley Modelo para Arbitraje Comercial Internacional*, 2006. Acceso en agosto del 2018, https://uncitral.un.org/sites/uncitral.un.org/files/media-documents/uncitral/es/07-87001_ebook.pdf.

Coates, John C. "M&A Contracts: Purposes, Types, Regulation, and Patterns of Practice". *Harvard John M. Olin Discussion Paper Series*, Paper n.º 825 (apr., 2015). Acceso el 10 de noviembre del 2018, http://nrs.harvard.edu/urn-3:HUL.InstRepos:17743076.

Conferencia de La Haya de Derecho Internacional Privado. *Principios sobre la elección del Derecho aplicable en materia de contratos comerciales internacionales*, 2015. Acceso en agosto del 2018, https://www.hcch.net/es/instruments/conventions/full-text/?cid=135.

Convención Interamericana sobre Derecho aplicable a los contratos internacionales. México, 1994. http://www.oas.org/juridico/spanish/tratados/b-56.html.

D'Costa Rodríguez, Alfredo. *Derecho internacional privado y tributación.* Material inédito. Bogotá, 2018.

Ernst & Young y Procolombia. "Legal Guide to Do Business in Colombia". *Procolombia*, s. f. Acceso el 8 de noviembre del 2018, https://investincolombia.com.co/en/articles-and-assets/assets/legal-guide-to-do-business-in-colombia.

Ernst & Young. "Prior-year income tax withholding adjustments prohibited under latest IRS guidance". *EY LLP*, s. f.

Fontaine, Marcel y Filip De Ly. *La redacción de contratos internacionales.* Madrid: Thomson Reuters, 2009.

Lozano Rodríguez, Eleonora. *Estudios Interdisciplinarios de la Tributación.* Bogotá: Temis, 2014.

Monroy Cabra, Marco. *Tratado de Derecho Internacional Privado.* Bogotá: Temis, 2016.

Medina, Mauricio. "Cláusulas usuales en los contratos internacionales". *Diario La República*, 21 de octubre del 2016. Acceso el 8 de noviembre del 2018, https://www.asuntoslegales.com.co/analisis/hector-medina-531081/clausulas-usuales-en-los-contratos-internacionales-2 433571.

Park, William. "Arbitrability and Tax". En *Arbitrability: International & Comparative Perspectives.* Boston: Kluwer Law International, 2009. Acceso el 29 de noviembre del 2018, https://www.arbitration-icca.org/media/4/54080822237337/media012409314487590tax_and_arbitration_w_w_park.pdf.

Piza Rodríguez, Julio Roberto. *La obligación tributaria y sus fundamentos constitucionales.* Bogotá: Universidad Externado de Colombia, 2015.

Plazas Vega, Mauricio. *Derecho de la Hacienda Pública y Derecho Tributario.* Bogotá: Temis, 2005.

Plazas Vega, Mauricio. *Derecho de la Hacienda Pública y Derecho Tributario.* Bogotá: Temis, 2017.

Rosembuj, Tulio. *El fraude a la ley, la simulación y el abuso de las formas en el Derecho Tributario.* Madrid: Marcial Pons, 1999.

Romero Tarazona, José Andrés. "Estructuración de la adquisición de negocios en Colombia por inversionistas extranjeros". En *Estudios de Derecho Tributario, Derecho Aduanero y Comercio Exterior*, coordinado por Mauricio Plazas Vega, 209-235. Bogotá: ICDT, 2015.

Roundy, Philip T. "The Story of Mergers and Acquisitions: Using Narrative Theory to Understand the Uncertainty of Organizational Change". *World Academy of Science, Engineering and Technology International Journal of Psychological and Behavioral Sciences* 3, n.º 7 (2009). Acceso el 8 de noviembre del 2018, https://waset.org/publications/6506/the-story-of-mergers-and-acquisitions-using-narrative-theory-to-understand-the-uncertainty-of-organizational-change.

Sanabria Tirado, Raúl y Juan Camilo Hernández Mahecha. "Fusión del Banco de Colombia con el Banco Industrial Colombiano, Fusión de Carulla S. A. y Almacenes Vivero S. A.". Tesis de Administración, Universidad de los Andes, 2004.

Unicitral. "Legal Guide on Drawing Up International Contracts for the Construction of Industrial Works". Prepared by the United Nations Commission on International Trade Law (Unicitral). Nueva York: Naciones Unidas, 1988. Acceso el 1º de diciembre del 2018, https://www.uncitral.org/pdf/english/texts/procurem/construction/Legal_Guide_e.pdf.

Unicitral. *Convención de las Naciones Unidas sobre los Contratos de Compraventa Internacional de Mercaderías*, 2011. Acceso en agosto del 2018, https://uncitral.un.org/sites/uncitral.un.org/files/media-documents/uncitral/es/v1057000-cisg-s.pdf.

Unidroit. *Principios sobre los contratos comerciales internacionales*, 2010. Acceso el 8 de agosto del 2018, https://www.unidroit.org/instruments/commercial-contracts/unidroit-principles-2010.

Normas y leyes

CC, abril 15/1887, Ley 57 de 1887, arts. 15, 16, 19, 1602.

CCO, Decreto 410 de 1971, arts. 824, 864.

CN, julio 7/1991, arts. 338, 363.

ET, marzo 30/1989, arts. 553, 792, 793b, 826, 831, 845.

L. 1563/2012. Por medio del cual se expide el Estatuto de Arbitraje Nacional e Internacional y se dictan otras disposiciones. *Diario Oficial*, n.° 48 489, 12 de julio del 2012.

Jurisprudencia y otras fuentes

CSJ Civil, marzo 22/2017. SC6493-2017. A. Salazar. Acceso el 1° de diciembre del 2018, http://www.cortesuprema.gov.co/corte/wp-content/uploads/relatorias/ci/gmay2017/SC6493-2017%20(2015-01074-00).doc.

Dirección de Impuestos y Aduanas Nacionales (DIAN). Concepto n.° 003, 12 de julio del 2002. https://cijuf.org.co/codian01/mayo/c41745.htm#:~:text=El%20hecho%20generador%20es%20el,art%C3%ADculo%201%20del%20Estatuto%20Tributario.

Dirección de Impuestos y Aduanas Nacionales (DIAN). Concepto n.° 100208221, 12 de febrero del 2018. https://cijuf.org.co/normatividad/oficio/2018/oficio-99.html.

State of New York, US Court of Appeals (2d Cir.). *Bayway Refining Co. v. Oxygenated Marketing & Trading A.G*, 8 de junio del 2000. Acceso el 1° diciembre del 2018, https://law.justia.com/cases/federal/appellate-courts/F3/215/219/608111/.

LA BIPOLARIDAD DE LOS APORTES AL SISTEMA GENERAL DE PENSIONES DE LOS COMERCIANTES Y RENTISTAS DE CAPITAL*

Andrés Felipe Rivas Cardona

* Para citar este capítulo: http://dx.doi.org/10.15425/2017.498

En el marco de los principios generales que rigen el Sistema de Seguridad Social Integral, el artículo 4 de la Ley 100 de 1993 señala que la seguridad social es un servicio público obligatorio y que tiene dos distinciones importantes respecto de los subsistemas que lo componen, de ahí la problemática de la presente narrativa tributaria. Por un lado, indica que dicho servicio público es esencial en lo relacionado con el Sistema General de la Seguridad Social en Salud, y por otro, que, con respecto al Sistema General de Pensiones, este es esencial solo en aquellas actividades directamente vinculadas con el reconocimiento y pago de pensiones.

La anterior distinción resulta sumamente relevante para efectos de esta narrativa, sobre todo si se revisa la expresión resaltada a la luz de los artículos 15 y 17 de la Ley 100 de 1993 (modificados respectivamente por los artículos 3 y 4 de la Ley 797 del 2003): son vinculadas de manera obligatoria al Sistema General de Pensiones aquellas personas naturales que tengan un contrato de trabajo o presten un servicio a favor de un tercero sin importar cuál sea su modalidad durante la ejecución. De ahí que este texto tenga por objeto determinar si tanto los rentistas de capital como los comerciantes deben realizar aportes o no al Sistema General de Pensiones por los ingresos obtenidos en aquellas actividades en las que no media la prestación de un servicio. En otras palabras, lo que se pretende determinar es si tales ingresos pueden ser catalogados como provenientes de actividades vinculadas con el reconocimiento y pago de pensiones.

PALABRAS CLAVE

Unidad de Gestión Pensional y Parafiscal (UGPP), rentistas de capital, comerciantes, prestación de servicios, contrato de trabajo, rentas pasivas, trabajador independiente, seguridad social, Sistema General de Pensiones, Sistema General de Seguridad Social en Salud (SGSSS), Sistema de Seguridad Social Integral (SSSI), hecho generador, sujeto pasivo, aportes parafiscales, mecanismos de interpretación de la ley.

GLOSARIO

Comerciante: Persona natural cuya actividad habitual consiste en comprar o elaborar productos para venderlos a terceros por su cuenta y bajo su propio riesgo.

Rentistas de capital: Persona natural cuyo ingreso proviene de intereses, arrendamientos, beneficios, ganancias, utilidades y, en general, de cualquier rendimiento de capital o diferencia entre el valor invertido o aportado y el valor futuro y/o abonado al inversionista[1].

Seguridad Social: Servicio público obligatorio, cuya dirección, coordinación y control está a cargo del Estado y que será prestado por las entidades públicas o privadas en los términos y condiciones establecidos en la Ley 100 de 1993 y cualquier norma que lo reglamente, adicione o modifique[2].

1 DIAN, Resolución 01477/2005.

2 L. 100/1993, art. 4.

Sistema de Seguridad Social Integral o SSSI: Conjunto armónico de entidades públicas y privadas, normas y procedimientos que se encuentra conformado por los regímenes generales establecidos para pensiones, salud, riesgos profesionales y los servicios sociales complementarios que se definen en la Ley 100 de 1993 y cualquier norma que lo reglamente, adicione o modifique[3].

Sistema General de Pensiones: Servicio público obligatorio para todos los habitantes del territorio colombiano cuyas actividades estén directamente vinculadas con el reconocimiento y pago de las pensiones[4]; su propósito es garantizar a la población el amparo contra las contingencias derivadas de la vejez, invalidez o muerte, mediante el reconocimiento de una pensión y prestaciones determinadas en la Ley[5].

Unidad de Gestión Pensional y Parafiscal o UGPP: Entidad del orden nacional adscrita al Ministerio de Hacienda y Crédito Público, que procura el reconocimiento de derechos pensionales causados a cargo de administradoras del Régimen de Prima Media del orden nacional, y de las entidades públicas del orden nacional que hayan tenido a su cargo el reconocimiento de pensiones. Para ello, se encuentra facultada con el fin de hacer tareas de seguimiento, colaboración y determinación de la liquidación y pago de las contribuciones parafiscales de la Protección Social[6].

3 L. 100/1993, Preámbulo y art. 8.

4 L. 100/1993, art. 4.

5 Ministerio de Salud, *Sistema General de Pensiones*, acceso el 7 de mayo del 2019, https://www.minsalud.gov.co/proteccionsocial/Paginas/Sistema-general-de-Pensiones.aspx.

6 La Unidad de Gestión Pensional y Parafiscales, ¿Quiénes somos?, acceso el 7 de mayo del 2019, https://www.ugpp.gov.co/nuestra-unidad.

Sistema General de Seguridad Social en Salud o SGSSS: servicio público obligatorio[7] mediante el cual el Estado garantiza la prestación de servicios de salud a los habitantes del territorio nacional de acuerdo con lo establecido en las leyes 100 de 1993, 1122 del 2007, 1438 del 2011, en el Decreto 780 del 2016 y las normas que lo reglamentan y desarrollan.

HISTORIA

El camino de vuelta estuvo teñido de lluvia y silencio. Antonia y Gabriel pasaron la tarde en Bogotá en el funeral de su padre, quien falleció dos días atrás, producto de un cáncer que le invadió el cuerpo en las últimas semanas. Antonia viajaba con los ojos cerrados y la cabeza apoyada en el vidrio empañado del carro; su mente estaba a miles de kilómetros de allí. Por su parte, Gabriel se limitaba a sostener las manos de su hermana menor como señal de consuelo y, de cierta manera, para manifestarle que siempre estaría presente.

El cielo se había cubierto de plomo, y pequeñas gotas de lluvia salpicaban el parabrisas del carro. Su mayordomo, quien esperaba en la puerta de la casa con una sombrilla para guiarlos al interior de la vivienda, no pudo ocultar su conmoción por lo sucedido y les manifestó sus condolencias en el trayecto. Una vez en la casa, Gabriel y Antonia decidieron ir al despacho de su padre. Un gran sillón de cuero junto a la chimenea presidía el centro de la sala. A su alrededor, se desplegaba una biblioteca que cubría las paredes y un ventanal que permitía apreciar la ciudad en su máximo esplendor.

7 L. 100/1993, art. 4.

Gabriel se quedó un instante contemplando la biblioteca. Antonia se aproximó al sillón y luego sirvió dos tragos de whisky. Sin decir palabra alguna le extendió el vaso a su hermano, ambos cruzaron sus miradas y brindaron.

—Todo va a estar bien, papá seguirá cuidando de nosotros, y yo de ti, hermana, descansa —dijo Gabriel.

Antonia decidió dormir esa noche en la habitación de su padre. Echó el cerrojo del baño, se metió en la ducha y se abandonó al vapor y las gotas de agua caliente por más de una hora. Al cortar el agua, se quedó allí un par de minutos más escuchando el goteo de la ducha y observando hipnóticamente cómo el agua drenaba en forma de espiral por el sifón.

Más tarde, envuelta en una toalla y en compañía de una copa de vino tinto a rebosar, se tendió en la cama de su padre, desde donde pudo observar que en la mesa de noche había una carpeta con una nota que decía "Para Antonia y Gabriel". Al rato, aburrida de ojear los documentos, se dispuso a echarles un vistazo a las cartas. Una de las misivas, de color blanco y con una caligrafía impecable, cuyo trazo provenía de una pluma muy fina que hacía fluir la tinta de forma regular conectando una letra con la otra, invitó a Antonia a leerla de manera atenta.

> Amados hijos,
>
> Me voy de este mundo terrenal sin atadura alguna, pues los amé con todas las fuerzas de mi existencia y con la tranquilidad de haber formado personas de carácter, nobles, sencillas y con criterio. No saben cuán orgulloso me siento de ambos.
>
> Desde el fallecimiento de su madre decidí dividir en vida el patrimonio familiar y distribuirle a cada uno una porción para que sean beneficiados igualitariamente al

momento de mi muerte. Les pido que se comuniquen con mi abogado en aras de adelantar los trámites respectivos.

Confío en que cada uno sacará el mejor provecho de su herencia para asegurar su futuro y el de las familias que conformen.

Con amor y cariño,

Papá

Antonia, aún con lágrimas en los ojos, buscó a su hermano para enseñarle los documentos de su padre, así como su última voluntad en vida.

En una ciudad nutrida de abogados, Ernesto Pombo Irragorri había optado por una dirección modesta, casi insólita en el marco de los protocolos propios del ramo o de sus apellidos. Antonia y Gabriel se presentaron en su despacho sin previo aviso con la esperanza de ser atendidos. La secretaria guio a los hermanos por un largo corredor que atravesaba el piso. A ambos lados se abrían estantes repletos de expedientes que terminaban en un amplio salón que parecía ser la sala de reuniones del despacho.

—Si son tan amables... —indicó la secretaria.

Antonia y Gabriel tomaron asiento en un par de sillones de cuero que quedaban justo en frente del escritorio del doctor Pombo.

—¿A quiénes debo anunciar? —preguntó la secretaria.

—A Gabriel y Antonia Quintero, hijos de Juan Pablo Quintero —dijo Antonia antes de que Gabriel pudiera responder.

La mujer asintió con diligencia, aunque su mirada rozó a los hermanos con cierta lástima, pues sabía perfectamente quiénes eran ellos y la pérdida que acababan de sufrir. También sabía que de no ser por la compañía que se ofrecían el uno al otro, estarían completamente solos.

—Soy Nubia, para servirlos. No creo que el doctor tarde mucho. ¿Puedo brindarles algo mientras esperan?

Ambos agradecieron, pero declinaron el ofrecimiento.

Ernesto Pombo Irragorri traía un traje de primera mano, junto al que lucía una corbata colorida a la que le había hecho un nudo impecable. Sus zapatos estaban tan pulidos que podía verse cómo la luz se reflejaba en ellos. Su figura robusta y serena, así como su veteranía y melena gris, lograron que los jóvenes Quintero se sintieran tranquilos; a los dos los invadió la sensación de que su padre había confiado en una persona correcta.

—Buenas tardes, perdón por la demora. Ustedes saben cómo se pone esta ciudad con el tráfico, es un tema caótico —anotó Pombo, quien se sentó en el escritorio justo en frente de Antonia y Gabriel mientras terminaba su frase.

—Por favor, cuéntenme en qué les puedo ayudar.

—¿Quiere que tome nota, doctor Pombo? —interrumpió Nubia.

—No hará falta. Mejor envíeme al correo electrónico la agenda con las audiencias de la próxima semana para ver si me toca cancelar o posponer algún compromiso. Por ahora no me pase llamadas.

Nubia asintió y procedió a hacer la tarea encomendada.

Gabriel le mostró la carta que les había dejado su padre y le explicó que habían venido para saber cuál era su voluntad.

—Sé perfectamente quiénes son, Antonia y Gabriel, no saben cuánto lamento la pérdida de su padre, un verdadero caballero y hombre de palabra. Nohora, mi señora, y todos en la familia estamos muy conmovidos y les queremos extender nuestras más profundas condolencias —dijo Pombo con tono paternal—. Respetaremos la voluntad de su padre, que se encuentra en el testamento.

Pombo procedió a leerles el testamento y los bienes que les correspondían a cada uno. En este caso, la mayoría estaban representados en acciones de compañías colombianas y otras ubicadas en el extranjero. Algunas de esas compañías eran propietarias de una serie de bienes inmuebles ubicados en ciudades como Bogotá, Medellín, Cartagena y Barranquilla. Finalizada la lectura, el abogado les preguntó a Antonia y Gabriel si tenían alguna objeción o si aceptaban el testamento.

—Estamos de acuerdo, si esa era la voluntad de papá, la respetaremos —esta vez se adelantó Gabriel a su hermana, quien también aceptó sin ningún tipo de reserva.

—Perfecto, por favor lean y, si aceptan, firmen estos documentos que hemos preparado para iniciar las labores de la sucesión y los trámites ante las respectivas autoridades administrativas, especialmente con la DIAN —señaló Pombo—. Le di mi palabra a su padre de que estos trámites serán llevados por mi despacho sin costo alguno, eso sí, los molestaremos para que nos firmen formatos y formularios que normalmente se deben presentar ante las entidades públicas.

Terminado el papeleo, Pombo se incorporó y rodeó el escritorio, ofreciendo la mano y una sonrisa a los hijos de su amigo, quienes se dejaron guiar de camino a la salida.

—Si me permiten un consejo desinteresado que también le di a su padre en su momento, vigilen muy bien las finanzas e impuestos de cada negocio y sean disciplinados en cada cosa que hacen.

—Así lo haremos, muy agradecidos —contestó Antonia.

—Cuenten conmigo para lo que necesiten—reiteró el abogado.

Cumpliendo su palabra, Pombo se encargó de adelantar las gestiones pertinentes para que los hijos de su amigo recibieran todo lo señalado en el testamento.

En el 2014, cerca de diez años después de la adjudicación de la herencia, Antonia y Gabriel no solo continuaban explotando los negocios que por legado habían adquirido, sino que, además, habían logrado hacerlos crecer de manera exponencial. El modo como estructuraron patrimonial y tributariamente las operaciones que dirigían les permitió a ambos dedicarse de manera independiente a explorar sus distintos pasatiempos.

Con el transcurrir de los años, Gabriel descubrió su pasión por las motos, por lo que en el 2015 decidió iniciar bajo su propio nombre actividades de comerciante cuyo objeto principal consistía en vender al por mayor y por menor repuestos de motocicletas y partes de estas por intermedio de un establecimiento comercial ubicado en Bogotá. Los ingresos percibidos en el 2016 a título de comerciante por esta actividad, en promedio superaron los 25 salarios mínimos legales mensuales vigentes (SMLMV).

Antonia, entretanto, se obsesionó con invertir en acciones de distintas compañías, luego de haber aprendido de importantes mujeres y hombres de negocios cómo funcionaba el mercado de valores. Esto le despertó un instinto peculiar a la hora de tomar decisiones de riesgo para invertir su capital en compañías y negocios emergentes. Para el año 2015, logró consolidar un patrimonio en acciones que le representaba una importante fuente de ingresos de carácter anual. En el 2016, los ingresos obtenidos a título de rentista de capital superaron en promedio los 25 SMLMV.

En el 2018, la Unidad de Gestión Pensional y Parafiscales (UGPP) les profirió individualmente los requerimientos de información n.° RQI-M-289090 y RQI-M-289091 del 25 de noviembre. En este caso, la autoridad parafiscal les solicitó tanto a Antonia como a Gabriel información que le permitiera verificar la adecuada, completa y oportuna liquidación y pago de los aportes al Sistema de Seguridad Social Integral de los periodos enero-diciembre del año 2016, otorgándoles el término de un mes para responder. Ambos contestaron los respectivos requerimientos señalando que cotizaron al Sistema de Seguridad Social Integral a partir de los ingresos que obtuvieron como empleados de algunas de las empresas de las cuales son socios.

Pese a la respuesta, la autoridad parafiscal decidió continuar la investigación y fiscalizó a los hermanos Quintero. Mediante los Requerimientos para Declarar y/o Corregir n.° RCD-2019-14241 y n.° RCD-2019-14242 del 28 de febrero del 2019, señaló que tanto Gabriel como Antonia incumplieron con la obligación de reportar la novedad de ingreso al Sistema General de Pensiones en calidad de cotizantes en los periodos enero-diciembre del 2016, por lo que les propuso: (1) que reportaran la novedad de ingreso, declararan y pagaran como cotizantes al Sistema de Seguridad Social Integral los aportes correspondientes a los periodos de enero a diciembre del 2016; y (2) que pagaran la sanción por omisión en la afiliación y/o vinculación de que trata el artículo 179 de la Ley 1607 del 2012.

En esta oportunidad, la UGPP tomó la información relativa a los ingresos netos del año de la declaración del impuesto sobre la renta de la vigencia 2016 para argumentar que tanto Antonia como Gabriel obtuvieron ingresos que eran susceptibles de realizar aportes al Sistema de Seguridad Social Integral. Según la autoridad administrativa, los rentistas de capital y comerciantes deben hacer aportes cuando cuenten con capacidad de pago, esto es, cuando en el mes hayan percibido ingresos iguales o superiores a un salario mínimo legal mensual vigente.

Preocupados con la situación, acudieron donde el abogado Pombo para preguntarle qué podían hacer frente a la autoridad parafiscal, pues las novedades de ingresos al sistema que esta señala provienen de los ingresos obtenidos durante el 2016; en el caso de Gabriel, como comerciante que adquiere bienes para después venderlos y, en el de Antonia, como rentista de capital por los frutos obtenidos en el mercado de valores.

PROBLEMÁTICA

¿Se encuentran obligados a realizar aportes al Sistema General de Pensiones tanto los rentistas de capital como los comerciantes que no presten un servicio en su actividad generadora de renta?

ESTRATEGIAS DE SOLUCIÓN

De acuerdo con los principios generales que rigen el Sistema de Seguridad Social Integral, se observa que el artículo 4 de la Ley 100 de 1993 señala que la seguridad social es un servicio público obligatorio, al tiempo que establece dos distinciones importantes respecto de los subsistemas que lo componen. Por un lado, el Sistema General de Seguridad Social en Salud es un servicio público esencial. Por el otro, el Sistema General de Pensiones es esencial solo en aquellas actividades directamente vinculadas con el reconocimiento y pago de pensiones. Así, distinguir la obligatoriedad de los dos sistemas citados es completamente relevante, de lo contrario, la redacción del artículo 4 de la Ley 100 de 1994 hubiera señalado simplemente que ambos sistemas eran en esencia obligatorios sin hacer distinción o salvedad alguna.

Al revisar la postura tanto de la Dirección de Impuestos y Aduanas Nacionales (DIAN)[8] como del Ministerio del

8 DIAN, Concepto n.° 48258, agosto 11/2014. La autoridad tributaria resuelve una duda recurrente respecto a la necesidad de verificar la afiliación y pago al Sistema General de Seguridad Social en contratos de arrendamiento de inmuebles para la procedencia de una deducción en renta. Según la DIAN, el artículo 3 del Decreto 1070 del 2013 modificado posteriormente por el artículo 9 del Decreto 3032 del mismo año, señala que para que proceda la deducción

Trabajo[9] en materia de aportes al Sistema General de Pensiones, es perfectamente posible afirmar que estas están alineadas con la finalidad expuesta del artículo 4 de la Ley 100 de 1993, puesto que entienden que no todas las actividades están vinculadas con el reconocimiento y pago de pensiones. Precisamente, en materia de cotizaciones o pagos al Sistema General de Pensiones, es necesario revisar las disposiciones generales del capítulo III del Libro I de la Ley 100 de 1993. En particular, el artículo 17 de la Ley 100 de 1993[10], que dispone que solo debe cotizarse al Sistema General de Pensiones por los ingresos obtenidos durante la vigencia de una relación laboral o en la que se ejecute la prestación de un servicio cuyo monto sea igual o superior a un (1) SMLMV. Esto implica que las actividades desarrolladas

---

en el impuesto sobre la renta de los pagos realizados a las personas naturales residentes cuyos ingresos no provengan de una relación laboral, o legal y reglamentaria, por concepto de contratos de prestación de servicios, estará condicionada a que dicha persona esté afiliada y haya realizado los aportes al Sistema General de Seguridad Social de acuerdo con los ingresos del respectivo contrato.

9 Ministerio del Trabajo, Concepto n.° 20042, febrero 7/2014. Por medio del concepto estableció que la obligación de afiliación al Sistema de Seguridad Social se encuentra prevista para aquellos trabajadores independientes que ejecuten una actividad que les permita obtener unos ingresos en virtud de esta, y no para aquellos rentistas de capital que efectúan la explotación de un bien inmueble, sin prestar ningún tipo de servicio a otra persona natural o jurídica.

10 L. 100/1993, art. 17. Modificado por el art. 4 de la L. 797/2003. OBLIGATORIEDAD DE LAS COTIZACIONES: "Durante la vigencia de la relación laboral y del contrato de prestación de servicios, deberán efectuarse cotizaciones obligatorias a los regímenes del sistema general de pensiones por parte de los afiliados, los empleadores y contratistas con base en el salario o ingresos por prestación de servicios que aquellos devenguen".

por comerciantes (*que adquieren bienes para venderlos posteriormente*) o rentistas de capital no pueden vincularse directamente con el reconocimiento y pago de pensiones toda vez que estas no contemplan la ejecución de una labor que provenga de un contrato laboral o de la prestación de un servicio. En ese sentido, en respuesta a la problemática planteada, es posible concluir que no existe obligación de realizar aportes al Sistema General de Pensiones para los rentistas de capital o comerciantes. No obstante, pese a la claridad del artículo 17 de la Ley 100 de 1993, la UGPP entiende que la determinación de la liquidación y pago de las contribuciones parafiscales de la Protección Social tanto de comerciantes que se dedican simplemente a comprar bienes para revenderlos directamente, como de los rentistas de capital, son obligatorias en el caso de que perciban ingresos superiores a un (1) SMLMV[11].

En virtud de las posturas expuestas, se presentan las siguientes estrategias de solución para posiblemente dirimir las eventuales controversias que la UGPP activaría en procesos de fiscalización en contra de quienes desarrollan actividades de comercio o de rentas pasivas que no involucran la prestación de un servicio para obtener ingresos.

Mecanismos de interpretación normativa

Exponer con base en una serie de criterios de interpretación de la ley contemplados en nuestro ordenamiento

11 Subdirección Jurídica Parafiscales UGPP, Concepto n.° 201520000646932, noviembre 11/2015. La autoridad parafiscal determina, con base en el artículo 1 del Decreto Reglamentario 1406 de 1999 por medio del cual se implementó el Registro Único de Aportes al Sistema de Seguridad Social Integral, que los rentistas de capital deben realizar aportes al citado sistema cuando perciban ingresos superiores a un (1) SMLMV.

jurídico[12] por qué los artículos 4 y 17 de la Ley 100 de 1993 circunscriben exclusivamente a que los aportes que se deben realizar al Sistema General de Pensiones están relacionados con actividades que provienen de la ejecución de un contrato laboral o de prestación de servicios, pues son estas las directamente vinculadas con el reconocimiento y pago de pensiones.

Interpretación gramatical

Según lo señalado por el artículo 27 del Código Civil, cuando el sentido de una ley sea claro obliga a que se atienda su contenido de manera literal. En otras palabras, el citado artículo contempla un método de interpretación rígido y restrictivo que se basa solo en la literalidad de la ley sin considerar el contexto en el que se encuentra ni el fin que persigue, en este caso, simplemente se condiciona a que el sentido de la ley sea *claro*[13].

El mecanismo de interpretación gramatical permite resolver la problemática planteada, ya que ni los rentistas de capital ni los comerciantes se encuentran obligados a realizar aportes al Sistema General de Pensiones aun cuando sus ingresos superen un (1) SMLMV, puesto que los ingresos devengados no provienen de la prestación de un servicio ni de la ejecución de un contrato de trabajo, de manera que no se trata de actividades directamente relacionadas con el reconocimiento y pago de pensiones.

El sentido individual de los artículos 4 y 17 de la Ley 100 de 1993 es fácil de comprender, pues no genera incertidumbre respecto del contenido y alcance de su texto:

12 CC, art. 27 (Interpretación gramatical) y art. 30 (Interpretación por contexto).

13 CE 4, octubre 12/2017, e19950, S. J. Carvajal Basto.

> Artículo 4.º. Del Servicio Público de Seguridad Social. La Seguridad Social es un servicio público obligatorio, cuya dirección, coordinación y control está a cargo del Estado [...]. Este servicio público es esencial en lo relacionado con el Sistema General de Seguridad Social en Salud. Con respecto al Sistema General de Pensiones es esencial sólo en aquellas actividades directamente vinculadas con el reconocimiento y pago de las pensiones.

A partir de la lectura del citado artículo es posible establecer de manera clara cuál es la intención del legislador al distinguir sobre la obligatoriedad de los dos sistemas que componen el Sistema de la Seguridad Social Integral. De no ser así, la redacción de la norma tendría una connotación distinta, en cuyo caso el legislador hubiese señalado expresamente que ambos sistemas son, en esencia, obligatorios sin hacer distinciones o salvedad alguna. En este sentido, es posible afirmar que, en materia de aportes al Sistema General de Pensiones, constituye un servicio público esencial si se trata de actividades directamente vinculadas con el reconocimiento y pago de las pensiones. Por su parte, el artículo 17 de la citada Ley señala que "Obligatoriedad de las cotizaciones. Durante la vigencia de la relación laboral y del contrato de prestación de servicios, deberán efectuarse cotizaciones obligatorias a los regímenes del sistema general de pensiones por parte de los afiliados, los empleadores y contratistas con base en el salario o ingresos por prestación de servicios que aquellos devenguen".

La norma es clara en señalar que para que se realicen aportes de manera obligatoria al Sistema General de Pensiones por parte de los afiliados, empleadores y contratistas, se requiere, por un lado, de la existencia de una relación laboral o de prestación de servicios y, por otro, la obtención de ingresos por parte de empleados o de quienes prestan el servicio. En el caso de los rentistas de capital y comerciantes, pese a obtener ingresos por las actividades que cada uno desarrolla de manera individual, no media la existencia de un contrato de trabajo ni tampoco la prestación de un servicio. Ello implica que jurídicamente no existe actividad que dé origen al pago de las obligaciones parafiscales.

Interpretación por contexto-sistemática

Según lo señalado por el artículo 30 del Código Civil, las normas deben ser interpretadas como parte de un todo cuyo significado y alcance deben ser establecidos en función del sistema jurídico al cual pertenecen. Al respecto, la Corte Constitucional señala que el citado método apela a encontrar el sentido de las disposiciones a partir de la comparación con otras normas que pertenecen al orden jurídico legal y guardan relación con aquella[14]. Por su parte, el Consejo de Estado señala que resulta ser un mecanismo de interpretación mediante el cual el sentido de la ley lo determinan los principios de ese sistema y el alcance de las demás normas que lo integran y se relacionan con la norma interpretada[15]. En este contexto, para efectos de una interpretación sistemática de las normas objeto de análisis, se debe revisar también el conjunto con las demás que conforman el ordenamiento de la Ley 100 de 1993.

Por una parte, el preámbulo y el Título Preliminar (arts. 1 a 9) se enfocan en señalar los objetivos, deberes, elementos esenciales y finalidades de la norma. Particularmente, el artículo 4 dispone que el servicio público de

14 CConst, C-054/2016, L. E. Vargas Silva, acceso el 4 de agosto del 2020, https://www.corteconstitucional.gov.co/relatoria/2016/C-054-16.htm.

15 CE 4, octubre 12/2017, e19950, S. J. Carvajal Basto.

Seguridad Social es obligatorio en nuestro ordenamiento, pero solo esencial en el Sistema General de Seguridad Social en Salud. Por su parte, el Sistema General de Pensiones es esencial solamente en el desarrollo de actividades directamente vinculadas con el reconocimiento y pago de las pensiones.

Por otra parte, el Sistema General de Pensiones tiene por objeto "*garantizar a la población el amparo contra las contingencias derivadas de la vejez, la invalidez y la muerte, mediante el reconocimiento de las pensiones y prestaciones señaladas en la ley*"[16]. El libro de esta ley se organizó en cuatro títulos, entre ellos, el de Disposiciones Generales (artículos 10 a 30) que abarca las características del sistema, quiénes deben estar afiliados (es decir, quiénes son sujetos pasivos), cuándo deben realizarse cotizaciones al sistema (hecho generador) y la regulación del fondo de solidaridad pensional. El artículo 15 de la Ley 100 señala quiénes están obligados a realizar aportes al Sistema General de Pensiones, entre ellos, los rentistas de capital y los trabajadores independientes. Sin embargo, como se expuso, el artículo 17 de la citada norma obliga a realizar aportes al Sistema General de Pensiones cuando empleados o proveedores obtengan ingresos que provengan de una relación laboral o de prestación servicios. Así las cosas, frente a la problemática planteada, la interpretación sistemática o de contexto de la norma permite distinguir que los principios de la Ley 100 de 1993 entienden que el servicio público relacionado con el Sistema General de Pensiones es esencial solo si se desarrollan actividades que sean susceptibles de reconocer y pagar pensiones. De manera que es posible inferir que existen actividades que no son esenciales para el citado sistema.

16 L. 100/1993, art. 10.

A partir de la lectura conjunta de los artículos 15 y 17 de la Ley 100, es posible señalar que si bien los rentistas de capital o comerciantes (*estos últimos calificados como trabajadores independientes en la citada norma*) deben afiliarse al Sistema General de Pensiones, no todas las actividades que estos realicen son susceptibles de realizar aportes al Sistema General de Pensiones. Precisamente, algunas de ellas no comprenden el reconocimiento y el pago de pensiones por cuanto no están asociadas a la prestación de un servicio o la ejecución de una labor en virtud de un contrato de trabajo.

En consecuencia, bajo el mecanismo de interpretación de la ley analizado, la respuesta a la problemática planteada es que no se encuentran obligados a realizar aportes al Sistema General de Pensiones ni los rentistas de capital ni los comerciantes que no presten un servicio en su actividad generadora de renta.

Aspectos constitucionales relevantes: naturaleza jurídica del derecho fundamental a la seguridad social

La Ley 100 de 1993 por la cual se crea el Sistema de Seguridad Social Integral busca garantizar el derecho fundamental a la seguridad social dispuesto en el artículo 48 de la Constitución Política. La jurisprudencia constitucional ha señalado que el derecho a la seguridad social tiene una doble connotación: (1) un derecho fundamental, y (2) un servicio público de carácter obligatorio que se presta bajo la dirección, coordinación y control del Estado. Al respecto, la Corte Constitucional ha manifestado que el Sistema de Seguridad Social Integral se trata de una garantía constitucional mediante la cual: "[...] se les garantiza a las personas el ejercicio de sus derechos fundamentales cuando se encuentran ante la materialización de algún evento o contingencia que mengue su estado de salud, calidad de vida y capacidad económica, o se le constituya un obstáculo para la normal consecución de sus medios mínimos de subsistencia a través del trabajo"[17].

En ese sentido, la seguridad social busca proteger el principio y derecho constitucional a la dignidad humana, para lo cual "resulta posible que las personas afronten las circunstancias difíciles que les obstaculizan o impiden el normal desarrollo de sus actividades laborales y la consecuente recepción de los recursos que les permitan ejercer sus derechos subjetivos"[18].

Como consecuencia, uno de los asuntos de mayor relevancia que debe garantizar el Estado, en lo que respecta a la seguridad social, es el derecho a pensionarse por parte de los administrados. Es por esto que la seguridad social resulta ser un esfuerzo mancomunado y colectivo, cuyo propósito común es la protección de las contingencias individuales, como la falta de ingresos en la vejez o el súbito desempleo, con los aportes de quienes verdaderamente se encuentran obligados a ello y cuando jurídicamente les es exigible tal obligación.

Precisamente, el artículo 17 de la Ley 100 de 1993 se refiere a los eventos en que se torna obligatoria la cotización al Sistema General de Pensiones, así como a quiénes deben hacerla: "*durante la vigencia de la relación laboral y del contrato de prestación de servicios, deberán efectuarse cotizaciones obligatorias a los regímenes del sistema general de pensiones por parte de los afiliados, los empleadores y contratistas con base en el salario o ingresos por prestación*

17 CConst, T-173/2016, A. Rojas Ríos, acceso el 4 de agosto del 2020, https://www.corteconstitucional.gov.co/relatoria/2016/t-173-16.htm; y CConst, T-281/2018, J. F. Reyes Cuartas, acceso el 4 de agosto del 2020, https://www.corteconstitucional.gov.co/relatoria/2018/T-281-18.htm.

18 *Ibid.*

de servicios que aquellos devenguen". En ese sentido, el esfuerzo de realizar aportes al Sistema General de Pensiones no ha de recaer en quien no deba verse beneficiado de tal sistema, como los rentistas de capital o comerciantes, pues ante una eventual falta de ingresos en la vejez o el súbito desempleo, estos seguirán percibiendo ingresos en virtud de su actividad productora de renta. Así las cosas, se refirma que la respuesta a la problemática planteada es negativa.

Capacitación académica de los funcionarios de fiscalización de la UGPP

Se requeriría de la habilitación de un escenario académico —foro universitario, panel académico, etc.— que permita que tanto los funcionarios de la UGPP que se encuentran facultados para activar procesos de fiscalización y procesos sancionatorios en materia de aportes al Sistema de Seguridad Social Integral, como abogados litigantes que discuten con la autoridad parafiscal en vía gubernativa la determinación de aportes al igual que las sanciones aplicables, expongan sus argumentos sobre la sujeción pasiva y el hecho generador de los rentistas de capital y comerciantes al citado sistema. En este espacio de discusión académica podría, por un lado, dirimirse la problemática planteada y, por otro, contribuirse a evitar el desgaste del aparato administrativo e incluso judicial, pues los debates en materia de aportes al Sistema General de Pensiones no versarían sobre dicha problemática sino sobre otros asuntos.

Desarrollo de argumento litigioso basado en la estructura orgánica del Ministerio de Hacienda, las entidades adscritas a este (DIAN y UGPP) y los principios de buena fe y de confianza legítima

Lo primero que hay que señalar es que tanto la UGPP como la DIAN son entidades que jurídicamente se constituyeron como entidades adscritas[19] al Ministerio de Hacienda y Crédito Público que cumplen con funciones administrativas que les son propias. Por un lado, está la UGPP que, en virtud del artículo 156 de la Ley 1151 del 2007, tiene como una de sus funciones principales la ejecución de tareas de seguimiento, colaboración y determinación de la adecuada, completa y oportuna liquidación y pago de las contribuciones parafiscales de la protección social[20]. Por otro, la DIAN, a la que en virtud del Decreto Reglamentario 4048 le compete la función de administración de los impuestos de renta y complementarios, facultad que comprende su recaudación, fiscalización, liquidación, discusión, cobro, devolución, sanción y todos los demás aspectos relacionados con el cumplimiento de las obligaciones tributarias[21]. Como se observa, ambas entidades ostentan facultades diferentes, no obstante, resulta curioso que estas hayan conceptuado sobre un mismo asunto, pero con resultados completamente disímiles, circunstancia que, según como se mire, puede afectar el principio de confianza legítima de los administrados.

19 Son entidades del sector descentralizado del orden nacional o territorial con autonomía administrativa, financiera, personería jurídica y patrimonio propio que cumplen funciones administrativas o prestan un servicio.

20 L. 1151/2007, art. 156-ii.

21 D. Reglamentario 4048/2008, art. 1, acceso el 4 de agosto del 2020, http://www.secretariasenado.gov.co/senado/basedoc/decreto_4048_2008.html.

La UGPP en el concepto n.° 201520000646932 del 11 de noviembre del 2015 señala que tanto los trabajadores independientes que son comerciantes que se dedican a comprar bienes para revenderlos directamente como los rentistas de capital, quienes perciben ingresos producto de rentas pasivas, se encuentran obligados a realizar aportes a los subsistemas que componen el Sistema de Seguridad Social Integral en el caso de que estos perciban ingresos superiores a un (1) SMLMV[22]. Por su parte, la DIAN mediante el Concepto 20042 del 7 de febrero del 2014 estableció que la obligación de afiliación al Sistema de Seguridad Social se encuentra prevista para aquellos trabajadores independientes que ejecuten una actividad que les permita obtener unos ingresos en virtud de esta, y no para aquellos rentistas de capital que efectúan la explotación de un bien inmueble, sin prestar ningún tipo de servicio a otra persona natural o jurídica. En otras palabras, esta entidad resalta que no todas las actividades están vinculadas con el reconocimiento y pago de pensiones para efectos de cumplir con los criterios de deducibilidad del que trata el artículo 108 del Estatuto Tributario[23].

22 UGPP, Subdirección Jurídica Parafiscales, Concepto n.° 201520000646932/2015. La autoridad parafiscal determina que con base en el artículo 1.° del Decreto Reglamentario 1406 de 1999, por medio del cual se implementó el Registro Único de Aportes al Sistema de Seguridad Social Integral, que los rentistas de capital deben realizar aportes al citado sistema cuando perciban ingresos superiores a un (1) SMLMV.

23 Artículo 108. Los aportes parafiscales son requisito para la deducción de salarios: "Para aceptar la deducción por salarios, los patronos obligados a pagar subsidio familiar y a hacer aportes al Servicio Nacional de Aprendizaje (SENA), al Instituto de Seguros Sociales (ISS), y al Instituto Colombiano de Bienestar Familiar (ICBF), deben estar a paz y salvo por tales conceptos por el respectivo año o período

Debe señalarse que los conceptos que emitan las autoridades administrativas no son de obligatorio cumplimiento o ejecución para los administrados[24], sin embargo, en este caso es necesario analizar qué ocurriría si un administrado elige actuar bajo el concepto de la DIAN y no bajo el de la UGPP. En tal caso, se crearían ciertas expectativas sobre una determinada situación de hecho o regulación jurídica que permita tanto a comerciantes como a rentistas de capital no tener que realizar aportes al SSSI por cuanto no se está prestando servicio alguno en su actividad productora de renta, por lo que el interrogante de nuestra problemática se respondería de manera negativa. Con seguridad, la UGPP señalará que los conceptos que esta emita serán la justificación jurídica para tratar de buscar un mayor aporte (o un aporte en sí) en el caso de los rentistas de capital o comerciantes que no prestan un servicio en su actividad productora de renta, circunstancia que configuraría una violación al principio de buena fe y de confianza legítima.

Según la Corte Constitucional, del principio de la buena fe se desprende el de confianza legítima, que pretende que la administración se abstenga de modificar "situaciones jurídicas originadas en actuaciones precedentes que generan expectativas justificadas (y en ese sentido legítimas) en los ciudadanos, con base en la seriedad que –se presume– informa las actuaciones de las autoridades públicas, en virtud del principio de buena fe y de la inadmisibilidad de conductas arbitrarias, que caracteriza al estado

---

gravable, para lo cual, los recibos expedidos por las entidades recaudadoras constituirán prueba de tales aportes. Los empleadores deberán además demostrar que están a paz y salvo en relación con el pago de los aportes obligatorios previstos en la Ley 100 de 1993".

24 L. 1755/2015, art. 28.

constitucional de derecho"[25]. En ese sentido, los principios en mención funcionan como un límite a las actividades de las autoridades, que pretende hacerles frente a eventuales modificaciones intempestivas en su manera tradicional de proceder, situación que además puede poner en riesgo el principio de seguridad jurídica. En palabras de la Corte Constitucional: "se trata pues, de un ideal ético que es jurídicamente exigible"[26].

Por lo anterior, esa confianza en el caso que nos ocupa no existiría para el administrado si la UGPP desconoce la existencia de un concepto de una entidad como la DIAN, que en esencia tiene su mismo nivel jerárquico, pues estaría desprotegiendo las razones objetivas con las que cuenta un ciudadano para inferir la consolidación de un derecho que no ha adquirido. Por ello, no resultaría admisible que la administración quebrante de manera intempestiva la confianza que había creado la conducta de la DIAN en los ciudadanos.

SOLUCIÓN

Conforme con las estrategias de solución expuestas frente a la problemática planteada, considero que para que estas se puedan materializar en la práctica, se requeriría de la utilización conjunta de las alternativas presentadas. Ello porque en un escenario académico habilitado para tal efecto se podrían exponer los criterios de interpretación de la ley contemplados en nuestro ordenamiento jurídico respecto del alcance, contenido y aplicación de los

25 CConst, T-180A/2010, L. E. Vargas Silva, acceso el 4 de agosto del 2020, https://www.corteconstitucional.gov.co/relatoria/2010/T-180A-10.htm.

26 CConst, T-453/2018, D. Fajardo Rivera.

artículos 4 y 17 de la Ley 100 de 1993 del Sistema General de Pensiones frente a las actividades desarrolladas, tanto por rentistas de capital como por comerciantes, que evidencian que no están relacionadas con la ejecución de un contrato laboral o de prestación de servicios. De igual forma, este escenario sería propicio para exponer la naturaleza jurídica del derecho fundamental a la seguridad social y su protección constitucional.

Por otra parte, se podría conocer con mayor precisión la postura de la autoridad parafiscal sobre los aportes de los rentistas de capital y comerciantes en calidad de extremo activo de la obligación parafiscal, intervención que sin duda alguna enriquecería la discusión académica. Precisamente, en este espacio también se podría exponer una dificultad que se presentaría en la práctica que surgiría con ocasión de responder de manera negativa a la problemática planteada, esta es que, al no existir la obligación de realizar aportes al Sistema General de Pensiones, el sistema o plataforma que recibe los pagos (por ejemplo, Mi Planilla, SOI, etc.) no permite liquidar la planilla como independiente o rentista de capital únicamente haciendo los pagos al Sistema de Seguridad Social en Salud.

Esta circunstancia conduciría a su vez a plantear un problema jurídico adicional: ¿deben tanto rentistas de capital como comerciantes realizar aportes al Sistema de Seguridad Social en Salud cuando los mecanismos habilitados para la recepción del aporte no permiten discriminar su pago?

PROPUESTA DE IMPACTO O MEJORA

Para poder materializar la solución presentada, la propuesta de impacto será crear un foro académico, el cual requeriría, en mi concepto, de los siguientes pasos.

1. Definir el tipo de evento que se quiere realizar: un conversatorio o una ponencia de panelistas con sesión de preguntas.
2. Definir el tipo de audiencia que se pretende abordar: público en general o una audiencia calificada (*personas con ciertos conocimientos técnicos o académicos*).
3. Para efectos del foro académico, considero que lo más conveniente sería realizar una ponencia de panelistas con sesión de preguntas dirigido a una audiencia calificada. En este caso, los panelistas serían personas expertas en el tema por tratar, circunstancia que permitiría enriquecer la discusión.
4. En ese sentido, enviar las invitaciones respectivas para que confirmen su asistencia como panelistas.
5. Elegir el lugar para llevar a cabo el evento, que estará supeditado al tipo de audiencia que se elija.
6. Determinar el tiempo del evento; esto dependerá del tema y su amplitud. Se sugiere que no sea superior a tres horas. Sin embargo, de llegar a suceder, se recomienda que este no supere el medio día.
7. Definir refrigerios. Dependiendo de la duración del evento se determinará si son necesarios o no.
8. Establecer plan de confirmación: una vez se acerque la fecha del evento, por lo menos una semana antes, será necesario reconfirmar la presencia de los panelistas. En caso de que alguno no pueda asistir, se le solicitará que recomiende a un tercero que lo reemplace.
9. Crear un *brochure*, bitácora o documento que firmen los ponentes del foro, que incluya las conclusiones o acuerdos a que se llegue en dicho evento académico, con miras a que pueda ser empleado o utilizado en futuros litigios con la UGPP.

BIBLIOGRAFÍA

López Medina, Diego Eduardo. *Teoría impura del derecho: La transformación de la cultura jurídica latinoamericana*. Bogotá: Legis - Universidad de los Andes - Universidad Nacional, 2004.

La Unidad de Gestión Pensional y Parafiscales. *¿Quiénes somos?* Acceso el 7 de mayo del 2019, https://www.ugpp.gov.co/nuestra-unidad.

Normas y Leyes

CC, L. 57/1887, arts. 27, 30.

CN, julio 7/1991, art. 48.

D. 1406/1999, art. 1. Acceso el 4 de agosto del 2020, https://www.alcaldiabogota.gov.co/sisjur/normas/Norma1.jsp?i=13585&dt=S.

D. Reglamentario 4048/2008, arts. 1, 7, 30, 31 y 38. Acceso el 4 de agosto del 2020, http://www.secretariasenado.gov.co/senado/basedoc/decreto_4048_2008.html.

Dirección de Impuestos y Aduanas Nacionales (DIAN). Concepto n.° 48258 del 11 de agosto del 2014.

Dirección de Impuestos y Aduanas Nacionales (DIAN). Resolución 01477/2005.

ET, marzo 30/1989, art. 108.

L. 100 /1993, Preámbulo y arts. 4, 15 y 17.

L. 797/2003, arts. 3 y 4. *Diario Oficial*, n.° 45 079.

L. 1151/2007, art. 156. *Diario Oficial*, n.° 46 700.

L. 1755/2015, art. 28. *Diario Oficial*, n.° 49 559.

Ministerio de Salud. Sistema General de Pensiones. Acceso el 7 de mayo del 2019, https://www.minsalud.gov.co/proteccionsocial/Paginas/Sistema-general-de-Pensiones.aspx.

Ministerio del Trabajo. Concepto n.° 20042 del 7 de febrero del 2014.

Ministerio del Trabajo. Concepto n.° 08SE2018120300000046324 del 29 de noviembre del 2018.

Subdirección Jurídica Parafiscales, Unidad de Gestión Pensional y Parafiscales. Concepto n.° 201520000646932 del 11 de noviembre del 2015.

Jurisprudencia

CE, 19950/2017. S. J. Carvajal Basto.

CConst, C-054/2016. L. E. Vargas. Acceso el 4 de agosto del 2020, https://www.corteconstitucional.gov.co/relatoria/2016/C-054-16.htm.

CConst, T-173/2016. A. Rojas Rios. Acceso el 4 de agosto del 2020, https://www.corteconstitucional.gov.co/relatoria/2016/t-173-16.htm.

CConst, T-180A/2010. L. E. Vargas. Acceso el 4 de agosto del 2020, https://www.corteconstitucional.gov.co/relatoria/2010/T-180A-10.htm.

CConst, T-281/2018. J. F. Reyes Cuartas. Acceso el 4 de agosto 4 del 2020, https://www.corteconstitucional.gov.co/relatoria/2018/T-281-18.htm.

CConst, T-453/2018. D. Fajardo Rivera. Acceso el 4 de agosto del 2020, https://www.corteconstitucional.gov.co/relatoria/2018/T-453-18.htm.

EL IVA EN LA ADMINISTRACIÓN DE LOS FIC

¿Una omisión legislativa o una técnica del legislador?*

Andrés Guevara González

* Para citar este capítulo: http://dx.doi.org/10.15425/2017.499

Carlos Valencia, jubilado recientemente, decide invertir sus ahorros en tres fondos de inversión colectiva (FIC) que son administrados por una sociedad fiduciaria, una comisionista de bolsa y una sociedad administradora de inversiones, respectivamente, en las cuales trabajan sus hijos. Al revisar las facturas por los servicios de administración ofrecidos por estas entidades descubre que, a pesar de que las tres prestan el mismo servicio financiero, solo la sociedad administradora de inversiones cobra el IVA sobre su comisión. ¿Esta situación respeta los principios constitucionales de la tributación?

PALABRAS CLAVE

Impuesto al Valor Agregado (IVA), servicios excluidos, Fondos de Inversión Colectiva (FIC), principio de equidad, libertad de configuración legislativa, omisión legislativa relativa, Ley 1943 del 2018.

GLOSARIO

Fondos de inversión colectiva: Todo mecanismo o vehículo de captación o administración de sumas de dinero u otros activos integrado con el aporte de un número plural de personas determinable una vez el fondo entre en operación, recursos que serán gestionados de manera colectiva para obtener resultados económicos también colectivos.

IVA: Impuesto del orden nacional y de naturaleza indirecta que grava las operaciones de venta, prestación de servicios e importación.

Servicios excluidos: Actividades cuya prestación no causa el impuesto a las ventas por expresa disposición de la ley.

HISTORIA

Carlos Valencia rio discretamente mientras repasaba con sus dedos el sobre que tenía en sus manos. A sus 69 años, finalmente lo había logrado. Luego de haber trabajado la mayor parte de su vida profesional como vicepresidente jurídico de una importante compañía del sector industrial, ese día de julio del 2018 era el último que vivía como empleado. Carlos era consciente de las implicaciones personales y económicas que ello suponía, al tiempo que aceptaba que la monótona vida de un *jubilado* era algo a lo que ciertamente temía. Mientras apagaba por última vez las luces de su oficina, se dio cuenta de que no había soltado ese pequeño sobre de manila desde que el presidente de la compañía se lo había entregado hacía un par de horas. Y no era para menos, pues allí reposaba un cheque que reconocía, al menos económicamente, el esfuerzo y la lealtad que había demostrado durante esos años a la empresa.

Mientras recorría pausadamente los pasillos de la empresa que había sido su segundo hogar, guardó el sobre en su chaqueta, miró su reloj y se percató de lo tarde que era. Su familia lo esperaba en su restaurante favorito, en el que habían reservado para celebrar ese día, por lo que debía apresurarse si no quería llegar tarde. Contra todo pronóstico, Carlos llegó a tiempo a su fiesta. Allí lo esperaban su esposa y sus hijos Estefanía, Luis e Ignacio, quienes lo recibieron con una efusividad mayor a la usual.

En medio de la cena, Carlos vaciló con una timidez impropia de él y agradeció a su familia el apoyo que le habían brindado durante cada una de sus extenuantes jornadas de trabajo. Con un tono más reflexivo reconoció que no existía una mejor sociedad que aquella conformada en esa mesa y que por esa razón quería compartirles una buena noticia. Alcanzó de su bolsillo el sobre y lo puso en medio de la mesa a la vista de todos.

—Al parecer había subestimado el plan de beneficios de retiro para los ejecutivos de la empresa —dijo sonriendo—. Dentro de este sobre hay un cheque por 1500 millones de pesos con los que no estaba contando... Ya sé, ya sé, es imposible que yo no fuera consciente de la existencia de este dinero, pero así son las cosas. Luego de la reacción de sorpresa apenas natural de su familia, hizo una breve pausa hasta encontrar el tono adecuado y se dirigió a sus hijos.

—Ustedes están acostumbrados a recurrir a mí en busca de consejos y ese suele ser el orden natural de la vida. Sin embargo, en esta ocasión se invertirán los papeles y hoy seré yo quien pida sus recomendaciones aprovechando su educación y experiencia en el mercado financiero —dijo jovialmente—. Yo quisiera que ustedes tres, que trabajan en las áreas comerciales de diferentes entidades financieras, me propusieran algún tipo de vehículo en el cual pudiera invertir estos recursos.

Efectivamente, Estefanía llevaba un par de años desempeñándose como directora comercial en una sociedad fiduciaria local; Luis era gerente comercial en una sociedad comisionista de bolsa, e Ignacio se encontraba vinculado a una sociedad administradora de inversiones (SAI) como asesor de inversiones.

Luego de discutir brevemente diversas estrategias y vehículos financieros, Carlos optó por una opción sencilla y con poca exposición al riesgo: decidió invertir los recursos en un fondo de inversión colectiva (FIC). Ahora solo restaba elegir en cuál de las entidades financieras de sus hijos iba a constituir el fondo. Sonrió por un momento, se inclinó hacia delante como si estuviera anticipando una buena acción y continuó hablándoles.

—Siempre he estado orgulloso de ustedes y he buscado apoyarlos de forma equitativa en todos los aspectos —continuó con rapidez, como si se tratara de su tema favorito—. Es por ello que he decidido dividir en tres los recursos para poder participar en un FIC en cada una de sus entidades, ya que las condiciones ofrecidas son virtualmente idénticas, los servicios prestados son exactamente iguales y las comisiones cobradas por las entidades son similares. Le daré a cada uno 500 millones de pesos, por lo que les pido que mañana mismo me hagan llegar los documentos que sean requeridos. ¡A partir de hoy seré su cliente!

Al día siguiente, toda la documentación estaba en su casa a la espera de su firma y al cabo de una semana ya era inversionista en tres FIC: uno administrado por la fiduciaria de Estefanía, otro por la comisionista de bolsa de Luis y uno más por la SAI de Ignacio. De acuerdo con lo establecido en el reglamento de cada uno de estos FIC, los resultados económicos de estos fondos serían distribuidos a Carlos de forma semestral, fueran estos positivos o negativos.

En diciembre del 2018, luego de haber transcurrido los primeros seis meses de las inversiones en los FIC, Carlos se reunió nuevamente con sus hijos para revisar el comportamiento de los fondos. Estefanía, Luis e Ignacio llevaron un resumen pormenorizado del fondo que les correspondía, junto con las utilidades generadas y la factura por la comisión causada a favor de las entidades. Para su sorpresa y alivio encontró que las inversiones habían tenido una rentabilidad superior a la que había estimado inicialmente, lo cual le dio la confianza suficiente para continuar en el negocio.

Transcurrieron seis meses más y era el momento de evaluar nuevamente los rendimientos —o pérdidas— de los fondos en los cuales tenía participación. Carlos llegó esta vez más confiado en el resultado positivo de las inversiones y sus hijos no lo defraudaron. Las tasas que le fueron reconocidas superaron con creces las que hubiera recibido en un CDT, una fiducuenta o similares, por lo que nuevamente estaba feliz con la asesoría y el acompañamiento que sus hijos le habían ofrecido.

Sin embargo, al revisar con mayor detenimiento la documentación presentada por ellos, advirtió una diferencia importante en las cifras que había traído Ignacio en comparación con las de sus hermanos. Notó que, si bien las utilidades del fondo eran casi idénticas, la sociedad administradora de inversiones le estaba cobrando un IVA del 19 % sobre la comisión causada por la administración del FIC, mientras que las facturas expedidas por la fiduciaria y la comisionista de bolsa no tenían este impuesto.

Carlos inmediatamente le preguntó a Ignacio la razón por la cual le estaba cobrando ahora el IVA sobre la comisión si hacía seis meses no lo había hecho.

—Papá, en la última Ley de financiamiento decidieron que las comisiones que las sociedades administradoras de inversión cobren por la administración de fondos de inversión colectiva estarán gravadas con IVA a la tarifa general, es decir, al 19 %. Hace seis meses no se cobró este impuesto porque hasta el 31 de diciembre del 2018 este servicio prestado por las SAI se encontraba excluido del impuesto a las ventas, pero ahora pasó a estar gravado —dijo Ignacio, visiblemente incómodo por esta situación. Ante esta explicación, Carlos solo atinó a preguntar: ¿por qué las sociedades de tus hermanos no están cobrando IVA sobre sus comisiones si el servicio que prestan es idéntico?

—No entendemos por qué el Congreso adoptó esa medida, papá —dijo Ignacio molesto—. Nuestros asesores tributarios nos manifestaron que esa decisión podría tener vicios de inconstitucionalidad, pero por el momento debemos aplicar las normas tributarias como quedaron definidas... La ley es la ley.

—Pues, hijo —agregó Carlos—, los negocios son negocios. Aunque eres mi hijo, no considero que sea justo que yo tenga que pagar un impuesto por usar los servicios de tu compañía cuando puedo hacer exactamente la misma inversión en las entidades de tus hermanos sin tener ese mayor costo. Lo lamento profundamente, pero voy a cancelar la participación que tengo en el FIC de la SAI y pondré esos recursos en los fondos de tus hermanos que no me cobran IVA sobre sus comisiones. Espero que lo entiendas.

Ante esta situación Ignacio aceptó a regañadientes la decisión de su padre e hizo las gestiones necesarias para liquidar la inversión y trasladar los recursos a la fiduciaria y a la comisionista de bolsa. Si bien no tenía ningún estudio en derecho o en tributación, Ignacio sentía que esta situación era injusta e inequitativa. Su sentido común lo llevó a concluir que las normas tributarias no pueden generar este tipo de arbitrajes en los que el cliente decida con qué entidad contratar basado única y exclusivamente en el cobro de un impuesto al servicio prestado. Así pues, se comunicó con los asesores tributarios de la compañía y les formuló la pregunta que se plantea en el siguiente apartado.

PROBLEMÁTICA

¿Es constitucional establecer una exclusión en IVA a las comisiones percibidas por las sociedades fiduciarias y comisionistas de bolsa por la administración de los FIC y no a las demás entidades financieras que se encuentren debidamente autorizadas para prestar dicho servicio?

ESTRATEGIAS DE SOLUCIÓN

Contexto

Los Fondos de Inversión Colectiva (FIC) son definidos por el Autorregulador del Mercado de Valores de Colombia en los siguientes términos:

> [Son] vehículos financieros en los que confluyen los aportes de varios inversionistas, con cargo a los cuales se adquieren activos para estructurar un portafolio colectivo que se administra por una sociedad especializada.
>
> Los resultados económicos de dicho portafolio sean positivos o negativos, se distribuyen entre los inversionistas en proporción a su participación en el fondo, bien sea

de forma diaria o de acuerdo con la periodicidad definida en el reglamento del mismo.

Los FIC solo pueden ser administrados por sociedades comisionistas de bolsa, sociedades fiduciarias o sociedades administradoras de inversión, y por regla general requieren autorización previa de la Superintendencia Financiera de Colombia (SFC)[1].

El Decreto 1242 del 2013, por su parte, los define en su artículo 3.1.1.2.1. como "todo mecanismo o vehículo de captación o administración de sumas de dinero u otros activos, integrado con el aporte de un número plural de personas determinables una vez el fondo entre en operación, recursos que serán gestionados de manera colectiva para obtener resultados económicos también colectivos". Adicionalmente, el mismo decreto señala lo siguiente:

> Artículo 3.1.1.1.1. Sociedades autorizadas y ámbito de aplicación. Los Fondos de Inversión Colectiva previstos en esta Parte sólo podrán ser administrados por sociedades comisionistas de bolsa de valores, sociedades fiduciarias y sociedades administradoras de inversión, las cuales en lo relativo a Fondos de Inversión Colectiva se denominarán genéricamente sociedades administradoras de Fondos de Inversión Colectiva. Las sociedades mencionadas, en relación con la administración de Fondos de Inversión Colectiva, únicamente estarán sujetas a lo previsto en esta parte.

Sumado a esto, este decreto reglamentó puntualmente la administración, gestión y distribución de los fondos

1 Autorregulador del Mercado de Valores de Colombia, *Guía de estudios de fondos de inversión colectiva*, 9, https://www.amvcolombia.org.co/attachments/data/20160905112713.pdf.

de inversión colectiva, segregando la función de *administración* de los fondos de inversión colectiva en las actividades individuales de (1) gestión, (2) distribución y (3) custodia, e identificando de forma específica cada una de ellas y su alcance. Es decir, para la legislación financiera, resulta claro que la función de administración no solo incluye la actividad de administrar, sino también la de gestionar los fondos y distribuir las utilidades logradas.

De igual forma, el Decreto 1242 reconoció que las actividades de gestión o distribución pueden ser realizadas por agentes diferentes a sociedades comisionistas de bolsa, sociedades fiduciarias y sociedades de administración de inversiones, siempre y cuando se encuentren autorizadas para tal efecto. Así lo dispuso mediante el artículo 3.1.1.1.9 en el que se expresó lo siguiente:

> Artículo 3.1.1.1.9 Extensión de principios. Cuando las actividades de gestión o distribución de los fondos de inversión colectiva sean desarrolladas por parte de entidades autorizadas para realizar dichas actividades, diferentes a la sociedad administradora de fondos de inversión colectiva, tales entidades en el desarrollo de dichas actividades deberán aplicar en los mismos términos los principios y deberes mencionados en los artículos anteriores.

De esta forma se permitió expresamente que la actividad de distribución de los FIC pudiera ser realizada por entidades diferentes a las sociedades administradoras de dichos fondos, siempre y cuando se encuentren autorizadas previamente por la Superintendencia Financiera de Colombia para tales efectos. En este escenario, la entidad autorizada deberá acoger y guiarse por los mismos parámetros señalados en el citado Decreto o en las normas que lo modifiquen o adicionen. De las anteriores disposiciones se puede concluir lo siguiente:

1. Solo están autorizados para administrar FIC las sociedades fiduciarias, comisionistas de bolsa y administradoras de inversión.
2. La función de administración incluye también las actividades de gestión y distribución.
3. Las actividades de gestión y distribución de los FIC pueden ser delegadas a terceros distintos de sociedades fiduciarias, comisionistas de bolsa o administradoras de inversión.

Estas conclusiones resultan de la mayor trascendencia al momento de contrastar las normas financieras con las disposiciones tributarias, particularmente con el artículo 10 de la Ley 1943 del 2018, que introdujo el numeral 23 al artículo 476 del Estatuto Tributario para efectos de regular la exclusión del IVA de las comisiones causadas por la administración de fondos de inversión colectiva. Dicha exclusión quedó definida de la siguiente forma: "Artículo 476. Servicios excluidos del Impuesto a las Ventas (IVA). Se exceptúan del impuesto los siguientes servicios y bienes relacionados: [...] 23. Las comisiones percibidas por las sociedades fiduciarias y comisionistas de bolsa por la administración de fondos de inversión colectiva".

De la simple lectura de esta norma se observa que las únicas entidades financieras que se encuentran actualmente autorizadas para no cobrar el impuesto al valor agregado sobre las comisiones que se generen a su favor por la administración de los FIC son las sociedades fiduciarias y las comisionistas de bolsa. Con esta medida el legislador decidió —consciente o inconscientemente— otorgar la referida exclusión únicamente a estas entidades y dejó por fuera a otras que también se encuentran autorizadas para prestar dicho servicio. Esta situación genera, *prima facie*, los siguientes efectos nocivos:

1. A pesar de estar autorizadas para administrar fondos de inversión colectiva —al igual que las fiduciarias y comisionistas de bolsa—, las sociedades administradoras de inversión no se encuentran incluidas dentro de la exclusión de IVA sobre las comisiones que cobren por este concepto.
2. Las funciones de gestión y distribución de los FIC que realicen terceros debidamente autorizados por la Superintendencia Financiera también son consideradas como parte de la actividad de *administración* de estos fondos y causarán comisiones por este concepto. Sin embargo, el artículo 476 del Estatuto Tributario no las excluye del impuesto sobre las ventas.

Así pues, al existir una reglamentación financiera y tributaria desarmonizada, se generan situaciones que, a juicio de quien escribe, atentan contra los principios de equidad y de libertad económica, sin que exista una razón constitucionalmente válida que lo justifique, tal como se demostrará.

Los principios de equidad y de libertad de configuración legislativa en materia tributaria

En la situación jurídica y fáctica planteada se identifica claramente una tensión entre los principios de equidad y libertad económica en un extremo, y del otro la amplia potestad de configuración que posee el legislador en materia tributaria.

Los artículos 150-12 y 338 de la Constitución política le concedieron amplias facultades al Congreso para dictar y desarrollar una política impositiva; por medio de ellos se le permite a esta rama del poder público crear, modificar o eliminar tributos, además de definir sus elementos esenciales —sujeto activo, sujeto pasivo, hecho generador, base gravable y tarifa—, al igual que conceder beneficios tributarios o derogarlos. Sin embargo, una de las grandes victorias del estado de derecho se traduce en que ningún poder es ilimitado ni escapa de los propios límites que la Constitución le ha impuesto, lo cual ha sido reconocido ampliamente por la Corte Constitucional en diversas ocasiones. En la Sentencia C-776 del 2003, por ejemplo, esa Corporación manifestó lo siguiente:

> El legislador tiene la facultad de establecer a quiénes se cobrará el tributo y a quiénes no, estableciendo las reglas y excepciones que considere pertinentes, siempre y cuando éstas sean respetuosas, entre otros, del principio constitucional de igualdad (art. 13, C.P.) y de los primados de equidad, eficiencia y progresividad en los que se debe fundar el sistema tributario (art. 363, C.P.). Es por ello que, en materia tributaria, la Corte ha partido del reconocimiento de que "el Congreso de la República goza de la más amplia discrecionalidad, desde luego siempre que la aplique razonablemente y sujeto a la Constitución, tanto para crear como para modificar, aumentar, disminuir y suprimir tributos".

Como se desprende de lo anterior, el principio de equidad —entre otros, como la justicia y la generalidad del tributo—, se configura en esencia como un límite a la potestad legislativa del Congreso. Lo anterior se refuerza en la Sentencia C-183 de 1998 en la que la Corte sostuvo lo siguiente:

> El principio de igualdad constituye un claro límite formal y material del poder tributario estatal y, por consiguiente, las reglas que en él se inspiran se orientan decididamente a poner coto a la arbitrariedad y a la desmesura. No se

> trata de establecer una igualdad aritmética. La tributación tiene que reparar en las diferencias de renta y riqueza existentes en la sociedad, de modo que el deber fiscal, expresión de la solidaridad social, tome en cuenta la capacidad contributiva de los sujetos y grupos y, conforme a ella, determina la carga fiscal, la que ha de asignar con criterios de progresividad, a fin de alcanzar grados cada vez mayores de redistribución del ingreso fiscal[2].

La Corte Constitucional reconoce que la libertad de configuración legislativa no es ilimitada y que se debe velar por su debida demarcación, especialmente en materia tributaria, pues ello se traduce en la expresión de los fundamentos sobre los cuales descansa el estado social de derecho. Es irrefutable que las facultades impositivas del Estado se configuran como una de las máximas muestras del poder de imperio y como tal debe ser contenida y modulada, cediendo en todo caso al marco que la misma Constitución le ha establecido.

Las amplias facultades que posee el Congreso para legislar en materia tributaria cobran especial relevancia al decidir cuándo gravar y cuándo no. En otras palabras, al momento de establecer hechos generadores de un tributo y la incorporación de excepciones a estos mediante exclusiones o exenciones. Si bien no es extraño o contrario a derecho que se establezcan estas situaciones de no imposición, resulta claro que estas deben tener una justificación objetiva que sea lo suficientemente fuerte para no vulnerar el principio de equidad. La Corte, en Sentencia

2 CConst, C-183/1998, E. Cifuentes Muñoz, acceso el 4 de agosto del 2020, https://www.corteconstitucional.gov.co/relatoria/1998/c-183-98.htm.

C-508 del 2006, manifestó lo siguiente a propósito del principio de igualdad[3]:

> [La igualdad] no significa la ausencia de distinciones ni es sinónimo de ciego igualitarismo, sino que responde a la necesidad de otorgar el mismo trato a quienes se encuentran en semejantes o iguales condiciones y de adoptar medidas distintas para quienes se hallan en hipótesis diversas, mediante la razonable búsqueda, por parte de la autoridad, del equilibrio y la ponderación.

Ahora bien, como característica inescindible del principio de equidad encontramos la generalidad del tributo. Esta regla, como su nombre lo sugiere, establece que aquellos sujetos que se encuentren en las mismas condiciones objetivas y subjetivas establecidas en la norma tributaria deben contribuir en igual proporción. Dicho de otra manera, las cargas que asumen uno y otro deben ser iguales, toda vez que la norma los permea de idéntica forma. Bajo este escenario resulta claro que los privilegios en materia tributaria son improcedentes en la medida en que atentarían, *prima facie*, contra el principio de equidad y la regla de generalidad de los tributos.

A pesar de lo anterior, ello no quiere decir que los tratamientos favorables –sean estos exenciones, exclusiones o situaciones de no imposición– sean absolutamente vedados para el legislador, sino que ante su presencia se exige la revelación de una justificación lo suficientemente poderosa para admitir su permanencia en el ordenamiento

3 Según la posición fijada por la Corte Constitucional en Sentencia C-032 del 2005, el principio de equidad al que hace referencia el artículo 338 de la Constitución es la expresión del principio de igualdad contenido en el artículo 13 superior aplicado expresamente al sistema tributario.

jurídico. La Corte, en Sentencia C-183 de 1998, sostuvo lo siguiente, a propósito de esta exigencia:

> La Corte no excluye que algunas exenciones o beneficios fiscales tengan una justificación atendible y puedan por lo tanto adoptarse. Lo que se quiere significar es que sólo pueden introducirse como instrumentos dirigidos a configurar materialmente la carga tributaria de manera técnica, justa y equitativa. Por el contrario, cuando la exención o beneficio fiscal, no tiene razón de ser distinta de la mera acepción de personas, ella se presenta contraria a la generalidad del tributo y, frente a los obligados que se encuentran en la misma relación con el hecho imponible, como clara afrenta al principio de igualdad en la carga tributaria[4].

Resulta fundamental entonces establecer en primer lugar cuál es la finalidad que sustenta la diferenciación introducida en el numeral 23 del artículo 476 del Estatuto Tributario, para examinar luego la solidez de dicha justificación a la luz de la jurisprudencia constitucional. Naturalmente, para encontrar las finalidades específicas detrás de una disposición normativa particular, se debe adelantar un estudio del trámite legislativo del proyecto de ley. En el caso específico de la Ley 1943 del 2018 se debe recurrir, en primera instancia, al proyecto de ley[5] y la correspondiente exposición de motivos que fueron presentados por el Ministro de Hacienda y Crédito Público ante la Comisión Tercera de la Cámara de Representantes del Congreso

4 CConst, C-183/1998, E. Cifuentes Muñoz.

5 Proyecto de ley n.° 240/2018C (Cámara de Representantes) y 197/2018S (Senado). "Por la cual se expiden normas de financiamiento para el restablecimiento del equilibrio del presupuesto nacional y se dictan otras disposiciones".

de la República. Pues bien, luego de revisar su contenido se observa que en dicho proyecto el Gobierno no contempló la exclusión del IVA en la comisión de ninguna entidad financiera por la administración de los fondos de inversión colectiva, es decir, se derogaba tácitamente el numeral 3° del artículo 476 del Estatuto Tributario tal como se encontraba vigente en ese entonces y dichas operaciones pasaban a estar gravadas con el impuesto a las ventas. Así las cosas, por simple sustracción de materia, la exposición de motivos no se constituye como un elemento idóneo para hallar el fin de la norma, tal como quedó en la referida Ley 1943.

Al continuar con la búsqueda, se debe acudir al procedimiento legislativo surtido en el Congreso para encontrar el momento y las razones que impulsaron la inclusión de esta disposición en la Ley de financiamiento. Así pues, al revisar la *Gaceta del Congreso* n.° 1048 de 28 de noviembre del 2018 en la que se encuentra el informe de ponencia para primer debate en las Comisiones Terceras y Cuartas conjuntas de Senado y Cámara, se puede identificar el momento en que se incluyó la exclusión de IVA para las comisiones por la administración de los FIC. Dentro del resumen de actuaciones surtidas se observa que el señor representante John Jairo Roldán Avendaño y otros, formularon la siguiente proposición para adicionar el artículo 11 al proyecto de ley que buscaba modificar el artículo 476 del Estatuto Tributario, así:

> Adicionar que estarán excluidos de IVA los siguientes servicios: (i) comisiones percibidas por sociedades fiduciarias, comisionistas de bolsa, sociedades administradoras de inversión por la administración de los fondos de inversión colectiva; (ii) comisiones pagadas por servicios prestados en procesos de titularización de activos a través de universalidades y patrimonios autónomos; y (iii)

> compra y venta de divisas, y operaciones cambiarias sobre instrumentos derivados financieros.

A pesar de que queda constancia de la proposición radicada ante la Secretaría de las comisiones, la justificación ofrecida en esa instancia no es incluida en el informe e imposibilita acudir a ella. Sin embargo, resulta fundamental llamar la atención sobre el hecho de que la proposición inicial contemplaba excluir del IVA a las comisiones que percibieran no solo las sociedades fiduciarias y comisionistas de bolsa, sino también a las sociedades administradoras de inversión por la administración de los FIC. En efecto, esta disposición acogía expresamente a los tres tipos de entidades autorizadas para fungir como sociedades administradoras de fondos de inversión colectiva, de acuerdo con lo dispuesto en el Decreto 1242 del 2013.

No obstante, luego de las discusiones sostenidas y la depuración de la miríada de proposiciones, los congresistas optaron por cambiar el artículo 11 del proyecto de ley que modificaba el artículo 476 del Estatuto Tributario, en lo referido a la exclusión de las comisiones, así: "Artículo 11: [...] Finalmente se incluyen en este artículo (i) las comisiones percibidas por las sociedades fiduciarias y comisionistas de bolsa por la administración de los fondos comunes".

Así las cosas, a partir de ese momento se acogió la redacción allí propuesta para efectos de la exclusión del IVA, la cual únicamente sufrió una modificación posterior cuando el senador David Barguil intervino en la sesión conjunta de 4 de diciembre del 2018 —Acta n.º 6 de la Cámara— en la que solicitó cambiar la expresión *fondos comunes* por la de *fondos de inversión colectiva*. Sin mayor esfuerzo se observa que si bien la proposición inicialmente incluía a las sociedades administradoras de inversión, la redacción final del artículo las excluyó sin ninguna razón visible o al menos ninguna que haya quedado registrada en las actas publicadas por la Cámara y el Senado ni en la *Gaceta del Congreso*.

Luego de hacer una revisión exhaustiva del procedimiento legislativo que la Ley 1943 del 2018 surtió, resulta claro, aunque frustrante, que la eliminación de las sociedades administradoras de inversión para efectos de la exclusión del IVA contenida en el numeral 23 del artículo 476 del Estatuto no obedeció a ningún objetivo fiscal o extrafiscal, sino a un mero olvido o quizás a un capricho que busca otorgar un tratamiento preferencial a ciertos sujetos.

Si bien es propio de las facultades asignadas al legislador la posibilidad de establecer tratamientos diferenciados en materia tributaria, se reitera que esta libertad no es irrestricta. Por ello, la Corte Constitucional ha recurrido al test de proporcionalidad o razonabilidad como una metodología para evaluar si estos tratos se ajustan o no al ordenamiento jurídico, expresando que el "test de razonabilidad es una guía metodológica para dar respuesta a la tercera pregunta que debe hacerse en todo problema relacionado con el principio de igualdad: ¿Cuál es el criterio relevante para establecer un trato desigual? O, en otras palabras, ¿es razonable la justificación ofrecida para el establecimiento de un trato desigual?"[6]. Tal como ocurre en el presente caso, la Corte ha acudido a este test como una herramienta básica y esencial para efectuar un ejercicio de ponderación entre dos principios de orden constitucional que riñen en un caso particular, pues la aplicación de uno lleva necesariamente al detrimento del otro.

6 CConst, C-022/1996, C. Gaviria Díaz, acceso el 4 de agosto del 2020, https://www.corteconstitucional.gov.co/relatoria/1996/C-022-96.htm.

Según la jurisprudencia[7] producida por la propia Corte, este juicio de proporcionalidad puede obedecer a una de tres categorías: leve, intermedia o estricta. Para ese efecto, dicha Corporación ha establecido una regla y varios criterios que permiten que un examen de constitucionalidad de una norma específica se realice con un mayor o menor grado de intensidad. En reiteradas oportunidades ha sostenido que el test que debe llevarse a cabo, como regla general, es el leve, pues bajo este presupuesto se busca verificar si los medios y fines establecidos y perseguidos por la norma objeto de estudio no se encuentran prohibidos por la Constitución, lo que evita que se adopten "decisiones arbitrarias y caprichosas del legislador, es decir, decisiones que no tengan un mínimo de racionalidad"[8]. Generalmente, este tipo de test es aplicado en los casos de normas que se encuentran inmersas en los ámbitos económicos, tributarios y de política internacional "o en aquellos en que está de por medio una competencia específica definida por la Constitución en cabeza de un órgano constitucional, o en los cuales se trata de analizar una normatividad anterior a la vigencia de la Carta de 1991 derogada pero que surte efectos en el presente, o cuando, a partir del contexto normativo del precepto demandado, no se aprecie prima facie una amenaza para el derecho en cuestión"[9].

Por su parte, el test estricto supone un mayor rigor al momento de determinar si el fin buscado por la norma cuya constitucionalidad se estudia es "legítimo, importante e imperioso" y si el medio utilizado por el legislador es

7 CConst, C-015/2014, M. González Cuervo, acceso el 4 de agosto del 2020, https://www.corteconstitucional.gov.co/relatoria/2014/C-015-14.htm.

8 *Ibid.*

9 *Ibid.*

"legítimo, adecuado y necesario". Este test es utilizado habitualmente por la Corte en aquellos casos en los que "la medida recaiga en personas que estén en condiciones de debilidad manifiesta, o que pertenezcan a grupos marginados o discriminados o a sectores sin acceso efectivo a la toma de decisiones o a minorías insulares y discretas; o que la diferenciación afecte de manera grave, prima facie, el goce de un derecho constitucional fundamental; o que se constituya un privilegio"[10].

Finalmente, esa Corporación ha sostenido que el test intermedio debe ser aplicado en aquellos casos en los que se pueda ver afectado un derecho no fundamental o cuando se vislumbren indicios de arbitrariedad del legislador que tengan la potencialidad de afectar la libre competencia. El objetivo de este test es la verificación de que el fin buscado por la norma sea legítimo e importante y la comprobación de que los medios utilizados resulten adecuados y sean conducentes para alcanzarlo.

Para el correcto análisis del caso sometido a consideración, debe recordarse que el numeral 23 del artículo 476 del Estatuto Tributario no solo tiene un efecto directo en la órbita tributaria de los sujetos destinatarios, sino que tiene la potencialidad de afectar otros derechos. Veamos:

1. Por un lado, esta norma interfiere con el libre albedrío de los potenciales clientes de las entidades financieras que ofrezcan los servicios de administración de fondos de inversión colectiva. De forma directa, el numeral 23 del citado artículo 476 genera una clara situación de arbitraje tributario, pues ni las sociedades fiduciarias ni las comisionistas de bolsa cobran IVA sobre las comisiones que reciban de sus clientes por la administración de los FIC,

10 *Ibid.*

mientras que las sociedades administradoras de inversión sí lo deben hacer a una tarifa del 19 %. Esta situación encarece los servicios que presta esta última, lo cual lleva a que los potenciales inversionistas opten por participar en FIC administrados por fiduciarias o comisionistas de bolsa en vez de acudir a las sociedades administradoras de inversión, por razones eminentemente fiscales.

2. Por otro lado, esta disposición afecta la libertad económica de la que gozan aquellas entidades financieras autorizadas para actuar en el mercado como administradoras de fondos de inversión colectiva. Resulta de una claridad meridiana que las sociedades administradoras de inversión se encuentran en franca desventaja ante sus competidores frente a la administración de dichos vehículos en virtud del arbitraje señalado en líneas anteriores. Sin embargo, no debe olvidarse que la exclusión del IVA para las comisiones por la administración de los FIC es de aplicación restringida únicamente para las sociedades fiduciarias y comisionistas de bolsa, y que omite no solo a las sociedades administradoras de inversión, sino también a las demás entidades autorizadas para la gestión y distribución de esos fondos, actividades que, como se indicó en párrafos anteriores, también se enmarcan en la *administración* de FIC.
3. Adicionalmente, nótese que esta norma vulnera también la libertad económica de las sociedades fiduciarias y comisionistas de bolsa en la medida en que les impide que deleguen en otras entidades financieras —distintas a aquellas de su misma naturaleza— las funciones de gestión y distribución de FIC, pues de hacerlo se escaparía del ámbito de la exclusión y se activaría la obligación de cobrar IVA.

> No debe olvidarse que generalmente las entidades financieras hacen parte de grupos económicos que poseen dentro de su portafolio otras compañías que podrían apoyar a las fiduciarias y comisionistas en las funciones de gestión y distribución de los FIC, lo que permitiría generar eficiencias en la operación, pero que se vería afectado por el impacto del IVA en la comisión de esa otra entidad.

Así las cosas, si bien la Corte Constitucional ha manifestado que las decisiones en materia tributaria deben ser estudiadas bajo un test de intensidad leve[11], considero que se está en el marco de una disminución ostensible de los derechos de libre albedrío de los clientes y de libertad económica de las entidades financieras, además del indicio de arbitrariedad de la norma. Como las aristas son múltiples y se compromete directamente la equidad, corresponde hacer un test de intensidad intermedia a efectos de revisar la proporcionalidad del numeral 23 del artículo 476 del Estatuto Tributario. Por lo anterior, es menester definir si el fin es legítimo y relevante, si el medio empleado es adecuado y conducente, y finalmente si se satisface un mínimo de proporcionalidad para ponderar el trato diferenciado.

Tal como se concluyó en páginas anteriores, la norma objeto de estudio no ofrece ningún fin determinado o determinable que pueda ser sometido a este análisis, pues ni la exposición de motivos ni el procedimiento legislativo revelan una razón que la justifique. De esta forma la única justificación posible se enmarca en el fin genérico, esencial y primario de los tributos como lo es la obligación de

11 CConst, C-354/2009, G. E. Mendoza Martelo, acceso el 4 de agosto del 2020, https://www.corteconstitucional.gov.co/relatoria/2009/c-354-09.htm.

contribuir con las cargas públicas del Estado dentro de un marco de equidad y justicia, lo cual se traduce en un objetivo legítimo y relevante de un estado social de derecho.

No obstante, al revisar si la medida introducida es adecuada y conducente para lograr ese fin genérico, la norma estudiada parece quedarse corta. Ciertamente la limitación de los sujetos que pueden acogerse a la exclusión del IVA en las comisiones por la administración de FIC supone un incremento —aunque imperceptible— en los ingresos tributarios que por este concepto reciba el Estado, pero no lo hace dentro un marco de equidad y justicia. Como se ha demostrado, la legislación financiera admite inequívocamente que las sociedades fiduciarias, comisionistas de bolsa y administradoras de inversión se encuentran autorizadas para administrar los fondos de inversión colectiva, y que pueden actuar dentro de un mismo mercado y atender las mismas necesidades mediante un vehículo financiero homogéneo en cada caso. En otras palabras, el servicio que prestan las tres entidades antes mencionadas presenta características absolutamente idénticas en cada caso, por lo que no se vislumbra ninguna razón para que el tratamiento que reciban desde el punto de vista tributario sea diferente.

Es oportuno acudir nuevamente a la posición fijada por la Corte Constitucional en Sentencia C-183 de 1998, al manifestar lo siguiente:

> Toda subvención, exoneración o beneficio fiscal, en cuanto abarca sólo a un grupo de contribuyentes actuales o potenciales, en cierta medida afecta el principio de igualdad, el cual representa el más importante límite del poder tributario estatal. Sin embargo, *la afectación de la igualdad traspasa el umbral de la normalidad cuando dicha subvención, exoneración o beneficio se niega a un contribuyente*

> *que se encuentra en la misma situación formal que la de los destinatarios de la norma favorable.* [...]
>
> La igualdad impone la necesidad de acatar como regla tributaria básica la generalidad del tributo. Si al margen de los contribuyentes se coloca a aquellas personas que carecen de capacidad contributiva, todos los demás ciudadanos, según su poder económico y en los términos de la ley, quedan sujetos al mismo deber de concurrir al levantamiento de las cargas públicas. *El privilegio en la ley y en la aplicación de la ley, resulta definitivamente proscrito, pues el poder tributario se fundamenta en la justicia y en la equidad* [énfasis añadido][12].

Ahora bien, no debe perderse de vista el carácter real y objetivo que tiene el impuesto a las ventas, el cual se verifica con la simple revisión del artículo 420 y siguientes del Estatuto Tributario. Allí se observa que los hechos generadores del impuesto —venta, prestación de servicios e importación— se encuentran asociados a elementos objetivos y no a las calidades personales particulares propias del sujeto pasivo, pues lo que se busca es gravar operaciones. Es por ello que la disposición contenida en el numeral 23 del artículo 476 del Estatuto Tributario comporta un problema desde su concepción, pues al incorporar una exclusión al IVA tomando en consideración las características subjetivas de quien presta el servicio de administración de FIC, se deforma la lógica misma del impuesto. Si la voluntad del legislador era la de incentivar la utilización de estos fondos, la exclusión debió hacer referencia a las comisiones que se percibieran por la administración de los FIC, independientemente de quien la prestara, pues la

12 CConst, C-183, mayo 6/98, E. Cifuentes Muñoz.

legislación financiera ya se había encargado de calificar a los sujetos autorizados para realizar dichas operaciones.

Finalmente, es importante insistir en que la norma, tal como está redactada actualmente, impide que aquellas entidades en las cuales deleguen las actividades de gestión y distribución las sociedades administradoras de fondos de inversión colectiva —sociedades fiduciarias, comisionistas de bolsa y administradoras de inversión—, puedan acceder a la exclusión, a pesar de que dichas funciones son parte integral de la actividad de administración de FIC. Precisamente, esta anomalía se deriva del mismo error presente en la norma al *subjetivar* la exclusión del IVA y condicionar la percepción de la comisión de administración por unos sujetos específicos, pues, se reitera, la exclusión debería aplicar al *servicio* de administración y no en atención al ropaje del receptor de la comisión.

En definitiva, luego de efectuar un test intermedio de constitucionalidad, se debe concluir que la medida adoptada por el legislador atenta contra el principio de equidad y libertad económica sin que se vislumbre alguna justificación para ello, lo cual vulnera los derechos de las entidades financieras que se encuentran autorizadas para administrar FIC.

Las omisiones legislativas y las sentencias integradoras

La jurisprudencia constitucional ha sido rica en aportar elementos para abordar casos en los cuales el cargo de inconstitucionalidad de las normas demandadas radique en omisiones que haya cometido el Congreso al momento de ejercer sus funciones legislativas. Para este efecto, la Corte Constitucional ha establecido una primera distinción entre las omisiones legislativas *absolutas* y aquellas que se reputan como *relativas*. La primera de ellas supone la falta de regulación por parte del legislador de un asunto particular, mientras que la segunda presupone la existencia de una norma específica que haya regulado de forma imperfecta o incompleta un asunto y que con ello se afecte de alguna manera un derecho constitucionalmente protegido[13]. Por sustracción de materia, resulta apenas lógico que los juicios de constitucionalidad solo puedan versar sobre casos de omisiones legislativas relativas y no sobre las absolutas, pues en este último escenario no existe un texto normativo sobre el cual se pueda predicar la exequibilidad o inexequibilidad y así se ha reconocido, por ejemplo, en la Sentencia C-314 del 2009.

Adicionalmente, esa corporación ha decantado cada vez más los requisitos necesarios para que los cargos de omisiones legislativas relativas superen el examen de aptitud mínimo para que puedan ser estudiados por la Corte. De esa forma, en la Sentencia C-179 del 2014 se recogieron los requerimientos mínimos exigidos por ese Tribunal, los cuales son del siguiente tenor:

> (a) la existencia de una norma respecto de la cual se pueda predicar necesariamente el cargo por inconstitucionalidad; (b) la exclusión de las consecuencias jurídicas de

13 En Sentencia C-739 del 2006, la Corte explicó que una omisión "es relativa cuando se vincula con un aspecto puntual dentro de una normatividad específica; pero aquella se vuelve constitucionalmente reprochable si se predica de un elemento que, por razones lógicas o jurídicas —específicamente por razones constitucionales—, debería estar incluido en el sistema normativo de que se trata, de modo que su ausencia constituye una imperfección del régimen que lo hace inequitativo, inoperante o ineficiente". Véase CConst, C-739/2006, acceso el 4 de agosto del 2020, https://www.corteconstitucional.gov.co/relatoria/2010/T-180A-10.htm.

> la norma de aquellos casos o situaciones análogas a las reguladas por la norma, que por ser asimilables, debían de estar contenidos en el texto normativo cuestionado, o la omisión en el precepto demandado de un ingrediente o condición que, de acuerdo con la Constitución, resulta esencial para armonizar el texto legal con los mandatos de la Carta; (c) la inexistencia de un principio de razón suficiente que justifique la exclusión de los casos, situaciones, condiciones o ingredientes que debían estar regulados por el precepto en cuestión; (d) la generación de una desigualdad negativa para los casos o situaciones excluidas de la regulación legal acusada, frente a los casos y situaciones que se encuentran regulados por la norma y amparados por las consecuencias de la misma, y por consiguiente la vulneración del principio de igualdad, en razón a la falta de justificación y objetividad del trato desigual; y (e) la existencia de un deber específico y concreto de orden constitucional impuesto al legislador para regular una materia frente a sujetos y situaciones determinadas, y por consiguiente la configuración de un incumplimiento, de un deber específico impuesto por el constituyente al legislador.

Tomando en consideración que existe efectivamente una norma tributaria sobre la cual se puede realizar un estudio de constitucionalidad, se verifica la condición de existencia de una omisión legislativa relativa. Sin embargo, resulta imperativo comprobar los demás requisitos que fueron transcritos en líneas anteriores para la configuración de este cargo. Así pues, se tiene lo siguiente:

1. El numeral 23 del artículo 476 del Estatuto Tributario es una norma que se encuentra efectivamente incorporada en el ordenamiento jurídico.
2. Tal como se demostró en el acápite anterior, la exclusión del IVA en las comisiones por la administración

de FIC solo resulta aplicable a sociedades fiduciarias y comisionistas de bolsa que administren estos vehículos y no a la totalidad de entidades financieras debidamente autorizadas para realizar esta actividad.

3. Verificados los objetivos de la norma no se encuentra una justificación constitucionalmente válida que sustente la excepción señalada en el literal anterior.
4. A pesar de que la actividad de administración de los fondos de inversión colectiva que realizan las sociedades fiduciarias, comisionistas de bolsa y administradoras de inversión son material y formalmente idénticas, la norma solo excluye del IVA a las comisiones de las primeras dos, dejando por fuera a las últimas y obligándolas a liquidar el impuesto a las ventas sobre sus comisiones, lo cual vulnera abiertamente el principio de equidad.
5. El sistema tributario, tal como lo indica el artículo 95-9 de la Constitución Política, se fundamenta en los principios de equidad y justicia, entre otros preceptos que debe seguir el legislador en materia fiscal.

Ahora bien, si del análisis efectuado por la Corte se vislumbra la existencia de una omisión legislativa relativa y se determina la existencia de un nexo causal directo entre esta y una vulneración a un precepto constitucional sin ningún tipo de justificación, dicha Corporación ha manifestado que, de acuerdo con las necesidades particulares de cada caso, podría optar por expedir una sentencia de constitucionalidad ordinaria o por proferir una sentencia integradora. Recientemente, la Corte[14] retomó el sustento

14 CConst, C-010/2018, G. S. Ortiz Delgado, acceso el 4 de agosto del 2020, https://www.corteconstitucional.gov.co/relatoria/2018/C-010-18.htm.

y el alcance de este último tipo de providencias y expresó lo siguiente:

> [En las sentencias integradoras] el juez constitucional "proyecta los mandatos constitucionales en la legislación ordinaria, para de esa manera integrar aparentes vacíos normativos o hacer frente a las inevitables indeterminaciones del orden legal". Estas sentencias pueden ser interpretativas, aditivas o sustitutivas y "encuentran fundamento en el carácter normativo de la Carta Política (C.P. art. 4°) y en los principios de efectividad (C.P. art. 2°) y conservación del derecho (C.P. art. 241), llamados a gobernar el ejercicio del control de constitucionalidad", ya que facilitan la labor de "mantener vigente en el ordenamiento jurídico la norma que ofrece insuficiencias desde la perspectiva constitucional, en el sentido que le permite al órgano de control constitucional ajustar su contenido a los mandatos superiores parcialmente ignorados por el legislador".

Tomando en cuenta lo anterior, es posible acudir a este tipo de fallos aditivos para remediar la situación de inconstitucionalidad descrita a lo largo de este documento. Es claro que el reproche al numeral 23 del artículo 476 del Estatuto Tributario se fundamenta en que otorga una exclusión del IVA a las comisiones percibidas por la administración de FIC a ciertas entidades financieras y no a todas aquellas que se encuentran autorizadas para prestar dicho servicio. De esta forma la Corte Constitucional, en vez de declarar la inexequibilidad de la norma estudiada y eliminar la exclusión de forma total, optaría por ampliar el abanico de entidades que pueden hacer uso de la exclusión de IVA allí planteada.

Esta solución no resulta extraña dentro de la jurisprudencia constitucional general[15] y ha sido utilizada incluso en casos de índole tributaria[16], por lo cual se erige como un mecanismo apropiado para corregir este tipo de situaciones en las cuales se afecta la equidad del sistema tributario mediante la diferenciación caprichosa realizada por el legislador en la norma objeto de estudio.

Tomando en consideración la situación jurídica y fáctica planteada, y contrastándola con la posición que ha fijado la Corte Constitucional en situaciones asimilables en una u otra medida, considero que existen dos estrategias para la solución del problema planteado, a saber:

1. Presentar una demanda ante la Corte Constitucional en ejercicio de la acción pública de inconstitucionalidad en contra del numeral 23 del artículo 476 del Estatuto Tributario, en la que se demuestre que allí existe una omisión legislativa relativa

15 CConst, C-314/2009, N. Pinilla Pinilla; CConst, C-351/2013, J. I. Pretelt Chaljub, acceso el 4 de agosto del 2020, https://www.corteconstitucional.gov.co/relatoria/2013/C-351-13.htm; CConst, C-871/2014, M. V. Calle Correa, acçeso el 4 de agosto del 2020, https://www.corteconstitucional.gov.co/relatoria/2014/C-871-14.htm; CConst, C-586/2014, M. V. Calle Correa, acceso el 4 de agosto del 2020, https://www.corteconstitucional.gov.co/relatoria/2014/C-586-14.htm; y CConst, C-505/2014, J. I. Pretelt Chaljub, acceso el 4 de agosto del 2020, https://www.corteconstitucional.gov.co/relatoria/2014/C-505-14.htm, entre otras.

16 CConst, C-183/1998, E. Cifuentes Muñoz; CConst, C-314/2009, N. Pinilla Pinilla; CConst, C-831/2010, N. Pinilla Pinilla, acceso el 4 de agosto del 2020, https://www.corteconstitucional.gov.co/RELATORIA/2010/C-831-10.htm; y CConst, C-010/2018, G. S. Ortiz Delgado, acceso el 4 de agosto del 2020, https://www.corteconstitucional.gov.co/relatoria/2018/C-010-18.htm.

mediante la cual se viola el principio de equidad y justicia.

2. Promover una modificación por vía legislativa del numeral 23 del artículo 476 del Estatuto Tributario por medio de la cual se excluyan del IVA las comisiones percibidas por concepto de administración de los fondos de inversión colectiva, sin hacer referencia al tipo de entidad administradora.

Sin embargo, dada la complejidad y dificultad asociada a la inclusión de una norma de carácter tributario en el sistema jurídico actual, se optará por desarrollar la demanda de inconstitucionalidad a la cual se hace referencia en el numeral 1°, en los términos desarrollados en el siguiente acápite.

PROPUESTAS DE IMPACTO O MEJORA

Demanda de inconstitucionalidad

Bogotá, 10 de mayo del 2019

Honorables Magistrados
Corte Constitucional (Reparto)
E. S. D.

Andrés Guevara González, mayor de edad, ciudadano colombiano, domiciliado en Bogotá e identificado con cédula de ciudadanía n.° 12.345.678 de Medellín (Antioquia), me dirijo con todo respeto a esta Honorable Corte con el fin de interponer ACCIÓN PÚBLICA DE INCONSTITUCIONALIDAD para solicitar que se declare la inexequibilidad del numeral 23 del artículo 476 del Estatuto Tributario

Nacional (adoptado mediante el Decreto 624 de 1989), por los hechos y razones que se exponen a continuación.

Norma acusada

Se trata del aparte en cursivas del numeral 23 del artículo 476 del Estatuto Tributario Nacional, mediante el cual se excluyen del IVA las comisiones percibidas por las sociedades fiduciarias y comisionistas de bolsa, por la administración de fondos de inversión colectiva, así:

> Artículo 476. Servicios excluidos del Impuesto a las Ventas (IVA). Se exceptúan del impuesto los siguientes servicios y bienes relacionados: [...]
> 23. Las comisiones percibidas *por las sociedades fiduciarias y comisionistas de bolsa* por la administración de fondos de inversión colectiva.

Normas constitucionales violadas

Violación a los artículos 13 y 363 de la Constitución política que consagran los principios de igualdad y equidad en materia tributaria

Los fondos de inversión colectiva o FIC, de acuerdo con el artículo 3.1.1.2.1. del Decreto 1242 del 2013, se definen como "todo mecanismo o vehículo de captación o administración de sumas de dinero u otros activos, integrado con el aporte de un número plural de personas determinables una vez el fondo entre en operación, recursos que serán gestionados de manera colectiva para obtener resultados económicos también colectivos". Adicionalmente, el mismo decreto señala lo siguiente:

> Artículo 3.1.1.1.1. Sociedades autorizadas y ámbito de aplicación. Los Fondos de Inversión Colectiva previstos en esta Parte *sólo podrán ser administrados por sociedades comisionistas de bolsa de valores, sociedades fiduciarias y sociedades administradoras de inversión*, las cuales en lo relativo a Fondos de Inversión Colectiva se denominarán genéricamente sociedades administradoras de Fondos de Inversión Colectiva. Las sociedades mencionadas, en relación con la administración de Fondos de Inversión Colectiva, únicamente estarán sujetas a lo previsto en esta parte [énfasis añadido].

Este decreto también reglamentó de forma puntual la administración, gestión y distribución de los fondos de inversión colectiva, segregando la función de *administración* de los fondos de inversión colectiva en las actividades individuales de (1) gestión, (2) distribución y (3) custodia, identificando de forma específica cada una de ellas y su alcance. Es decir, para la legislación financiera resulta claro que la función de administración no solo incluye la actividad de administrar, sino también la de gestionar los fondos y distribuir las utilidades logradas entre los partícipes.

De igual forma, el Decreto 1242 reconoció que las actividades de gestión o distribución pueden ser realizadas por agentes diferentes a sociedades comisionistas de bolsa, sociedades fiduciarias y sociedades de administración de inversiones, siempre y cuando se encuentren autorizados para tal efecto. Así lo dispuso mediante el artículo 3.1.1.1.9 en el que se expresó lo siguiente:

> Artículo 3.1.1.1.9. Extensión de principios. Cuando las actividades de gestión o distribución de los fondos de inversión colectiva sean desarrolladas por parte de entidades autorizadas para realizar dichas

actividades, diferentes a la sociedad administradora de fondos de inversión colectiva, tales entidades en el desarrollo de dichas actividades deberán aplicar en los mismos términos los principios y deberes mencionados en los artículos anteriores.

De esta forma se permitió expresamente que la actividad de distribución de los FIC pudiera ser realizada por entidades diferentes a las sociedades administradoras de dichos fondos, siempre y cuando se encuentren autorizadas previamente por la Superintendencia Financiera de Colombia para tales efectos. En este escenario, la entidad autorizada deberá acoger y guiarse bajo los mismos parámetros señalados en el citado Decreto o en las normas que lo modifiquen o sustituyan.

De las anteriores disposiciones se puede concluir lo siguiente:

1. Solo están autorizadas para administrar FIC las sociedades fiduciarias, comisionistas de bolsa y administradoras de inversión.
2. La actividad de administración incluye también las funciones de gestión y distribución.
3. Las funciones de gestión y distribución de los FIC pueden ser delegadas a terceros distintos de sociedades fiduciarias, comisionistas de bolsa o administradoras de inversión.

Estas conclusiones resultan de la mayor trascendencia al momento de contrastar las normas financieras con las disposiciones tributarias, particularmente con el artículo 10 de la Ley 1943 del 2018 que introdujo el numeral 23 al artículo 476 del Estatuto Tributario para efectos de regular la exclusión del IVA de las comisiones causadas por la administración de fondos de inversión colectiva. Dicha exclusión quedó expresada de la siguiente forma:

> Artículo 476. Servicios excluidos del Impuesto a las Ventas (IVA). Se exceptúan del impuesto los siguientes servicios y bienes relacionados: [...]
> 23. Las comisiones percibidas por las *sociedades fiduciarias y comisionistas de bolsa* por la administración de fondos de inversión colectiva [énfasis añadido].

De la simple lectura de esta norma se observa que las únicas entidades financieras que se encuentran cobijadas por la exclusión del Impuesto al valor agregado sobre las comisiones que se generen a su favor por la administración de los FIC son las sociedades fiduciarias y las comisionistas de bolsa. Con esta medida el legislador decidió —consciente o inconscientemente— otorgar la referida exclusión únicamente a estas entidades y dejó por fuera a otras que también se encuentran autorizadas para prestar dicho servicio. Esta situación atenta, *prima facie*, contra el principio de igualdad o equidad en materia tributaria al generar los siguientes efectos:

1. A pesar de estar autorizadas para administrar fondos de inversión colectiva —al igual que las fiduciarias y comisionistas de bolsa—, las sociedades administradoras de inversión no se encuentran incluidas dentro de la exclusión de IVA sobre las comisiones que cobren por este concepto;
2. Las funciones de gestión y distribución de los FIC que realicen terceros debidamente autorizados por la Superintendencia Financiera también son consideradas como parte de la actividad de *administración* de estos fondos y causarán comisiones por este concepto. Sin embargo, el artículo 476 del Estatuto Tributario no las excluye del impuesto sobre las ventas.

El artículo 13 de la Constitución Política consagra el derecho fundamental a la igualdad de la siguiente manera:

> Artículo 13. *Todas las personas nacen libres e iguales ante la ley, recibirán la misma protección y trato de las autoridades y gozarán de los mismos derechos, libertades y oportunidades sin ninguna discriminación* por razones de sexo, raza, origen nacional o familiar, lengua, religión, opinión política o filosófica.
> *El Estado promoverá las condiciones para que la igualdad sea real y efectiva* .... [énfasis añadido].

El mandato constitucional de la igualdad representa uno de los pilares de todo estado social de derecho e impone al Estado el deber de garantizar a todos los individuos los mismos derechos, la misma protección y el mismo trato ante las autoridades, sin discriminación alguna.

La igualdad tiene una doble concepción en la Constitución Política, toda vez que es tratada como principio y como derecho, y así lo ha reconocido la Corte Constitucional. Por un lado, la reconoce como un principio de obligatorio cumplimiento. En específico manifiesta que este "*implica un deber de obligatorio cumplimiento para las autoridades, y en especial, para el legislador cuando configura el derecho y fija las directrices necesarias para estructurar las políticas públicas porque es una regla de justicia elemental y se proyecta para definir la forma de estado*" [énfasis añadido][17].

17 CConst, C-862/2008, M. G. Monroy Cabra, acceso el 4 de agosto del 2020, https://www.corteconstitucional.gov.co/relatoria/2008/C-862-08.htm.

Por otro lado, al tomarlo como un derecho, lo caracteriza bajo su elemento subjetivo que se concreta en la prohibición de establecer situaciones jurídicas o fácticas que propendan por la discriminación de un sujeto o grupo de sujetos. Resulta pertinente señalar que tal como esta Corporación lo ha reconocido "*la correcta aplicación del derecho a la igualdad no sólo supone la igualdad de trato respecto de los privilegios, oportunidades y cargas entre los iguales, sino también el tratamiento desigual entre supuestos disímiles*". Es claro que la Constitución no prohíbe el trato desigual, sino el trato discriminatorio porque de hecho el trato distinto puede ser obligatorio para ciertos supuestos, siendo "*el trato discriminatorio aquel que establece diferencias sin justificación constitucionalmente válida*" [énfasis añadido][18].

Adentrándonos en el alcance del principio de igualdad delimitado por la Corte Constitucional es importante retomar lo manifestado en Sentencia C-339 de 1996 en la que acertadamente precisó que "*el principio de igualdad* no le impide al legislador reconocer entre las personas, distinciones legítimas, sino que *inadmite tratos desiguales que sean irracionales, esto es, que no contengan una justificación objetiva y razonable, o no guarden proporcionalidad entre los hechos que le sirven de causa a la norma y los fines que ésta persigue*" [énfasis añadido].

Con base en la posición fijada por la honorable Corte Constitucional frente al mandato a la igualdad, es evidente que solo aquellos tratos disímiles que no encuentran una justificación constitucional son los que violan el derecho a la igualdad. Y esta lógica resulta plenamente aplicable al sistema tributario y así también ha sido reconocido por esta Corporación en Sentencia C-032 del

18 *Ibid.*

2005 en la que manifestó que el principio de equidad al que hace referencia el artículo 338 de la Constitución es la expresión misma del principio de igualdad contenido en el artículo 13 superior aplicado expresamente al ámbito tributario.

En el sistema tributario no resulta extraño que el legislador establezca tratamientos favorables ni que los mecanismos de exenciones, exclusiones o situaciones de no imposición sean vedados, sino que ante su presencia se exige la revelación de una justificación lo suficientemente poderosa para admitir su permanencia en el ordenamiento jurídico. La Corte, en Sentencia C-183 de 1998, sostuvo lo siguiente, a propósito de esta exigencia:

> La Corte no excluye que algunas exenciones o beneficios fiscales tengan una justificación atendible y puedan por lo tanto adoptarse. Lo que se quiere significar es que sólo pueden introducirse como instrumentos dirigidos a configurar materialmente la carga tributaria de manera técnica, justa y equitativa. Por el contrario, cuando la exención o beneficio fiscal, no tiene razón de ser distinta de la mera acepción de personas, ella se presenta *contraria a la generalidad del tributo y, frente a los obligados que se encuentran en la misma relación con el hecho imponible, como clara afrenta al principio de igualdad en la carga tributaria* [énfasis añadido].

Ahora bien, como característica inescindible del principio de equidad encontramos la generalidad del tributo. Esta regla, como su nombre lo sugiere, establece que aquellos sujetos que se encuentren en las mismas condiciones objetivas y subjetivas establecidas en la norma tributaria deben contribuir en la misma proporción; o dicho de otra forma, las cargas que asume uno y otro deben ser iguales, toda vez que la norma los permea de idéntica forma. Bajo este escenario resulta claro que los privilegios en materia tributaria son improcedentes en la medida en que atentarían contra el principio de equidad y la regla de generalidad de los tributos. Resulta fundamental entonces establecer en primer lugar cuál es la finalidad que sustenta la diferenciación introducida en el numeral 23 del artículo 476 del Estatuto Tributario, para examinar luego la solidez de dicha justificación a la luz de la jurisprudencia constitucional.

Naturalmente, para encontrar las finalidades específicas detrás de una disposición normativa particular, se debe adelantar un estudio del trámite legislativo surtido previamente. En el caso específico de la Ley 1943 del 2018 se debe recurrir, en primera instancia, al proyecto de ley[19] y la correspondiente exposición de motivos que fueron presentados por el Ministro de Hacienda y Crédito Público ante la Comisión Tercera de la Cámara de Representantes del Congreso de la República. Luego de revisar su contenido se observa que en dicho proyecto el Gobierno no contempló la exclusión del IVA en la comisión de ninguna entidad financiera por la administración de los fondos de inversión colectiva, es decir, se derogaba tácitamente el numeral 3° del artículo 476 del Estatuto Tributario tal como se encontraba vigente en ese entonces y dichas operaciones pasaban a estar gravadas con el impuesto a las ventas. Así las cosas, por simple sustracción de materia, la exposición de motivos no se constituye como un elemento idóneo para hallar el fin de la

19 Proyecto de ley n.° 240/2018C (Cámara de Representantes) y 197/2018S (Senado) "Por la cual se expiden normas de financiamiento para el restablecimiento del equilibrio del presupuesto nacional y se dictan otras disposiciones".

norma, tal como quedó a partir de la entrada en vigencia de la referida Ley 1943.

Al continuar con la búsqueda, se debe acudir al procedimiento legislativo surtido en el Congreso para encontrar el momento y las razones que impulsaron la inclusión de esta disposición en la Ley de financiamiento. Así pues, al revisar la *Gaceta del Congreso* n.º 1048 de 28 de noviembre del 2018 en la que se encuentra el informe de ponencia para primer debate en las Comisiones Terceras y Cuartas conjuntas de Senado y Cámara, se puede identificar el momento preciso en que se incluyó la exclusión de IVA para las comisiones por la administración de los FIC. Dentro del resumen de actuaciones surtidas se observa que el señor representante John Jairo Roldán Avendaño, junto con otros congresistas, formularon la siguiente proposición para adicionar el artículo 11 del proyecto de ley que buscaba modificar el artículo 476 del Estatuto Tributario, así:

> Adicionar que estarán excluidos de IVA los siguientes servicios: (i) *comisiones percibidas por sociedades fiduciarias, comisionistas de bolsa, sociedades administradoras de inversión* por la administración de los fondos de inversión colectiva; (ii) comisiones pagadas por servicios prestados en procesos de titularización de activos a través de universalidades y patrimonios autónomos; y (iii) compra y venta de divisas, y operaciones cambiarias sobre instrumentos derivados financieros [énfasis añadido].

A pesar de que queda constancia de la proposición radicada ante la Secretaría de las Comisiones, la justificación ofrecida en esa instancia no es incluida en el informe e imposibilita acudir a ella. Sin embargo, resulta fundamental llamar la atención sobre el hecho de que la proposición inicial contemplaba excluir del IVA a las comisiones que percibieran no solo las sociedades fiduciarias y comisionistas de bolsa, sino también a las sociedades administradoras de inversión por la administración de los FIC. En efecto, esta disposición acogía expresamente a los tres tipos de entidades autorizadas para fungir como sociedades administradoras de fondos de inversión colectiva, de acuerdo con lo dispuesto en el Decreto 1242 del 2013, a pesar de que no incluye a las demás entidades que desarrollarán las funciones de gestión y distribución de los FIC.

No obstante, luego de las discusiones sostenidas y la depuración de la miríada de proposiciones, los congresistas optaron por modificar el artículo 11 del proyecto de Ley que modificaba el artículo 476 del Estatuto Tributario, en lo referido a la exclusión de las comisiones, así:

> Artículo 11. [...] Finalmente se incluyen en este artículo [476 del Estatuto Tributario] (i) las comisiones percibidas por las sociedades fiduciarias y comisionistas de bolsa por la administración de los fondos comunes.

Así las cosas, a partir de ese momento se acogió la redacción allí propuesta para efectos de la exclusión del IVA, la cual únicamente sufrió una modificación posterior cuando el señor senador David Barguil intervino en la sesión conjunta de 4 de diciembre del 2018 —Acta n.º 6 de la Cámara— en la que solicitó cambiar la expresión "*fondos comunes*" por la de "*fondos de inversión colectiva*". Sin mayor esfuerzo se observa que si bien la proposición inicialmente incluía a las sociedades administradoras de inversión, la redacción final del artículo las excluyó sin ninguna razón visible o al menos ninguna que haya quedado registrada en las actas publicadas por la Cámara y el Senado ni en la *Gaceta del Congreso*. Luego de hacer una revisión exhaustiva del procedimiento legislativo que la Ley 1943 del 2018 surtió, resulta claro que la eliminación de las sociedades administradoras de inversión y la no inclusión de las demás entidades autorizadas para gestionar y distribuir FIC para la exclusión del IVA contenida en el numeral 23 del artículo 476 del Estatuto no obedeció a ningún objetivo fiscal o extrafiscal, sino a un mero olvido o quizás a un capricho que busca otorgar un tratamiento preferencial a ciertos sujetos.

Si bien es propio de las facultades asignadas al legislador establecer tratamientos diferenciados en materia tributaria, esa libertad no es irrestricta. Por ello, la Corte Constitucional ha recurrido al test de proporcionalidad o razonabilidad como una metodología para evaluar si estos tratos se ajustan o no al ordenamiento jurídico, expresando que el "test de razonabilidad es una guía metodológica para dar respuesta a la tercera pregunta que debe hacerse en todo problema relacionado con el principio de igualdad: ¿Cuál es el criterio relevante para establecer un trato desigual? o, en otras palabras, ¿es razonable la justificación ofrecida para el establecimiento de un trato desigual?"[20].

Según la jurisprudencia[21] producida por la propia Corte, este juicio de proporcionalidad puede obedecer a una de tres categorías: leve, intermedia o estricta. Para ese efecto, dicha Corporación ha establecido una regla y varios criterios que permiten que un examen de constitucionalidad de una norma específica se realice con un mayor o menor grado de intensidad. En reiteradas oportunidades ha sostenido que el test que debe llevarse a cabo, como regla general, es el leve, aplicado en los casos

20 CConst, C-022/1996, C. Gaviria Díaz.

21 CConst, C-015/2014, M. González Cuervo.

de normas que se encuentran inmersas en los ámbitos económicos, tributarios y de política internacional[22]. No obstante, también se ha indicado que el test intermedio debe ser aplicado en aquellos casos en los que se pueda ver afectado un derecho no fundamental o cuando se vislumbren indicios de arbitrariedad del legislador que tenga la potencialidad de afectar la libre competencia. El objetivo de este test es la verificación de que el fin buscado por la norma sea legítimo e importante y la comprobación de que los medios utilizados resulten adecuados y sean conducentes para alcanzarlo.

Para el correcto análisis del caso sometido a consideración, debe entenderse que el numeral 23 del artículo 476 del Estatuto Tributario no solo tiene un efecto directo en la órbita tributaria de los sujetos destinatarios sino que tiene la potencialidad de afectar otros derechos. Veamos:

1. Por un lado, esta norma interfiere con el libre albedrío de los potenciales clientes de las entidades financieras que ofrezcan los servicios de administración de fondos de inversión colectiva. De forma directa, el numeral 23 del citado artículo 476 genera una clara situación de arbitraje tributario, pues ni las sociedades fiduciarias ni las comisionistas de bolsa cobran IVA sobre las comisiones que reciban de sus clientes por la administración de los FIC, mientras que las sociedades administradoras de inversión sí lo deben hacer a una tarifa del 19 %. Esta situación encarece los servicios que presta esta última lo cual lleva a que los potenciales inversionistas opten por participar en FIC administrados por fiduciarias o

22 *Ibid.*

comisionistas de bolsa en vez de acudir a las sociedades administradoras de inversión, por razones eminentemente fiscales.

2. Por otro lado, esta disposición afecta la libertad económica de la que gozan aquellas entidades financieras autorizadas para actuar en el mercado como administradoras de fondos de inversión colectiva. Resulta de una claridad meridiana que las sociedades administradoras de inversión se encuentran en franca desventaja ante sus competidores frente a la administración de dichos vehículos en virtud del arbitraje señalado en líneas anteriores. Sin embargo, no debe olvidarse que la exclusión del IVA para las comisiones por la administración de los FIC es de aplicación restringida únicamente para las sociedades fiduciarias y comisionistas de bolsa, omitiendo no solo a las sociedades administradoras de inversión, sino también a las demás entidades autorizadas para la gestión y distribución de esos fondos (actividades que como se indicó en párrafos anteriores, también se enmarcan en la *administración* de FIC).
3. Adicionalmente, nótese que esta norma vulnera también la libertad económica de las sociedades fiduciarias y comisionistas de bolsa en la medida en que les impide que deleguen en otras entidades financieras –distintas a aquellas de su misma naturaleza– las funciones de gestión y distribución de FIC, pues de hacerlo se escaparía del ámbito de la exclusión y se activaría la obligación de cobrar IVA. No debe olvidarse que generalmente las entidades financieras hacen parte de grupos económicos que poseen dentro de su portafolio otras compañías que podrían apoyar a las fiduciarias y comisionistas en las funciones de gestión

y distribución de los FIC, lo que permitiría generar eficiencias en la operación, pero que se vería afectado por el impacto del IVA en la comisión de esa otra entidad.

Así las cosas, si bien la Corte Constitucional ha manifestado que las decisiones en materia tributaria deben ser estudiadas bajo un test de intensidad leve[23], es plausible considerar que se está en el marco de una disminución ostensible de los derechos de libre albedrío de los clientes y de libertad económica de las entidades financieras, además del indicio de arbitrariedad de la norma. Como las aristas son múltiples y se compromete directamente la equidad, corresponde hacer un test de intensidad intermedia a efectos de revisar la proporcionalidad del numeral 23 del artículo 476 del Estatuto Tributario. Por lo anterior, es menester definir si el fin es legítimo y relevante, si el medio empleado es adecuado y conducente, y finalmente si se satisface un mínimo de proporcionalidad para ponderar el trato diferenciado.

Tal como se concluyó en páginas anteriores, la norma objeto de estudio no ofrece ningún fin determinado o determinable que pueda ser sometido a este análisis, pues ni la exposición de motivos ni el procedimiento legislativo revelan una razón que la justifique. De esta forma la única justificación posible se enmarca en el fin genérico, esencial y primario de los tributos como lo es la obligación de contribuir con las cargas públicas del Estado dentro de un marco de equidad y justicia, lo cual se traduce en un objetivo legítimo y relevante de un estado social de derecho.

23 CConst, C-354/2009, G. E. Mendoza Martelo.

No obstante, al revisar si la medida introducida es adecuada y conducente para lograr ese fin genérico, la norma estudiada parece quedarse corta. Ciertamente la limitación de los sujetos que pueden acogerse a la exclusión del IVA en las comisiones por la administración de FIC supone un incremento —aunque imperceptible— en los ingresos tributarios que por este concepto reciba el Estado, pero no lo hace dentro un marco de equidad y justicia. Como se ha demostrado, la legislación financiera admite inequívocamente que las sociedades fiduciarias, comisionistas de bolsa y administradoras de inversión se encuentran autorizadas para administrar los fondos de inversión colectiva, pudiendo actuar dentro de un mismo mercado y atendiendo las mismas necesidades mediante un vehículo financiero homogéneo en cada caso. En otras palabras, el servicio que prestan las tres entidades antes mencionadas presenta características idénticas en cada caso, por lo que no se vislumbra ninguna razón para que el tratamiento que reciban desde el punto de vista tributario sea diferente.

Es oportuno acudir nuevamente a la posición fijada por la Corte Constitucional en Sentencia C-183 de 1998, al manifestar lo siguiente:

> Toda subvención, exoneración o beneficio fiscal, en cuanto abarca sólo a un grupo de contribuyentes actuales o potenciales, en cierta medida afecta el principio de igualdad, el cual representa el más importante límite del poder tributario estatal. Sin embargo, *la afectación de la igualdad traspasa el umbral de la normalidad cuando dicha subvención, exoneración o beneficio se niega a un contribuyente que se encuentra en la misma situación formal que la de los destinatarios de la norma favorable*. [...]

> La igualdad impone la necesidad de acatar como regla tributaria básica la generalidad del tributo. Si al margen de los contribuyentes se coloca a aquellas personas que carecen de capacidad contributiva, todos los demás ciudadanos, según su poder económico y en los términos de la ley, quedan sujetos al mismo deber de concurrir al levantamiento de las cargas públicas. *El privilegio en la ley y en la aplicación de la ley, resulta definitivamente proscrito, pues el poder tributario se fundamenta en la justicia y en la equidad* [énfasis añadido].

Ahora bien, no debe perderse de vista el carácter real y objetivo que tiene el impuesto a las ventas, el cual se verifica con la simple revisión del artículo 420 y siguientes del Estatuto Tributario. Allí se observa que los hechos generadores del impuesto —venta, prestación de servicios e importación— se encuentran asociados a elementos objetivos y no a las calidades personales particulares propios del sujeto pasivo (económico o jurídico), pues lo que se busca es gravar operaciones. Es por ello que la disposición contenida en el numeral 23 del artículo 476 del Estatuto Tributario comporta un problema desde su concepción, pues al incorporar una exclusión al IVA tomando en consideración las características subjetivas de quien presta el servicio de administración de FIC se deforma la lógica misma del impuesto. Si la voluntad del legislador era la de incentivar la utilización de estos fondos como vehículos de ahorro, la exclusión debió hacer referencia a las comisiones que se percibieran por la administración de los FIC, independientemente de quien prestara el servicio, pues la legislación financiera ya se había encargado de calificar a los sujetos autorizados para realizar dichas operaciones.

Finalmente, es importante insistir en que la norma, tal como está redactada actualmente, impide que aquellas entidades en las cuales las sociedades administradoras de fondos de inversión colectiva (sociedades fiduciarias, comisionistas de bolsa y administradoras de inversión) deleguen las actividades de gestión y distribución, pueden acceder a la exclusión, a pesar de que dichas funciones son parte integral de la actividad de administración de FIC. Precisamente, esta anomalía se deriva del mismo error presente en la norma al *subjetivar* la exclusión del IVA y condicionar la percepción de la comisión de administración por unos sujetos específicos, pues, se reitera, la exclusión debería aplicar al *servicio* de administración y no en atención al ropaje del receptor de la comisión.

En definitiva, luego de efectuar un test intermedio de constitucionalidad, se debe concluir que la medida adoptada por el legislador atenta contra el principio de equidad y libertad económica sin que se vislumbre alguna justificación para ello, lo cual vulnera los derechos de las entidades financieras que se encuentran autorizadas para administrar FIC.

Omisión legislativa relativa

La jurisprudencia constitucional ha sido rica en aportar elementos para abordar casos en los cuales el cargo de inconstitucionalidad de las normas demandadas radique en omisiones que haya cometido el Congreso al momento de ejercer sus funciones legislativas, siempre y cuando estas sean relativas. A juicio del actor la norma del Estatuto Tributario sometida a juicio reguló de forma imperfecta o incompleta la exclusión del IVA para las comisiones percibidas por la administración de fondos de inversión colectiva y con ello afectó directamente el derecho a la equidad en materia tributaria[24].

Adicionalmente, esa Corporación ha decantado cada vez más los requisitos necesarios para que los cargos de omisiones legislativas relativas superen el examen de aptitud mínimo con el fin de que puedan ser estudiados por la Corte. De esa forma, en la Sentencia C-179 del 2014 se recogieron los requerimientos mínimos exigidos por ese Tribunal, los cuales son del siguiente tenor:

> (a) la existencia de una norma respecto de la cual se pueda predicar necesariamente el cargo por inconstitucionalidad; (b) la exclusión de las consecuencias jurídicas de la norma de aquellos casos o situaciones análogas a las reguladas por la norma, que por ser asimilables, debían de estar contenidos en el texto normativo cuestionado, o la omisión en el precepto demandado de un ingrediente o condición que, de acuerdo con la Constitución, resulta esencial para armonizar el texto legal con los mandatos de la Carta; (c) la inexistencia de un principio de razón suficiente que justifique la exclusión de los casos, situaciones, condiciones o ingredientes que debían estar regulados por el precepto en cuestión; (d) la generación de una desigualdad negativa para los casos o situaciones excluidas de la regulación legal acusada, frente a

24 En Sentencia C-739 del 2006, la Corte explicó que una omisión "es relativa cuando se vincula con un aspecto puntual dentro de una normatividad específica; pero aquella se vuelve constitucionalmente reprochable si se predica de un elemento que, por razones lógicas o jurídicas —específicamente por razones constitucionales—, debería estar incluido en el sistema normativo de que se trata, de modo que su ausencia constituye una imperfección del régimen que lo hace inequitativo, inoperante o ineficiente".

los casos y situaciones que se encuentran regulados por la norma y amparados por las consecuencias de la misma, y por consiguiente la vulneración del principio de igualdad, en razón a la falta de justificación y objetividad del trato desigual; y (e) la existencia de un deber específico y concreto de orden constitucional impuesto al legislador para regular una materia frente a sujetos y situaciones determinadas, y por consiguiente la configuración de un incumplimiento, de un deber específico impuesto por el constituyente al legislador.

Tomando en consideración la carga argumentativa impuesta por la Corte para sustentar adecuadamente el cargo de omisión legislativa relativa, se efectuará el siguiente análisis:

1. Efectivamente existe una disposición normativa sobre la cual se puede efectuar el juicio de constitucionalidad; el numeral 23 del artículo 476 del Estatuto Tributario es una norma que se encuentra incorporada en el ordenamiento jurídico.
2. Tal como se demostró en el acápite anterior, la exclusión del IVA en las comisiones por la administración de FIC solo resulta aplicable a sociedades fiduciarias y comisionistas de bolsa que administren estos vehículos y no a la totalidad de entidades financieras debidamente autorizadas para realizar esta actividad, a pesar de que poseen las mismas características funcionales y materiales para la administración de los fondos de inversión colectiva, además de que prestan idéntico servicio.
3. Una vez verificados los antecedentes y el contexto de la norma demandada no se encuentra una justificación constitucionalmente válida que

sustente el tratamiento preferencial para las sociedades fiduciarias y comisionistas de bolsa, ni la discriminación ante las sociedades administradoras de inversión y demás entidades autorizadas para ejercer las funciones de gestión y distribución de FIC.

4. A pesar de que la actividad de administración de los fondos de inversión colectiva que realizan las sociedades fiduciarias, comisionistas de bolsa y administradoras de inversión son material y formalmente idénticas, la norma solo excluye del IVA a las comisiones de las primeras dos, dejando por fuera a las últimas —además de aquellas otras autorizadas para ejercer las funciones de gestión y distribución de FIC—, y obligándolas a liquidar el Impuesto a las ventas sobre sus comisiones, lo que vulnera abiertamente el principio de equidad.
5. El ordenamiento jurídico se sustenta en el principio de igualdad, tal como lo expresa el artículo 13 de la Carta Política. El sistema tributario, particularmente, se encuentra sustentado además en los principios de equidad y justicia, tal como lo indica el artículo 95-9 de la Constitución Política, los cuales se fundamentan en preceptos de obligatoria observancia para el legislador en materia fiscal.

Ahora bien, si del análisis efectuado por la Corte se vislumbra la existencia de una omisión legislativa relativa y se determina la existencia de un nexo causal directo entre esta y una vulneración a los principios de equidad y justicia sin ningún tipo de justificación, dicha Corporación ha manifestado que, de acuerdo con las necesidades particulares de cada caso, podría optar por expedir una sentencia de constitucionalidad ordinaria o por proferir una sentencia integradora. Recientemente, la Corte[25] retomó el sustento y el alcance de este último tipo de providencias y expresó lo siguiente:

> [En las sentencias integradoras] el juez constitucional "proyecta los mandatos constitucionales en la legislación ordinaria, para de esa manera integrar aparentes vacíos normativos o hacer frente a las inevitables indeterminaciones del orden legal". Estas sentencias pueden ser interpretativas, aditivas o sustitutivas y "encuentran fundamento en el carácter normativo de la Carta Política (C.P. art. 4°) y en los principios de efectividad (C.P. art. 2°) y conservación del derecho (C.P. art. 241), llamados a gobernar el ejercicio del control de constitucionalidad", ya que facilitan la labor de "mantener vigente en el ordenamiento jurídico la norma que ofrece insuficiencias desde la perspectiva constitucional, en el sentido que le permite al órgano de control constitucional ajustar su contenido a los mandatos superiores parcialmente ignorados por el legislador".

Tomando en cuenta lo anterior, es posible acudir a este tipo de fallos para remediar la situación de inconstitucionalidad descrita en esta demanda. Es claro que el reproche al numeral 23 del artículo 476 del Estatuto Tributario se fundamenta en que otorga una exclusión del IVA a las comisiones percibidas por la administración de FIC a ciertas entidades financieras y no a todas aquellas que se encuentran autorizadas a prestar dicho servicio. De esta forma la Corte Constitucional, en vez de declarar la inexequibilidad de la norma estudiada y eliminar la

25 CConst, C-010/2018, G. S. Ortiz Delgado.

exclusión de forma total, podría optar por ampliar el abanico de entidades que pueden hacer uso de la exclusión de IVA allí planteado mediante una sentencia integradora aditiva.

Esta solución no resulta extraña dentro de la jurisprudencia constitucional general[26] y ha sido utilizada inclusive en casos de índole tributaria[27]. Por esto se erige como un mecanismo apropiado para corregir este tipo de situaciones en las cuales se afecta la equidad del sistema tributario por medio de la diferenciación caprichosa realizada por el legislador en la norma objeto de estudio.

Petición

En virtud de los argumentos presentados anteriormente, por medio de los que se evidencia una omisión legislativa relativa mediante la cual se vulneran los principios de equidad y justicia en materia tributaria, respetuosamente le solicito a la honorable Corte Constitucional proferir una sentencia integradora aditiva del numeral 23 del artículo 476 del Estatuto Tributario nacional por medio de la cual se extienda la exclusión del IVA por la administración de FIC a todas aquellas entidades autorizadas para administrar dichos fondos. Esta modificación remediaría la discriminación injustificada incorporada por el legislador.

26 CConst, C-314/2009, N. Pinilla Pinilla; CConst, C-351/2013, J. I. Pretelt Chaljub; CConst, C-871/2014, M. V. Calle Correa; CConst, C-586/2014, M. V. Calle Correa, y CConst, C-505/2014, J. I. Pretelt Chaljub, entre otras.

27 CConst, C-183/1998, E. Cifuentes Muñoz; CConst, C-314/2009, N. Pinilla Pinilla; CConst, C-831/2010, N. Pinilla Pinilla, y CConst, C-010/2018, G. S. Ortiz Delgado.

Notificaciones

Recibiré notificaciones en la Carrera 1ª n.º 18 A-12, Bogotá, D.C.
De los Honorables Magistrados, con todo respeto,
Andrés Guevara González
C.C. n.º 12.345.678

BIBLIOGRAFÍA

Acta de sesión conjunta n.º 6 del Congreso, 4 de diciembre del 2018. Acceso el 4 de agosto del 2020, https://www.camara.gov.co/c6-acta-21-de-04-de-diciembre-de-2018-conjuntas.

Autorregulador de Mercado de Valores de Colombia. *Guía de estudios de fondos de inversión colectiva.* Acceso el 4 de agosto del 2020, https://www.amvcolombia.org.co/attachments/data/20160905112713.pdf.

Gaceta del Congreso, n.º 1048, 28 de noviembre del 2018. Acceso el 4 de agosto del 2020, http://www.secretariasenado.gov.co/legibus/legibus/gacetas/2018/GC_1048_2018.pdf.

Normas y leyes

D. 1242/2013, art. 3.1.1.2.1.

ET, art. 476.

L. 1943/2018.

Proyecto de ley n.º 240/2018C (Cámara de Representantes) y 197/2018S (Senado). "Por la cual se expiden normas de financiamiento para el restablecimiento del equilibrio del presupuesto nacional y se dictan otras disposiciones". Acceso el 4 de agosto del 2020, https://imgcdn.larepublica.co/cms/2018/11/28145938/Articulado-28.11.2018.pdf.

Jurisprudencia

CConst, C-010/18/2010. G. S. Ortiz Delgado. Acceso el 4 de agosto del 2020, https://www.corteconstitucional.gov.co/relatoria/2018/C-010-18.htm.

CConst, C-015/2014. M. González Cuervo. Acceso el 4 de agosto del 2020, https://www.corteconstitucional.gov.co/relatoria/2014/C-015-14.htm.

CConst, C-022/1996. C. Gaviria Díaz. Acceso el 4 de agosto del 2020, https://www.corteconstitucional.gov.co/relatoria/1996/C-022-96.htm.

CConst, C-032/2005. J. Córdoba Triviño. Acceso el 4 de agosto del 2020, https://www.corteconstitucional.gov.co/relatoria/2005/C-032-05.htm.

CConst, C-179/2014. L. E. Vargas Silva. Acceso el 4 de agosto del 2020, https://www.corteconstitucional.gov.co/relatoria/2014/C-179-14.htm.

CConst, C-183/1998. E. Cifuentes Muñoz. Acceso el 4 de agosto del 2020, https://www.corteconstitucional.gov.co/relatoria/1998/c-183-98.htm.

CConst, C-314/2009. N. Pinilla Pinilla. Acceso el 4 de agosto del 2020, https://www.corteconstitucional.gov.co/RELATORIA/2009/C-314-09.htm.

CConst, C-351/2013. J. I. Pretelt Chaljub. Acceso el 4 de agosto del 2020, https://www.corteconstitucional.gov.co/relatoria/2013/C-351-13.htm.

CConst, C-354/2009. G. E. Mendoza Martelo. Acceso el 4 de agosto del 2020, https://www.corteconstitucional.gov.co/relatoria/2009/c-354-09.htm.

CConst, C-505/2014. J. I. Pretelt Chaljub. Acceso el 4 de agosto del 2020, https://www.corteconstitucional.gov.co/relatoria/2014/C-505-14.htm.

CConst, C-508/2006. A. Tafur Galvis. Acceso el 4 de agosto del 2020, https://www.corteconstitucional.gov.co/relatoria/2006/C-508-06.htm.

CConst, C-586/2014. M. V. Calle Correa. Acceso el 4 de agosto del 2020, https://www.corteconstitucional.gov.co/relatoria/2014/C-586-14.htm.

CConst, C-739/2006. C. I. Vargas Hernández. Acceso el 4 de agosto del 2020, https://www.corteconstitucional.gov.co/relatoria/2006/C-739-06.htm.

CConst, C-776/2003. M. J. Cepeda Espinosa. Acceso el 4 de agosto del 2020, https://www.corteconstitucional.gov.co/relatoria/2003/c-776-03.htm.

CConst, C-831/2010. N. Pinilla Pinilla. Acceso el 4 de agosto del 2020, https://www.corteconstitucional.gov.co/RELATORIA/2010/C-831-10.htm.

CConst, C-862/2008. M. G. Monroy Cabra. Acceso el 4 de agosto del 2020, https://www.corteconstitucional.gov.co/relatoria/2008/C-862-08.htm.

CConst, C-871/2014. M. V. Calle Correa. Acceso el 4 de agosto del 2020, https://www.corteconstitucional.gov.co/relatoria/2014/C-871-14.htm.

EL TEST DE PROPÓSITO PRINCIPAL: LO CLARO NO NECESITA INTERPRETACIÓN*

Camilo Andrés Perilla López

* Para citar este capítulo: http://dx.doi.org/10.15425/2017.500

Axelrod, el gigante norteamericano de las telecomunicaciones, se consolida como líder de este sector en Colombia, y luego de varios años en el país decide vender su participación en el mercado nacional con el fin de fortalecerse en el europeo. La venta de su posición en el sector de las telecomunicaciones en Colombia se convirtió en un suceso histórico debido a que el valor de la operación fue de 8000 millones de dólares. Este hecho generó ruido en la administración tributaria que, de conformidad con el test de propósito principal del Instrumento Multilateral, decidió desconocer los beneficios del convenio para evitar la doble imposición, suscrito entre Colombia y España.

Esta decisión de la administración tributaria afectó la reputación de Axelrod y ha generado incertidumbre en el comercio internacional, que no ve en Colombia un país con seguridad jurídica para invertir. Por último, la empresa Rhoades que compró la participación a Axelrod se encuentra vinculada al proceso de determinación del tributo en calidad de responsable solidario.

PALABRAS CLAVE

Convenios para evitar la doble imposición (CDI), Instrumento Multilateral, *treaty shopping*, beneficios del tratado, cláusula de limitación de beneficios (LOB), cláusula *anti-conduit*, test de propósito principal (PPT), OCDE, Plan de Acción BEPS, Acción 6.

GLOSARIO

Beneficios del tratado: Son las ventajas fiscales que obtiene una persona física o persona jurídica en virtud de un convenio de doble imposición por su calidad de residente en uno de los dos Estados contratantes del CDI.

BEPS: *Base Erosion and Profit Shifting* por sus siglas en inglés o Erosión de la Base Imponible y el Traslado de Beneficios. Es el término utilizado para hacer referencia a las estrategias de planificación fiscal utilizadas por las compañías multinacionales para beneficiarse de las inconsistencias y falencias de los sistemas fiscales nacionales, trasladando sus beneficios a países de baja o nula tributación —donde desarrollan una leve actividad económica—, y eludiendo, de esta manera, el pago del impuesto sobre sociedades. El Plan de Acción BEPS fue desarrollado por la OCDE y cuenta con quince medidas o acciones para combatir la evasión fiscal de las empresas multinacionales[1].

1 OCDE, "Republic of Colombia Status of List of Reservations and Notifications at the Time of Signature", BEPS MLI Position Colombia, acceso el 4 de agosto del 2020, http://www.oecd.org/tax/treaties/beps-mli-position-colombia.pdf.

Cláusula de limitación de beneficios (LOB): Es una cláusula que busca limitar el acceso a las ventajas otorgadas en virtud de un convenio para evitar la doble imposición a aquellos contribuyentes que tengan la calidad de residentes cualificados. En inglés, *Limitation of Benefits* (LOB).

***Conduit arrangement*:** Es una transacción —o una serie de transacciones— estructurada para que un residente de un Estado contratante que tenga derecho a los beneficios del CDI, reciba una partida de ingresos proveniente del otro Estado contratante. Esto en aras de que ese residente pague, directa o indirectamente, la totalidad —o sustancialmente la totalidad— de esos ingresos —en cualquier tiempo o en cualquier forma— a una persona que no sea residente de ninguno de los Estados contratantes. Si esta persona recibiera la renta directamente del otro Estado contratante, no tendría derecho —de acuerdo con un convenio para evitar la doble imposición entre el Estado en el que la otra persona sea residente y el Estado contratante en el que surjan los ingresos—, a beneficios con respecto a esa partida de ingresos, que sean equivalentes o más favorables que los disponibles en virtud de dicho convenio para un residente de un Estado contratante, cuyo propósito principal —o uno de sus propósitos principales—, sea obtener los beneficios que están disponibles en virtud del CDI.

Convenios para evitar la doble imposición (CDI): Son tratados internacionales que establecen medidas para evitar la doble imposición; en otras palabras, buscan limitar la potestad tributaria de los países con el único fin de que un ingreso no sea gravado dos veces. La estructura de los convenios de doble imposición suscritos por los distintos países se basa en los modelos propuestos por la Organización para la Cooperación y el Desarrollo Económico (OCDE) y la Organización de las Naciones Unidas (ONU).

***Holding*:** Es una organización económica que controla una serie de compañías que garantizan un control sobre los diferentes factores de un mercado. Desde el punto de vista comercial son considerados como una formación de integración y colaboración empresarial o grupo económico. Desde el punto de vista tributario se trata de regímenes preferenciales que otorgan beneficios tributarios a quienes administran participaciones en otras sociedades.

Instrumento multilateral (MLI): Es un convenio elaborado por la OCDE, cuyo contenido modificará las disposiciones de la mayoría de los convenios para evitar la doble imposición suscritos por Colombia. Es necesario que el MLI sea ratificado por el Congreso de la República para que pueda surtir efectos en Colombia. En inglés, *Mulilateral Instrument* (MLI).

OCDE: Organización para la Cooperación y el Desarrollo Económico. En inglés, Organization for Economic Co-operation and Development (OECD).

Régimen ETVE: El régimen de Entidades de Tenencia de Valores Extranjeros es un régimen fiscal especial del ordenamiento jurídico español, que ofrece una ventaja fiscal a las sociedades que tengan en España su sede de inversión hacia el extranjero. El principal beneficio es la exención en los dividendos y ganancias obtenidas por la tenencia de acciones en sociedades extranjeras.

Regla *anticonduit*: Es una regla que desconoce los beneficios de un convenio para evitar la doble imposición cuando exista una sociedad de conducto.

Test de propósito principal (PPT): Se trata de una norma antiabuso, que permite a las administraciones tributarias rechazar la aplicación de los beneficios de un convenio para evitar la doble imposición, cuando uno de los propósitos principales de un contribuyente sea la obtención de un beneficio tributario dentro de una transacción u operación. Así mismo se puede rechazar el beneficio del CDI cuando este sea contrario al objeto y fin del tratado.

***Treaty shopping*:** Es la utilización de un convenio para evitar la doble imposición por parte de un sujeto residente de un tercer Estado que no es parte de dicho convenio, quien no tiene derecho a las disposiciones del CDI. El objetivo es obtener los beneficios fiscales que se derivan de sus disposiciones, mediante la interposición de sociedades en uno de los Estados contratantes.

HISTORIA

Axelrod: líder en comunicaciones a nivel mundial[2]

En la cálida ciudad de Dover (Delaware, Estados Unidos), fue fundada, en 1950, la compañía de telecomunicaciones Axelrod. Con el tiempo, Mr. Chuck, fundador y presidente de la empresa, tomó la decisión de expandirla internacionalmente. Para este fin le planteó a la junta directiva la posibilidad de invertir en América Latina y Europa. En el 2009, Mr. Chuck presentó la propuesta de inversión en América Latina, señalando que la operación debía iniciarse en Colombia, para posteriormente extenderla a los otros países del continente.

Así mismo, Mr. Chuck planteó la posibilidad de que al realizar la inversión en Colombia, se efectuara, al mismo tiempo, la inversión en el mercado europeo. Con el fin de tomar la mejor decisión de inversión y teniendo en cuenta todos los factores que garantizan una adecuada tasa de

2 El presente caso se desarrolla bajo el supuesto de que el Instrumento Multilateral ha sido ratificado por el Congreso de la República y se encuentra vigente en el ordenamiento jurídico colombiano.

retorno de la inversión, Mr. Mafee, vicepresidente financiero de la compañía, propuso dos alternativas:

1. Hacer la inversión de manera directa en Colombia, y posteriormente desde Colombia administrar las inversiones que se realicen en los otros países de América Latina. A su vez, invertir directamente en los países de Europa central manejando la inversión desde Estados Unidos.

   El señor Mafee manifestó a la junta directiva que manejar la operación de esta manera implicaría un mayor costo transaccional, razón por la cual la tasa interna de retorno sería mínima y la posibilidad de generar pérdidas sería elevada.
2. Por otro lado, Mr. Mafee señaló que la inversión se debería realizar de manera indirecta por intermedio de España, constituyendo una sociedad sometida al régimen ETVE, para desde allí administrar toda la inversión hacia América Latina y Europa.

   Para este propósito el capital invertido se debería manejar desde España por intermedio de un residente de ese país, con experiencia y conocimiento del sector de las telecomunicaciones.

Hacer la inversión desde España hacia Latinoamérica tiene varias ventajas. En primer lugar, al dirigir la operación de la compañía desde España se eliminaría la barrera del idioma, dado que en la mayor parte de América Latina el español es el idioma oficial. En segundo lugar, porque España es una puerta de entrada al comercio europeo y tener un grupo de trabajo originario de ese país permitiría un mejor manejo de la normatividad de la comunidad europea. En tercer lugar, dirigir la operación por medio de una compañía Holding posibilitaría que el capital que retorne a esta pueda ser reinvertido en la operación, bien sea en América Latina o en Europa.

Teniendo en cuenta lo anterior, la junta directiva optó por la segunda estrategia de inversión. Para este fin constituyó en Madrid, España, una sociedad sometida al régimen ETVE para dirigir sus inversiones desde ese país hacia América Latina y el resto del Viejo Continente. Con el fin de garantizar un adecuado manejo de la inversión, Mr. Chuck contrató como gerente de la ETVE al señor Ignacio Larrañaga, ciudadano español con más de veinte años de experiencia en el sector de las telecomunicaciones. Por otro lado, Mr. Chuck conformó un equipo profesional en la ETVE que tuviera el conocimiento técnico, financiero y jurídico para poder responder por cualquier contingencia en la operación, reduciendo su injerencia en esta por parte de la matriz ubicada en Dover.

Consolidado lo anterior, la compañía Axelrod inició su inversión en América Latina en Colombia. Es por ello que en el 2010 Axelrod España compró la totalidad de las acciones de la empresa colombiana de comunicaciones Celucom, que a su vez era líder de telecomunicaciones en Colombia, así como propietaria de una licencia para operar dentro del sector de telecomunicaciones por un término de ocho años. Dicha inversión fue realizada por Axelrod desde su filial en España.

La operación del sector de telecomunicaciones en Colombia por parte de Axelrod fue un éxito porque fortaleció su posición dominante en el mercado y se diversificaron los productos ofrecidos a los usuarios, lo que trajo mayores utilidades. En vista de estos resultados positivos, en el año 2012 decidieron expandir la operación en América Latina empezando por Perú, Ecuador, Brasil y Chile. Durante el periodo 2012-2016, Axelrod obtuvo resultados positivos para sus inversiones, pero a partir del 2017 estos decrecieron debido a que en varios países de América

Latina la empresa alemana Rotterman había logrado captar un porcentaje del mercado de las telecomunicaciones por intermedio de sus filiales en el continente. Debido a esto, Axelrod tomó la decisión de vender su participación en el mercado colombiano a Rotterman por un valor de 8000 millones de dólares.

Con el fin de que la venta de la compañía colombiana fuera atractiva, Axelrod logró que el Gobierno colombiano renovara la licencia para operar en el sector de telecomunicaciones por diez años más. En el 2018 la filial de Axelrod ubicada en España firmó un acuerdo con la filial de la empresa alemana Rotterman ubicada en Luxemburgo, para concretar la venta y la participación en el sector de las telecomunicaciones en Colombia. La empresa Axelrod realizó la valoración de las acciones y determinó que el 52 % de estas provenía de activos intangibles y el 48 % de bienes inmuebles (oficinas, antenas, etc.). Teniendo claro lo anterior, la empresa Axelrod España concretó la venta el 2 de enero del 2019, y con ocasión del numeral 5 del artículo 13 del Convenio para evitar la Doble Imposición y Prevenir la Evasión Fiscal, suscrito entre Colombia y España, no pagó el impuesto de Ganancia Ocasional en Colombia, debido a que este ingreso solo puede ser gravado en España.

La venta se convirtió en una de las grandes transacciones del sector de telecomunicaciones en Colombia y América Latina, lo que despertó el interés de la Dirección de Impuestos y Aduanas Nacionales (DIAN), que procedió a requerir a Axelrod por considerar que la transacción realizada por la compañía tuvo como fin principal obtener beneficios tributarios en virtud del CDI entre Colombia y España. Para el 2018, la división de fiscalización de la Seccional de Grandes Contribuyentes de la DIAN profirió el requerimiento especial n.º 022200002019246000. En este se solicitaba la aplicación del PPT, señalando que el fin primario de la operación realizada por la compañía Axelrod era obtener beneficios sobre dividendos y específicamente lo señalado en el numeral 5 del artículo 13 del CDI, suscrito entre Colombia y España.

Por esta razón, la administración tributaria desconoció los beneficios del CDI suscrito entre Colombia y España, señalando que Axelrod debía pagar la suma de 800 millones de dólares por concepto de ganancias de capital. Por otro lado, la administración tributaria vinculó a la compañía Rotterman como responsable solidario debido a que no practicó la respectiva retención al momento de hacer el pago a Axelrod. Mr. Chuck fue informado de la situación y vio con extrañeza que la administración tributaria se limitara a realizar un análisis jurídico del CDI, y no hiciera un análisis de la operación en su conjunto, es decir, de la inversión de Axelrod en América Latina y Europa. Lo anterior ha producido conmoción en el comercio internacional, pues generó dudas sobre la seguridad jurídica de Colombia. Esto podría llevar a una reducción de la inversión extranjera directa y al entorpecimiento de las operaciones de comercio exterior en el país.

PROBLEMÁTICA

¿Es eficaz el PPT del Instrumento Multilateral para impedir el uso abusivo de los Convenios de Doble Imposición o es necesario ajustar el PPT con criterios objetivos que permitan un proceso de fiscalización que garantice el debido proceso tanto para el contribuyente como para la administración tributaria?

ESTRATEGIAS DE SOLUCIÓN Y SOLUCIÓN DEL PROBLEMA

De acuerdo con la OCDE, para que una persona tenga acceso a los beneficios de un tratado, debe ser residente de cualquiera de los dos Estados contratantes. Como consecuencia de lo anterior, un residente de un tercer Estado no tendrá derecho a reclamar directamente los beneficios de dicho tratado. El problema surge cuando el residente de un tercer país se beneficia de manera indirecta de un CDI, estableciendo una sociedad residente en uno de los Estados contratantes del convenio para evitar la doble imposición. Lo anterior es generado por la facilidad que existe para la movilización ilimitada de sociedades que permiten su creación en cualquier jurisdicción.

En este sentido, es muy fácil tener una entidad con sujeción a la jurisdicción personal de un país y, por lo tanto, residente en este para reclamar los beneficios del tratado. Es evidente que existe una acción premeditada por parte de las entidades para aprovechar la red internacional de tratados y seleccionar de manera cuidadosa el más favorable para un fin específico que, como resultado, limita los poderes impositivos del Estado de la fuente, y en consecuencia, afecta el recaudo de impuestos. Es por esto que en el contexto del proyecto de erosión de la base gravable y el traslado de beneficios (Proyecto BEPS), la OCDE profirió el informe sobre la Acción 6 denominada "Prevención de la concesión de beneficios de un CDI en circunstancias inapropiadas".

En la Acción 6, la OCDE identificó como una de las principales preocupaciones del BEPS el abuso de los convenios, especialmente lo que la doctrina internacional ha denominado *treaty shopping* o compra de tratados. Los contribuyentes que desarrollan estas prácticas de *treaty shopping*, al reclamar los beneficios del convenio en situaciones en las que no tendrían derecho, limitan la recaudación de los Estados perjudicando su soberanía fiscal.

Como consecuencia de lo anterior, los países han acordado que se deben incorporar cláusulas antiabuso en los convenios para evitar la doble imposición y la evasión fiscal, incluyendo un *estándar mínimo*, con el fin de combatir las prácticas de *treaty shopping*. En el apartado A del informe de la Acción 6 se señalan nuevas formas convencionales antiabuso que brindan protección frente al abuso de las disposiciones de los CDI, lo que ofrece un cierto grado de flexibilidad sobre la forma de hacerlo. Estas nuevas formas combaten el *treaty shopping*, entendido como la estrategia mediante la cual una persona no residente de un Estado trata de obtener los beneficios que un convenio suscrito por este Estado concede solamente a sus residentes.

La OCDE ha recomendado las siguientes estrategias para hacer frente a la problemática del *treaty shopping*:

1. La inclusión en el convenio de una declaración clara que señale que los Estados que establecen convenios pretenden evitar la generación de oportunidades para la no imposición o la imposición reducida mediante la elusión, la evasión o prácticas como el *treaty shopping*.
2. La inclusión en el Modelo de Convenio de la OCDE de una norma antiabuso específica, denominada cláusula LOB, cuya finalidad es la de reservar la concesión de los beneficios del convenio a aquellas entidades que reúnan ciertas condiciones. Estas condiciones están relacionadas con la naturaleza jurídica de la entidad, sus accionistas, sus actividades comerciales, y buscan garantizar una vinculación suficiente entre la entidad y su Estado de residencia.
3. La inclusión en el Modelo de Convenio de la OCDE de una norma antiabuso de carácter general, basada en

> los propósitos principales de la operación o acuerdo de negocio, con el fin de combatir el abuso de los convenios, incluyendo los casos de *treaty shopping* que no alcancen a ser cubiertos por la LOB. Esta cláusula establece que si uno de los propósitos principales de una operación es la obtención de beneficios del convenio, no habrá lugar a conceder tales beneficios, a menos que se determine que la obtención de dichos beneficios está conforme con el objeto y fin del tratado.

Ahora bien, el informe de la Acción 6 de BEPS de la OCDE señaló que debido a que el *treaty shopping* implica un riesgo para el recaudo de impuestos de los países, estos se deben comprometer a la incorporación de un estándar mínimo de protección frente al *treaty shopping*. Los países pueden dar cumplimiento a la implementación del estándar mínimo de alguna de las siguientes maneras: (1) combinando la cláusula LOB y el PPT; (2) implementando la LOB y combinándola con una regla *anti Conduit*, y (3) implementando el PPT.

Con el fin de garantizar el estándar mínimo en los convenios existentes, la OCDE incluyó en el Instrumento Multilateral una cláusula LOB y una cláusula general antiabuso basada en el PPT de la operación o transacción.

La aplicación de una cláusula LOB acompañada de PPT

La finalidad de una cláusula LOB es complementar el requisito de residencia para las personas físicas y entidades legales, al exigir que las entidades residentes que reclaman los beneficios de un tratado demuestren que existe un fuerte grado de conexión con su Estado de residencia. Para tal efecto, el numeral 9 del Instrumento Multilateral establece de manera clara lo que se entiende por un grado de conexión aceptable con el Estado de residencia.

El primer factor de conexión que establece el LOB es que la entidad que reclama los beneficios cotice en bolsa o sea una entidad subsidiaria de una compañía que cotiza en bolsa. Esta cláusula tiene como sujetos beneficiarios de las ventajas fiscales del CDI a aquellas sociedades que cotizan en bolsa y tienen una participación importante, que por regla general es más de un 50 % en sociedades que no cotizan. Esto tiene su razón de ser en que una sociedad que cotice en bolsa cuenta con la suficiente relación o conexión con un Estado determinado, dado que el cumplimiento de las normas societarias en materia bursátil es más exigente que la establecida en un Convenio de Doble Imposición. En segundo lugar, es necesario que la cotización en bolsa sea de carácter regular y constante.

El segundo factor de conexión es lo que se denomina la cláusula de propiedad y erosión de la base, que está dirigida a sociedades que no cotizan en bolsa o que cotizan en una bolsa de valores pero cumplen con los requisitos establecidos en la cláusula o prueba del primer factor de conexión. En otras palabras, se refiere a sociedades que no coticen en una bolsa de valores reconocida o que no tengan una participación significativa en sociedades que no cotizan. En este sentido, el requisito de propiedad se verifica cuando los accionistas o socios, quienes son considerados residentes para el convenio, tienen un porcentaje de participación considerable (al menos el 50 %), lo que implica que se excluyen de los beneficios a aquellas sociedades que son dirigidas por residentes de terceros países. Ahora bien, respecto del requisito de la erosión de la base se estableció que la entidad que perciba los beneficios del CDI no debe destinar más del 50 % de los ingresos brutos percibidos durante el ejercicio a satisfacer pagos cuyos beneficiarios no tengan la calificación de residentes calificados. Para realizar el cálculo del porcentaje de los pagos realizados, solo se consideran los pagos que tengan el carácter de deducibles.

El tercer factor es la cláusula de actividad, que se aplica en caso de que no se cumplan las dos pruebas anteriores. El objetivo de esta prueba es determinar la existencia de un motivo económico válido, por lo tanto, la entidad o persona física que pretenda obtener los beneficios de un tratado deberá demostrar que las actividades que realiza tienen un motivo económico válido y su permanencia en el Estado de residencia no se limita a la obtención de los beneficios del CDI, sino a razones reales de beneficios económicos dentro del mercado local. Ahora bien, si estas cláusulas que contiene la LOB, se basan en criterios objetivos, la disposición propuesta tiene una cláusula general de buena fe, que permite a las administraciones tributarias otorgar los beneficios de un CDI a pesar de que la entidad que pretenda recibir los beneficios no haya cumplido las cláusulas anteriormente descritas.

Por otro lado, se debe considerar que el PPT es una regla de carácter subjetivo que se asemeja a una regla general antiabuso doméstica, que establece que los beneficios de un CDI no se deben conceder a un contribuyente siempre que se establezca que (1) uno de los propósitos principales del acuerdo o transacción fue obtener el beneficio de un tratado, y (2) otorgar el beneficio de un tratado en circunstancias específicas sería contrario al objeto y propósito de las disposiciones del tratado. La OCDE reconoce que la cláusula LOB no cubre todos los escenarios posibles de compra de tratados y recomienda acompañarla de un PPT. Sin embargo, el organismo multilateral no estableció criterios objetivos para el PPT y en gran medida su aplicabilidad depende de los motivos del contribuyente.

Una cláusula de limitación de beneficios acompañada de una regla anticonducto

Teniendo en cuenta que la finalidad de la cláusula LOB consiste en limitar el acceso a los convenios de doble imposición para evitar el *treaty shopping* —bajo el entendido de que los CDI solo deben ser aplicados cuando la obtención de los ingresos del Estado de residencia es consecuencia de un motivo económicamente válido o bien cuando el sujeto mantiene una vinculación suficiente con el Estado de residencia[3]—, esta resulta insuficiente, por lo que sería necesario acompañarla de una regla *anticonduit* que solamente es aplicable en aquellos acuerdos en los que exista una sociedad que sirva de conducto. Esta regla niega los beneficios de un tratado cuando: (1) el receptor directo de los ingresos paga, directa o indirectamente, la totalidad de los ingresos a una entidad que no tiene derecho a los beneficios del tratado, y (2) uno de los propósitos principales del acuerdo era obtener los beneficios del CDI.

La regla *anticonduit* es la forma básica de compra de un tratado, llamada conducto directo, y se produce cuando un residente del Estado C, que no tiene derecho a los beneficios del tratado entre los Estados A y B, crea una empresa intermediaria en el Estado B, mediante la cual la inversión en el Estado A es conducida. Como resultado, los dividendos pagados por la compañía en el Estado A la compañía intermediaria en el Estado B están cubiertos por el tratado entre los Estados A y B y luego pueden cobrarse en forma de dividendos a la compañía en el Estado C. En esta última distribución no se cobran impuestos ya sea por la

3 Félix Vega Borrego, "Las cláusulas de limitación de beneficios en los convenios para evitar la doble imposición" (tesis de doctorado, Facultad de Derecho, Universidad Autónoma de Madrid, 2003), 212.

legislación nacional del Estado B, o por un tratado entre los Estados B y C.

Sin embargo, esta regla es muy restringida debido a que solamente aplica para los casos en los que dentro de un acuerdo se haya establecido una sociedad de conducto. Esto implicaría que otras formas de abuso de los convenios quedarían sin un control efectivo por parte de las administraciones tributarias.

PPT independiente

El PPT busca desconocer los beneficios de un tratado cuando: (1) uno de los propósitos principales del acuerdo o transacción fue obtener el beneficio de un tratado y (2) otorgar el beneficio de un tratado en circunstancias específicas sería contrario al objeto y propósito de las disposiciones del tratado.

La primera condición requiere una prueba subjetiva en la cual se debe establecer, *quaestio facti*, si el objeto de la transacción fue obtener los beneficios de una disposición de un tratado en particular. La segunda condición es una prueba objetiva en la que debe determinarse, *quaestio legis*, si la intención de una disposición específica del tratado se vería frustrada si los beneficios del tratado se otorgaran en circunstancias determinadas.

La aplicabilidad del PPT no es automática, sino que se encuentra supeditada a la decisión deliberada de la administración tributaria de aplicarla a un acuerdo o transacción específica. A partir de esto se puede comprender que el PPT es un instrumento que sirve para defender los intereses de la administración tributaria en los casos en que se presenten abusos en los CDI. El PPT por sí mismo no niega los beneficios de un tratado, porque para proceder a su aplicación se hace necesario un análisis de los motivos del contribuyente para haber celebrado un acuerdo o transacción de determinada manera. La carga de la prueba de la administración tributaria no es muy exigente, porque esta regla permite desconocer los beneficios de un tratado cuando es razonable concluir que uno de los principales objetivos de un determinado contribuyente era la obtención de un beneficio del tratado.

Debido a que el PPT solo se aplica a un acuerdo dado para denegar los beneficios de un CDI, siempre que la administración tributaria haya realizado un análisis adecuado de los motivos del contribuyente para participar en el acuerdo, no habrá responsabilidad por parte de los contribuyentes si la autoridad tributaria no realiza dicho análisis en primer lugar. Como consecuencia, si una jurisdicción no aplica el PPT para revisar los acuerdos de *treaty shopping*, ya sea porque, según su punto de vista, no son abusivos o porque, por razones de política, no les interesa hacerlo, la regla de propósito principal no generará ningún efecto.

Un primer criterio para aplicar el PPT es considerar los siguientes elementos: (1) determinar cuáles son los propósitos del contribuyente para entrar en un acuerdo; (2) establecer cuáles se consideran razones comerciales, financieras o no tributarias justificables, y (3) ponderar los diferentes propósitos que se han identificado y analizar si los propósitos no relacionados con la obtención de los beneficios del tratado superan las consideraciones fiscales.

Un segundo criterio para aplicar el PPT es establecer una carga de la prueba en la administración tributaria, con el fin de que cuando se expida el requerimiento especial a un contribuyente, la autoridad fiscal haya realizado un dictamen técnico en el que se haya analizado la operación o transacción del contribuyente desde varias aristas que incluyen lo comercial, lo financiero, lo político, entre otros aspectos. Lo anterior para establecer que la finalidad de esa transacción u operación tuvo motivos fiscales principalmente.

La necesidad de establecer criterios objetivos dentro del PPT no solamente es garantizar el debido proceso a los contribuyentes dada la subjetividad de esta cláusula, sino lograr que las actuaciones de la administración tributaria sean procesos sólidos que disminuyan la litigiosidad ante la jurisdicción de lo contencioso administrativo. Por otro lado, es preciso hacer énfasis en que el problema que busca resolver la OCDE con la introducción de las cláusulas LOB y el PPT no es el abuso de los tratados en general, sino la compra de tratados o *treaty shopping*.

El párrafo 18 del informe de la Acción 6 es claro al respecto, "[a]lthough the general anti-abuse rule in subsection A.1(a)(ii) above will be useful in addressing such situations, targeted specific treaty anti-abuse rules generally provide greater certainty for both taxpayers and tax administrations"[4]. Esta afirmación se ve reforzada por el hecho de que los ejemplos utilizados en la sección del PPT del informe de la Acción 6 son situaciones de compra de tratados. Por lo anterior, es razonable concluir que el PPT solo es aplicable a los casos en los que haya compra de tratados.

SOLUCIÓN

De conformidad con las estrategias de solución expuestas frente a la problemática planteada, el informe de la Acción 6 de BEPS admite que tanto la cláusula LOB como el PPT presentan ventajas e inconvenientes. En el caso del PPT, el principal inconveniente es el alto grado de subjetividad por parte del operador jurídico para determinar

4 OECD, *Preventing the Granting of Treaty Benefits in Inappropriate Circumstances* (París: OECD, 2014), 32.

cuándo una operación o negocio tuvo como propósito principal la obtención de beneficios de un CDI. De ahí que sea necesario establecer criterios objetivos para poder utilizar esta cláusula. Es por esto que la propuesta de impacto o mejora es la elaboración de un decreto mediante el cual se establezca un procedimiento administrativo que determine criterios objetivos para que se pueda aplicar el PPT incorporado en el Instrumento Multilateral de la OCDE.

Lo anterior a su vez tiene fundamento en el comentario realizado por varios países a la norma del PPT del Instrumento Multilateral. En dicho comentario manifestaron que en algunas jurisdicciones el uso de la norma general antiabuso de aplicación interna se sujeta a la aprobación previa de un comité compuesto por expertos de gran conocimiento técnico. En algunas jurisdicciones los comités incluyen profesores universitarios o expertos en tributación del sector privado. Por lo tanto, es factible establecer un procedimiento administrativo en la normatividad interna con el fin de garantizar una adecuada aplicación del PPT. Esto generaría una certidumbre jurídica tanto para los contribuyentes como para la administración tributaria.

PROPUESTA DE IMPACTO O MEJORA

MINISTERIO DE HACIENDA Y CRÉDITO PÚBLICO

DECRETO NÚMERO

( )

Por el cual se reglamenta el artículo 7 de la Ley 2708 del 2018,

EL PRESIDENTE DE LA REPÚBLICA DE COLOMBIA

En ejercicio de las facultades constitucionales y legales, en especial las que le confieren los numerales 11 y 20 del artículo 189 de la Constitución Política y en desarrollo del numeral 5 del artículo 7 de la Ley 2708 del 2018[5], y

CONSIDERANDO:

Que el Gobierno nacional expidió el Decreto 1625 del 2016, Único Reglamentario en Materia Tributaria, para compilar y racionalizar las normas de carácter reglamentario y contar con instrumentos jurídicos únicos, sin perjuicio de las compilaciones realizadas en otros decretos únicos.

Que el artículo 7 de la Ley 2708 del 2018 incorporó el PPT del Instrumento Multilateral, y dispuso:

5 Este número ha sido asignado aleatoriamente por mí a la norma que ratifica el Instrumento Multilateral.

1. No obstante las disposiciones de un Convenio fiscal comprendido, los beneficios concedidos en virtud del mismo no se otorgarán respecto de un elemento de renta o de patrimonio cuando sea razonable concluir, teniendo en cuenta todos los hechos y circunstancias pertinentes, que el acuerdo u operación que directa o indirectamente genera el derecho a percibir ese beneficio tiene entre sus objetivos principales la obtención del mismo, excepto cuando se determine que la concesión del beneficio en esas circunstancias es conforme con el objeto y propósito de las disposiciones pertinentes del Convenio fiscal comprendido.
2. El apartado 1 se aplicará en sustitución o en ausencia de disposiciones en un Convenio fiscal comprendido, que denieguen total o parcialmente la concesión de los beneficios que se desprenderían del mismo, cuando el propósito o uno de los propósitos principales de un acuerdo u operación, o de alguna de las personas relacionadas con un acuerdo u operación, fuera el de obtener dichos beneficios.
3. Toda Parte que no se haya reservado el derecho descrito en el subapartado a) del apartado 15, podrá también decidir si aplicar el apartado 4 en relación con sus Convenios fiscales comprendidos.
4. Cuando se deniegue a una persona la aplicación de un beneficio previsto en un Convenio fiscal comprendido en virtud de disposiciones en él incluidas (como puedan resultar modificadas por este Convenio) que denieguen total o parcialmente la concesión de los beneficios si el propósito o uno de los propósitos principales de un acuerdo u operación, o de alguna de las personas relacionadas con un acuerdo u operación, fuera el de obtener dichos beneficios, la autoridad competente de la Jurisdicción contratante que en ausencia de dichas disposiciones hubiera

concedido el beneficio tratará no obstante a esa persona como legitimada para la obtención del mismo, o de otros beneficios en relación con un determinado elemento de renta o de patrimonio, si dicha autoridad competente, a instancia de esa persona y tras haber considerado los hechos y circunstancias oportunos, determina que esa persona hubiera obtenido los beneficios aun sin mediar tal operación o acuerdo. La autoridad competente de la Jurisdicción contratante a la que un residente de la otra Jurisdicción contratante haya presentado una solicitud en el sentido de este apartado, consultará con la autoridad competente de esa otra Jurisdicción contratante antes de rechazar la solicitud.

5. El apartado 4 se aplicará a las disposiciones de un Convenio fiscal comprendido (como puedan resultar modificadas por este Convenio) que denieguen total o parcialmente los beneficios del Convenio fiscal comprendido cuando el propósito o uno de los propósitos principales de un acuerdo u operación, o de alguna de las personas relacionadas con un acuerdo u operación, fuera el de obtener dichos beneficios.

6. Toda Parte también podrá optar por aplicar las disposiciones contenidas en los apartados 8 a 13 (en lo sucesivo, la "Disposición simplificada sobre limitación de beneficios") a sus Convenios fiscales comprendidos, mediante la notificación descrita en el subapartado c) del apartado 17. La disposición simplificada sobre limitación de beneficios se aplicará a un Convenio fiscal comprendido únicamente cuando todas las Jurisdicciones contratantes hayan optado por aplicarla.

7. Cuando algunas, pero no todas las Jurisdicciones contratantes de un Convenio fiscal comprendido, opten por aplicar la Disposición simplificada sobre

limitación de beneficios conforme al apartado 6, no obstante lo dispuesto de ese apartado, la Disposición simplificada sobre limitación de beneficios será aplicable a la concesión de los beneficios del Convenio fiscal comprendido:

a. por todas las Jurisdicciones contratantes, cuando todas las Jurisdicciones contratantes que no opten por aplicar la Disposición simplificada sobre limitación de beneficios conforme al apartado 6, estén de acuerdo en tal aplicación optando por adherirse a este subapartado y remitiendo la notificación correspondiente al Depositario; o

b. únicamente por las Jurisdicciones contratantes que opten por aplicar la Disposición simplificada sobre limitación de beneficios, cuando todas las Jurisdicciones contratantes que no opten por aplicar la Disposición simplificada sobre limitación de beneficios conforme al apartado 6, estén de acuerdo en tal aplicación optando por adherirse a este subapartado y remitiendo la notificación correspondiente al Depositario.

Que de conformidad con lo previsto en el artículo 7 de la Ley 2708 del 2018 que ratificó e incorporó el PPT en el ordenamiento jurídico colombiano es necesario establecer criterios de procedimiento para garantizarle el debido proceso administrativo tanto al contribuyente como a la administración tributaria.

Que el PPT incorporó un elemento subjetivo que establece que se desconocen los beneficios de un convenio para evitar la doble imposición si uno de los principales motivos de un contribuyente fue la obtención de los beneficios de dicho tratado.

Que dicho elemento subjetivo no trae consigo parámetros para determinar que una operación o transacción tuvo como uno de los principales propósitos acceder a los beneficios consagrados en las disposiciones de un Convenio para evitar la doble imposición (CDI).

Que para efectos de poder aplicar el PPT se hace necesario establecer criterios objetivos que garanticen la celeridad, economía y moralidad de las actuaciones administrativas.

Que el artículo 228 del Constitución Política establece el mandato constitucional en virtud del cual debe buscarse la prevalencia del derecho sustancial sobre el formal.

Que el artículo 29 de la Constitución Política establece el derecho y el deber a presentar pruebas y a controvertirlas. Por su parte el artículo 1° de la Constitución Política se refiere a la solidaridad de las personas, consagra que cuando a una de las partes le resulte más fácil probar determinados hechos, corresponde a ella demostrarlos.

Que la carga de la prueba en determinados casos es desplazada hacia una especie de solidaridad para que quien tenga mayor facilidad de probar determinado hecho lo haga.

Que en virtud de los considerandos anteriores, es necesario desarrollar las condiciones previstas en la norma en comento para la aplicación del PPT en las operaciones o transacciones de los contribuyentes que obtengan beneficios tributarios desde la perspectiva del *treaty shopping*.

Que en cumplimiento del Decreto 1081 del 2015, modificado por el Decreto 270 del 2017, y los artículos 3 y 8 de la Ley 1437 del 2011, el proyecto de Decreto fue publicado en el sitio web del Ministerio de Hacienda y Crédito Público.

En mérito de lo expuesto,

DECRETA:

Artículo 1. Adición de la Sección __ al Capítulo __ del Título __ de la Parte __ del Libro __ del Decreto 1625 del 2016, Único Reglamentario en Materia Tributaria. Adiciónese la Sección ___ al Capítulo ___ del Título ___ de la Parte ___ del Libro ___ del Decreto 1625 del 2016, Único Reglamentario en Materia Tributaria, así:

"Procedimiento para aplicar el Test de Propósito Principal"

Artículo 1. Definición de *treaty shopping*. Se entiende por *treaty shopping* una situación en la que una persona que no tiene derecho a los beneficios de un convenio para evitar la doble imposición, hace uso de una persona física o jurídica para obtener los beneficios del tratado que no están disponibles directamente.

Artículo 2. Prueba técnica sobre la operación o transacción realizada por el contribuyente. Cuando la administración tributaria en virtud del test de propósito principal (PPT) decida desconocer los beneficios de un tratado a un determinado contribuyente deberá proferir junto con el emplazamiento o el requerimiento especial una prueba técnica sobre la operación o transacción analizándola como un todo.

Como consecuencia se debe analizar la operación o transacción desde el punto de vista financiero, comercial y tributario. Esto permitirá identificar cuál o cuáles fueron las razones de negocio para haber optado por elaborar la operación o transacción de cierta manera. Por último, se debe analizar si el ingreso que debió haber tributado en Colombia o que tributó a una menor tarifa se encuentra gravado en otra jurisdicción, bien sea cuando se generó el ingreso o cuando llegó a su beneficiario efectivo.

Artículo 3. Comité para la elaboración de la prueba técnica. La administración tributaria conformará un comité para la elaboración de la prueba técnica que estará integrado por un experto del sector privado que goce de gran reconocimiento y experticia sobre el tema objeto de evaluación, un académico del sector privado o público de gran reconocimiento público o en su defecto una institución de educación superior de carácter público o privado y un funcionario de la Dirección de Impuestos y Aduanas Nacionales.

La prueba técnica deberá ser elaborada de manera conjunta por este comité y las operaciones o transacciones se deben comparar con otras semejantes dentro del mercado con el fin de establecer si el beneficio o beneficios otorgados al contribuyente bajo un convenio para evitar la doble imposición otorgan una ventaja fiscal del más del 50 % sobre las utilidades de la operación o transacción.

Artículo 5. Deber de desvirtuar la prueba de la administración tributaria por parte del contribuyente. Una vez proferido el emplazamiento o el requerimiento especial por parte de la administración tributaria junto con la prueba técnica de la operación o transacción, el contribuyente deberá desvirtuar dicha prueba bien sea con un dictamen pericial de parte o las pruebas que el contribuyente considere idóneas para tal efecto. El procedimiento que se debe seguir a partir de este momento se regirá de acuerdo con las normas de procedimientos establecidas en el Estatuto Tributario.

Artículo 6. No hay lugar a reconfigurar la operación de los contribuyentes. El PPT no da lugar a reconfigurar la operación de los contribuyentes. La administración tributaria solamente podrá desconocer los beneficios recibidos por un contribuyente en virtud de un convenio de doble imposición y proceder a la determinación del tributo de conformidad con las normas del Estatuto Tributario.

Artículo 7. Conservación de los documentos. Los contribuyentes deberán mantener a disposición de la administración tributaria todos los documentos necesarios que acrediten las decisiones de fondo mediante las cuales se establecieron los parámetros de las estructuras comerciales y tributarias de las operaciones o transacciones realizadas por el contribuyente y que fueron susceptibles de algún provecho tributario de acuerdo con las disposiciones de un convenio para evitar la doble imposición.

Artículo 8. Vigencia. El presente Decreto rige a partir de la fecha de su publicación y adiciona la Sección __ al Capítulo ___ del Título ___ de la Parte ____ del Libro ____ del Decreto 1625 del 2016, Único Reglamentario en Materia Tributaria.

Publíquese y cúmplase,

Dado en Bogotá, D. C.,

EL MINISTRO DE HACIENDA Y CRÉDITO PÚBLICO

Soporte Técnico del Proyecto de Decreto

Área responsable:
Unidad Administrativa Especial, Dirección de Impuestos y Aduanas Nacionales - DIAN.

Proyecto de decreto

Por el cual se adiciona la Sección ___ al Capítulo ___ del Título ___ de la Parte ___ del Libro ___ del Decreto 1625 del 2016, Único Reglamentario en Materia Tributaria.

Análisis de las normas que otorgan competencia

El presente decreto se expide en uso de sus facultades constitucionales y legales, en especial de las conferidas por los numerales 11 y 20 del artículo 189 de la Constitución Política, y en desarrollo del artículo 7 de la Ley 2708 del 2018.

Vigencia de la ley o norma reglamentada o desarrollada

Los numerales 11 y 20 del artículo 189 de nuestra Constitución Política se encuentran vigentes, así como el artículo 7 de la Ley 2708 del 2018.

Disposiciones derogadas, subrogadas, modificadas, adicionadas o sustituidas

El presente adiciona la Sección ___ y ___ al Capítulo ___ al Libro ___ de la Parte ___ del Título ___ del Decreto 1625 del 2016, Único Reglamentario en Materia Tributaria.

Antecedentes y razones de oportunidad y conveniencia que justifican su expedición

Por medio del Proyecto de Ley 301 del 2018 para el Senado y 290 del 2018 para la Cámara de Representantes (*Gaceta* 933 del 2018), el Ministerio de Hacienda y Crédito

Público presentó la exposición de motivos del proyecto de ley, por medio de la cual se aprueba la "Convención multilateral para aplicar las medidas relacionadas con los tratados fiscales para prevenir la erosión de las bases imponibles y el traslado de beneficios", hechos y firmados en Bogotá. Por intermedio del proyecto mencionado, el Gobierno nacional ratificó la Convención Multilateral que adiciona todos los convenios para evitar la doble imposición suscritos por Colombia e incorpora medidas para evitar el abuso de los CDI. De conformidad con lo anterior, el objeto del presente Decreto consiste en desarrollar y reglamentar el procedimiento administrativo para que la administración tributaria pueda aplicar el PPT a las operaciones o transacciones de los contribuyentes cuando incurran en prácticas de *treaty shopping*.

Que de conformidad con lo previsto en el artículo 7 de la Ley 2708 del 2018 que ratificó e incorporó el PPT en el ordenamiento jurídico colombiano es necesario establecer criterios de procedimiento para garantizar el debido proceso administrativo tanto al contribuyente como a la administración tributaria.

Que el PPT incorporó un elemento subjetivo que establece que se desconocen los beneficios de un convenio para evitar la doble imposición si uno de los principales motivos de un contribuyente fue la obtención de los beneficios de dicho tratado.

Que dicho elemento subjetivo no trae consigo parámetros para determinar que una operación o transacción tuvo como uno de los principales propósitos acceder a los beneficios consagrados en las disposiciones de un CDI.

Que para efectos de poder aplicar el PPT se hace necesario establecer criterios objetivos que garanticen la celeridad, economía y moralidad de las actuaciones administrativas.

En virtud de lo anterior, es necesario establecer las definiciones, pruebas y documentación necesarias para determinar el propósito principal de las operaciones o transacciones de los contribuyentes con la finalidad de determinar si hay abuso en los beneficios obtenidos en un CDI.

Ámbito de aplicación del respectivo acto y los sujetos a quienes va dirigido

Se aplicará en todo el territorio nacional y se encuentra dirigido a todos los contribuyentes de los impuestos de renta y patrimonio administrados por la Unidad Administrativa Especial, Dirección de Impuestos y Aduanas Nacionales (DIAN), que realicen operaciones o transacciones bajo las disposiciones de un convenio para evitar la doble imposición y obtengan provecho tributario desde una perspectiva de *treaty shopping*.

Viabilidad jurídica

Es viable, pues no contradice ninguna disposición de rango constitucional ni legal y se expide con fundamento en las facultades conferidas al presidente de la República conforme se indicó en el numeral 2° de esta memoria.

Impacto económico si fuere del caso (deberá señalar el costo o ahorro de la implementación del respectivo acto)

El impacto económico fue analizado e incorporado en la exposición de motivos del proyecto de Ley 301 del 2018 para el Senado y 290 del 2018 para la Cámara de Representantes cuando fue radicado.

Disponibilidad presupuestal

No aplica.

Impacto medioambiental o sobre el patrimonio cultural de la nación

No aplica.

Consultas

No aplica.

Publicidad

Se realizará la publicación del proyecto para comentarios en la página web del Ministerio de Hacienda y Crédito Público, conforme lo dispone el Decreto 1081 del 2015 y el numeral 8° del artículo 8° del Código de Procedimiento Administrativo y de lo Contencioso Administrativo.

Directora de Gestión Jurídica
UAE, Dirección de Impuestos y Aduanas Nacionales – DIAN

BIBLIOGRAFÍA

Ángel Vallejo, Pablo. "The (in)convenience of introducing antiabuse provisions in tax treaties". Tesis de maestría, Leiden University, 2015.

Bonilla Montoya, Lisbeth. "Análisis de las acciones BEPS, su aplicación en Colombia y su inclusión al sistema tributario". *Revista Instituto Colombiano de Derecho Tributario* 76 (2017): 157-198.

Cotrut, Madalina, ed. *International Tax Structures in the BEPS Era: An Analysis of Anti-abuse Measures*. Amtersdam: IBFD, 2015.

Ey Abogados. *Cláusula General Antiabuso tributaria en España: Propuestas para una mayor seguridad jurídica*. Madrid: Fundación Impuestos y Competitividad, 2015. https://fundacionic.com/wp-content/uploads/2016/02/Cl%C3%A1usula-General-Antiabuso-Tributaria-en-Espa%C3%B1a-Propuestas-para-una-mayor-seguridad-jur%C3%ADdica.pdf.

Gómez, Santiago. "El test de propósito principal: de la incertidumbre a la seguridad jurídica". *Revista Impuestos*, n.° 205 (enero-febrero, 2018): 19-27.

Lang, Michael. *Introducción al derecho de los convenios para evitar la doble imposición*. Bogotá: Temis, 2014.

OCDE. "Borrador de Consulta: Tributación de las transferencias indirectas transnacionales - Una guía práctica", 2017.

OCDE. "Multilateral Convention to Implement Tax Treaty Related Measures to Prevent BEPS", 7 de junio, 2017. https://www.oecd.org/tax/treaties/multilateral-convention-to-implement-tax-treaty-related-measures-to-prevent-beps.htm.

OCDE. *Preventing the Granting of Treaty Benefits in Inappropriate Circumstances*. París: OCDE, 2014.

OCDE. "Republic of Colombia Status of List of Reservations and Notifications at the Time of Signature". BEPS MLI Position Colombia. Acceso el 4 de agosto del 2020, http://www.oecd.org/tax/treaties/beps-mli-position-colombia.pdf.

Rozo Gutiérrez, Carolina. "Resultados del plan de acción BEPS y su aplicación en Colombia". *Instituto Colombiano de Derecho Tributario* (2016): 125-148.

Russo, Raffaele, ed. *Fundamentals of international tax planning*. Amsterdam: IBFD, 2007.

Vega Borrego, Félix. "Las cláusulas de limitación de beneficios en los convenios para evitar la doble imposición". Tesis doctoral, Facultad de Derecho, Universidad Autónoma de Madrid, 2002.

PRECIOS DE TRANSFERENCIA Y REMUNERACIÓN DE LOS SERVICIOS INTERCOMPAÑÍA

¡Qué gran enredo para los grupos multinacionales!*

Cindy Johanna Simbaqueva Vigoya

* Para citar este capítulo: http://dx.doi.org/10.15425/2017.501

Los grupos multinacionales se enfrentan diariamente a la fijación de precios en las transacciones, operaciones y ventas que realizan entre sí distintos miembros del grupo —sus partes relacionadas—, así como en los servicios que se prestan. Esto implica que deben conocer el régimen de precios de transferencia para no tener contingencias en materia fiscal.

A este problema se enfrenta Néstor, el gerente financiero de una compañía multinacional, quien recibe un requerimiento especial de la DIAN en el que cuestionan cómo se fijó la remuneración de los servicios que le prestó su compañía a una parte relacionada en Perú.

En particular, este texto pretende evaluar las diferentes posiciones sobre la determinación de una remuneración de servicios de bajo valor agregado. ¿Colombia debería considerar implementar en su legislación el análisis simplificado propuesto por la OCDE, con un *safe harbor* del 5 %, o debería seguir haciendo un análisis de plena competencia con los métodos usualmente utilizados?

PALABRAS CLAVE

Precios de transferencia, principio de plena competencia, *arm's length*, vinculación económica, servicios intercompañía, servicios intragrupo, servicios de bajo valor agregado, *safe harbor*, OCDE, Plan de Acción BEPS, Acción 10.

GLOSARIO

BEPS/Plan de Acción BEPS: *Base Erosion and Profit Shifting* por sus siglas en inglés o Erosión de la Base Imponible y el Traslado de Beneficios. Es el término empleado para hacer referencia a las estrategias de planificación fiscal utilizadas por las compañías multinacionales para beneficiarse de las inconsistencias y falencias de los sistemas fiscales nacionales. Estas consisten en trasladar sus beneficios a países de baja o nula tributación, donde desarrollan una leve actividad económica, en aras de eludir el pago del impuesto sobre sociedades. El Plan de Acción BEPS fue desarrollado por la OCDE y cuenta con quince acciones para combatir la evasión fiscal de las empresas multinacionales.

Directrices OCDE: Directrices de Precios de Transferencia para Sociedades Multinacionales y Administraciones Fiscales publicadas por la Organización para la Cooperación y Desarrollo Económico (OCDE).

Precios de transferencia: Son los precios pactados entre compañías mediante los cuales se transfieren bienes, servicios o derechos.

Principio de plena competencia (*arm's length*): Término económico que hace referencia a un mercado competitivo en el cual los principios de oferta y demanda fijan los precios del mercado. En lo que concierne a precios de transferencia, el concepto *arm's length* implica que las transacciones que se realicen entre compañías vinculadas deben ser pactadas bajo los mismos términos y condiciones que pactarían terceros independientes.

***Safe harbor*:** Disposición de una ley o reglamento que especifica cierta condición que no viola una norma.

Servicios intercompañía o intragrupo: Servicios prestados entre compañías vinculadas.

Vinculación económica: Cuando entre dos o más compañías existen intereses económicos, financieros o administrativos en común. Para efectos del régimen tributario colombiano, es lo indicado en el artículo 260-1 del Estatuto Tributario.

HISTORIA

Un día, Néstor, representante legal de la compañía multinacional de publicidad JCreative Colombia, se impactó con una noticia. ¡A la empresa había llegado un requerimiento especial de la DIAN! Indicaba que necesitaban información acerca de cómo pactaron los precios de los servicios administrativos que le prestaron a su compañía hermana (parte relacionada) JCreative Perú.

Ante tal sorpresa, Néstor rápidamente llamó a Mario, el gerente de impuestos, quien había llegado tres días atrás a la compañía y aún no sabía todo acerca de su funcionamiento.

—¿Qué respondemos, Mario? —dijo Néstor.

—Hum, permítame revisar el contrato. ¿Sabemos cómo cobramos los servicios que prestamos a Perú?, ¿qué servicios son?, ¿qué margen de utilidad cobramos?, ¿sabemos al menos algo? —le respondió Mario a un muy asustado Néstor.

—La verdad, creo que no se cobra nada adicional... ¡Solo el costo y ya! Perú es una compañía del grupo, ¿por qué habría de cobrarle algo adicional por prestarle servicios?

Una cara de preocupación se dibujó en el rostro de Mario. ¡Oh no, esto es un problema de *precios de transferencia*! —añadió.

Después de una ardua investigación, descubrieron que a pesar de lo que pensaba Néstor, la compañía tenía un contrato de prestación de servicios en el que se estipulaba que todos los servicios, sin importar cuáles fueran, se facturarían al beneficiario con un cobro del 100 % de los *costos y gastos más un margen del 8 %*. Adicionalmente, encontraron que entre los servicios prestados por la compañía colombiana a la peruana había servicios IT, de contabilidad, auditoría, recursos humanos, legales, administrativos, generales, investigación y desarrollo, mercadeo, distribución y financieros.

En meses pasados, mientras estaba desempleado, Mario había asistido a uno de los congresos colombianos de tributación internacional de la IFA y había escuchado que la OCDE propuso en su Plan de Acción BEPS que todos los servicios se remuneraran con un margen del 5 %.

—Creo que ese margen de utilidad está mal asignado —le dijo Mario a Néstor—. Esa debe ser la razón por la que nos está investigando la DIAN. Es necesario que consultemos a alguien que sepa del tema.

Luego de contratar a un consultor de precios de transferencia, Néstor se enteró de que este régimen implica probarle a la autoridad fiscal colombiana —DIAN— que las transacciones que se hacen entre compañías de un grupo multinacional cumplen con el principio de plena competencia *arm's length*. En pocas palabras, quiere decir que los precios entre compañías se deben pactar como si fueran compañías terceras desconocidas, y no como si fueran hermanas o partes relacionadas de un mismo grupo. De lo contrario, la DIAN podría pensar que la compañía realiza estrategias de planificación fiscal agresiva y está trasladando la utilidad a otro país para pagar menos impuestos en Colombia.

Así las cosas, el consultor les dijo que era necesario hacer el informe local de precios de transferencia de JCreative Colombia, para soportar ante la DIAN que la prestación de servicios administrativos a la compañía del grupo en Perú se había pactado a valor de mercado y que el margen del 8 % era el adecuado. El consultor hizo un análisis utilizando el método de Márgenes Transaccionales de Utilidad de Operación (TU), el cual consiste en determinar un rango basado en las utilidades operativas devengadas por compañías comparables. La comparabilidad se determina con base en las funciones, activos y riesgos, los cuales deben ser equiparables con los de JCreative Colombia en la prestación de servicios a la parte relacionada. En la gráfica 1 se determinó el rango de plena competencia para el margen operativo.

Con este resultado, Néstor, Mario y el consultor llegaron a la conclusión de que no había contingencias en la

Gráfica 1. Rango de plena competencia (MOCT)

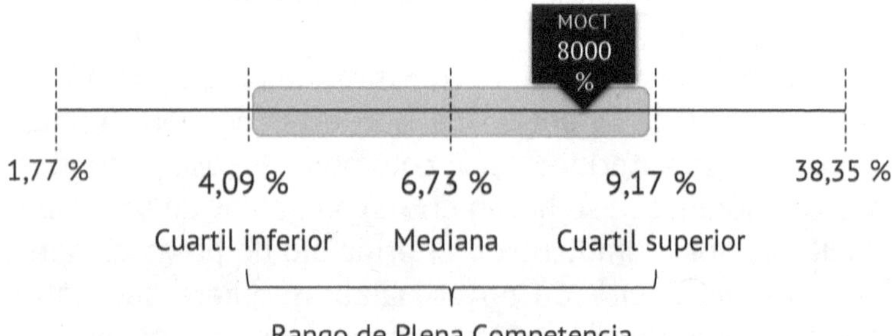

Fuente: elaboración propia.

operación, pues el Margen Operativo sobre Costos Totales (MOCT[1]) del 8 % acordado en el contrato estaba dentro del rango de plena competencia. No imaginaban siquiera el problema que se avecinaba. Sin preverlo, cuando pensaban que ya todo estaba resuelto, llegó un correo desde Perú con el siguiente asunto.

¡URGENTE!
Imposibilidad de deducción Contrato de Servicios 8 %

Al parecer, en la legislación peruana se siguió la recomendación de la OCDE y el margen de utilidad aceptado para servicios de bajo valor agregado es del 5 %. Por lo tanto, el 3 % adicional que le cobró Colombia a Perú no podría ser deducible en su declaración de renta.

PROBLEMÁTICA

¿Debe Colombia acogerse a la recomendación de la OCDE del análisis simplificado para los servicios de bajo valor agregado (*safe harbor* del 5 %) o es mejor seguir analizando puntualmente cada tipo de servicio de acuerdo con los métodos tradicionales de evaluación en Precios de Transferencia?

ESTRATEGIAS Y SOLUCIÓN DEL PROBLEMA

Para resolver la problemática planteada, se han planteado tres estrategias.

1 MOCT = Utilidad Operativa / Costos + Gastos Operativos.

Evaluar las ventajas y desventadas de la aplicación del enfoque simplificado que plantea la OCDE y determinar la razón y procedencia del planteamiento del 5 %

El documento final de las Acciones 8-10 del Plan de Acción BEPS propone, tal y como lo sugiere su título, "Garantizar que los resultados de los precios de transferencia estén en línea con la creación de valor"[2]. En la sección D.2. se describe un enfoque simplificado optativo para la determinación de la remuneración de plena competencia destinada a los servicios intragrupo de bajo valor agregado, incluida una prueba simplificada del beneficio.

Definición

En primer lugar, aclaremos qué significa un servicio de bajo valor añadido o agregado. Son aquellos que prestan uno o varios miembros del grupo multinacional a otros miembros del grupo, que:

- Tienen un carácter auxiliar o de apoyo.
- No constituyen la actividad principal del grupo multinacional.
- No requieren el uso de intangibles únicos o valiosos, o conducen a la creación de intangibles únicos o valiosos.
- No conllevan la asunción o el control de un nivel alto o significativo de riesgo, o generan un nivel de riesgo significativo para el proveedor del servicio.

2 OCDE, *Proyecto de la OCDE y del G-20 sobre la Erosión de la Base Imponible y el Traslado de Beneficios. Garantizar que los resultados de los precios de transferencia estén en línea con la creación de valor, Acciones 8 a 10 - Informes finales 2015* (París: Éditions OCDE, 2016), http://dx.doi.org/10.1787/9789264258280-es.

No son servicios de bajo valor añadido:

- Servicios que constituyan la actividad principal del grupo multinacional.
- Servicios de investigación y desarrollo.
- Servicios de fabricación y producción.
- Actividades de compra relacionadas con materias primas u otros materiales que se utilicen en el proceso de fabricación o producción.
- Actividades de venta, distribución y comercialización.
- Transacciones financieras.
- Extracción, exploración o transformación de recursos naturales.
- Seguros y reaseguros.
- Servicios de alta dirección de empresas diferentes de la supervisión por parte de la dirección de los servicios.

De acuerdo con lo anterior, a grandes rasgos las actividades que constituyen servicios de bajo valor añadido son[3]:

- Servicios de contabilidad y auditoría.
- Servicios de procesamiento y gestión de cuentas por cobrar/pagar.
- Actividades de recursos humanos.
- Supervisión y recopilación de datos en materia de salud y prevención de riesgos laborales, ambientales, seguridad e higiene en el puesto de trabajo y normas de regulación de la actividad empresarial.
- Servicios de tecnología de la información, cuando no constituyan la actividad principal del grupo.

3 Una descripción más detallada de los ejemplos que constituyen servicios de bajo valor añadido puede consultarse en OCDE, *Proyecto de la OCDE y del G-20.*

- Apoyo a las comunicaciones internas y externas y a las relaciones con el público.
- Servicios jurídicos.
- Actividades inherentes al cumplimiento de las obligaciones tributarias.
- Servicios generales de carácter administrativo.

En resumen, los servicios de bajo valor añadido hacen referencia a *un servicio de carácter auxiliar o de apoyo.*

Ventajas

Entre las ventajas planteadas por la OCDE al utilizar esta metodología simplificada se encuentran:

- La reducción de los esfuerzos en materia de cumplimiento en lo referente a la prueba de beneficio y la demostración de los cargos de plena competencia.
- La provisión de una mayor certidumbre para los grupos multinacionales en cuanto a que el precio cargado por las actividades en cuestión será aceptado por las administraciones tributarias que hayan adoptado el enfoque simplificado cuando se hayan cumplido las condiciones descritas anteriormente.
- Proporcionar a las administraciones tributarias la documentación específica que permita una revisión eficiente de los riesgos de cumplimiento.

Desventajas

Entre las desventajas visibles en la aplicación de la metodología es posible identificar que:

- El enfoque simplificado no sea adoptado de forma generalizada por todos los países.
- El enfoque simplificado no sea adoptado ni por el proveedor ni por el receptor de los servicios.

- En una misma legislación no aplique el enfoque simplificado ni para las operaciones de ingreso ni para las de egreso.
- La legislación solicite documentación adicional para soportar la aplicación de la metodología simplificada.

Aplicación de la metodología simplificada

Test de beneficio

En primer lugar, para aplicar la metodología de análisis de precios de transferencia de los servicios intercompañía es necesario realizar un test de beneficio. Este test consiste en determinar si los servicios representan un beneficio comercial o económico para la compañía que los recibe y si esta estaría dispuesta a contratar el servicio con un tercero. De cumplirse lo anterior, es necesario remunerar la prestación del servicio.

Al respecto de los servicios de bajo valor añadido o agregado, la OCDE establece que, dada la naturaleza de estos, la implementación del test puede ser difícil y requerir un mayor esfuerzo de lo que los montos ameritan. Por lo tanto, las autoridades fiscales deberían abstenerse de cuestionar el test del beneficio cuando se ha aplicado la metodología simplificada bajo las condiciones y circunstancias explicadas[4].

4 OECD, *Transfer pricing guidelines for multinational enterprises and tax administrations* (París: OECD Publishing, 2017), par. 7.54, 341, https://read.oecd-ilibrary.org/taxation/oecd-transfer-pricing-guidelines-for-multinational-enterprises-and-tax-administrations-2017_tpg-2017-en#page1.

Base del costo

Para aplicar el enfoque simplificado, el primer paso consiste en determinar la totalidad de los costos incurridos en la prestación de los servicios. Se deben tener en cuenta tanto los costos directos como los indirectos, así como los costos operativos, de ser necesarios.

Asignación y reparto de costos

Posteriormente, cuando los servicios se prestan a más de una compañía, es necesario distribuir la base del costo determinada en el ítem anterior entre todas las compañías receptoras de los servicios. Esta distribución se realiza mediante claves de asignación razonables, como por ejemplo número de empleados, participación en las ventas del grupo, etc.

Margen de beneficio

El proveedor de los servicios debe aplicar un margen de utilidad apropiado a la base del costo. Lo interesante de la metodología simplificada es que sugiere que el margen sea estándar, es decir, del 5 %. Adicionalmente, la OCDE enfatiza en que este margen no requiere una justificación por medio de un estudio de mercado.

Remuneración total

En resumen, la remuneración propuesta para los servicios de bajo valor agregado es la siguiente.

Remuneración = *Costos totales + Margen de utilidad del 5 %*

Umbral sugerido

La OCDE deja a consideración de la administración fiscal de cada país la definición de un umbral para la aplicación de la metodología simplificada. Si la operación realizada supera el tope, podría invalidarse la aplicación del análisis simplificado y requerirse un análisis completo convencional. Esto implicaría un análisis de mercado para validar la determinación de la base del costo y las claves de asignación, así como del margen de utilidad aplicado.

Documentación

La OCDE sugiere que el contribuyente prepare una documentación simplificada para los servicios de bajo valor agregado y la mantenga a disposición de la autoridad fiscal en caso de ser requerida. En términos generales esta documentación debe contener:

- Descripción de las categorías de los servicios intragrupo de bajo valor añadido prestados.
- Acuerdos o contratos por escrito de prestación de servicios, que tengan en consideración la naturaleza de los servicios y los términos y condiciones en los que se prestan los servicios.
- Documentación y cálculos de la base del costo.
- Cómputos que muestren la aplicación de los criterios de asignación y reparto de los costos.

Revisión de la regulación implementada en Perú

A la fecha, el único país de América Latina que ha incorporado esta recomendación a su legislación es Perú, que mediante el Decreto Legislativo n.º 1312, en su numeral i) Servicios, plantea lo siguiente:

> La documentación e información proporcionada debe evidenciar la prestación efectiva del servicio, la naturaleza del servicio, la necesidad real del servicio, los costos y gastos incurridos por el prestador del servicio, así como los criterios razonables de asignación de aquellos. En caso de cambiar de criterio de asignación, el contribuyente debe justificar la razón y/o necesidad de dicho cambio.
>
> La deducción del costo o gasto por el servicio recibido, se determina sobre la base de la sumatoria de los costos y gastos incurridos por el prestador del servicio, así como de su margen de ganancia.
>
> A tal efecto, tratándose de servicios de bajo valor añadido, el referido margen no puede exceder el cinco por ciento (5 %) de los costos y gastos incurridos por el prestador del servicio[5].

Se consideran como servicios de bajo valor añadido aquellos que cumplen con las siguientes características: (1) tienen carácter auxiliar o de apoyo; (2) no constituyen actividades principales del contribuyente o del grupo multinacional, según corresponda; (3) no requieren el uso de intangibles únicos y valiosos, ni conducen a la creación de intangibles únicos y valiosos, y (4) no conllevan asumir o controlar un nivel alto o significativo de riesgo, ni generan un nivel de riesgo significativo para el proveedor del servicio.

El reglamento podrá señalar de manera referencial los servicios que califican como de bajo valor añadido y aquellos que no.

De la ley citada anteriormente podemos inferir que Perú incluyó parcialmente en su legislación la metodología simplificada de la OCDE, pues introduce el término de

5 D. 1312/2017, *Diario Oficial del Bicentenario. El Peruano.*

servicios de bajo valor añadido tomando como margen de utilidad el recomendado de 5 %. Sin embargo, es claro que el objetivo último de la medida *es limitar la deducción* para la compañía que adquiere el servicio.

Entre otras características e inconvenientes que ha tenido la aplicación de la metodología en Perú se encuentran:

- Que la ley no simplificó la documentación habitual que requiere la aplicación de los métodos tradicionales de precios de transferencia, pues es necesario seguir documentando la operación y evaluar si el 5 % está a valor de mercado. Lo anterior se desvía de las ventajas que en principio deberían conseguirse con la implementación de la metodología simplificada.
- Igualmente, es necesaria la aplicación del test de beneficio. Como se indicó, la OCDE prevé que este test es difícil y en algunos casos ambiguo. Por lo tanto, este no debería ser un criterio de calificación para la aplicación.
- La legislación exige la presentación de la información financiera que respalda la asignación de costos, pero el contribuyente no necesariamente cuenta con esta información ni con la autoridad de solicitarla a su matriz.
- No es claro el tipo de servicios que abarca, por lo que sería recomendable una lista taxativa de los servicios que podrían denominarse de bajo valor agregado.

Si no se cumple alguna de estas características, se impide la deducción de los servicios en su totalidad. Adicionalmente, si se fijó un margen superior al 5 % se limita la deducción parcialmente. A raíz de lo anterior, en la mayoría de los casos los contribuyentes se han visto afectados con el impedimento de la deducción.

Revisar cómo se analizan este tipo de operaciones en Colombia, realizando un análisis económico para verificar si el **safe harbor** *del 5 % es aplicable*

Una razón para desvirtuar que una operación constituye un servicio de bajo valor agregado o añadido es que sea prestado tanto a vinculados como a terceros independientes. Así las cosas, esto implicaría que para el análisis económico de este tipo de operaciones no sería posible el uso de comparables internos[6]. En vista de lo anterior, para el análisis económico de las operaciones sería indispensable la utilización de comparables externos.

Generalmente, para analizar operaciones relacionadas con los servicios de bajo valor agregado o añadido se optaría por la aplicación del TU. Este método consiste en buscar compañías comparables, para este caso prestadoras de servicios de bajo valor añadido, que cumplan con los criterios listados previamente para ser denominadas así. Una vez encontradas las compañías comparables, se selecciona un indicador de rentabilidad apropiado que para el caso sería el Margen de Utilidad Operativa sobre Costos Totales (MOCT).

$$MOCT = \frac{Utilidad\ de\ Operación}{Costo\ de\ Ventas + Gastos\ Operativos}$$

Una vez se cuente con el MOCT de las compañías comparables se realiza un ajuste estadístico intercuartil, el cual consiste en acotar las observaciones mediante la eliminación del 50 % que estén más alejadas de la mediana. El rango intercuartil representa el intervalo de resultados

6 Esta metodología consistiría en comparar la utilidad en la prestación de servicios a vinculados frente a la utilidad devengada de la prestación de los mismos servicios a clientes terceros, si se da este tipo de transacción bajo circunstancias económicas semejantes.

comprendidos entre el cuartil superior (percentil 75 o tercer cuartil) y el cuartil inferior (percentil 25 o primer cuartil). De esta manera se establece un rango de plena competencia.

A continuación, se ilustrará el proceso de búsqueda de compañías comparables para los servicios de bajo valor agregado o añadido, con el objetivo de crear un rango de plena competencia para el ejercicio fiscal 2018. Para tal fin fue usada la base de datos internacional S&P (Standard & Poor's) Capital IQ. En la tabla 1 se establece la estrategia de búsqueda.

Con esta estrategia resultaron 552 compañías potencialmente comparables, las cuales fueron revisadas una a una de tal forma que quedaron las 13 compañías comparables listadas en la tabla 2.

Tabla 1. Estrategia de búsqueda compañías comparables

SCREENING CRITERIAL
1. SIC Codes: 7374 Data processing and preparation (Primary) OR 7389 Business services (Primary) OR 8721 Accounting, auditing, and bookkeeping (Primary) OR 8731 Commercial physical research (Primary) OR 8741 Management services (Primary) OR 8742 Management consulting services (Primary) OR 8748 Business consulting (Primary) OR 7310 Advertising (Primary) OR 7360 Personnel supply services (Primary).
2. Company Type: Public Company OR Private Company With Public Debt.
3. Company Status: NOT (Operating Subsidiary OR Reorganizing OR Out of Business OR Acquired OR No Longer Investing OR Liquidating).

Fuente: elaboración propia a partir de datos de S&P Capital IQ.

Tabla 2. Compañías comparables

NOMBRE DE LA COMPAÑÍA	PAÍS
Automatic Data Processing, Inc.	EE. UU.
Barrett Business Services, Inc.	EE. UU.
Capita plc	Reino Unido
CBIZ, Inc.	EE. UU.
Cpl Resources plc	Irlanda
eClerx Services Limited	India
ExlService Holdings, Inc.	EE. UU.
Insperity, Inc.	EE. UU.
Kforce Inc.	EE. UU.
Paychex, Inc.	EE. UU.
Primeserv Group Limited	Suráfrica
Riddhi Corporate Services Limited	India
Robert Half International Inc.	EE. UU.

Fuente: elaboración propia a partir de datos de S&P Capital IQ.

La legislación colombiana sugiere que el análisis se realice con la información financiera del último año disponible. Sin embargo, para fines de estandarizar la muestra y eliminar fluctuaciones significativas, se realiza el ejercicio igualmente con los últimos tres años de información disponible en la tabla 3.

Tabla 3. MOCT de compañías comparables

NOMBRE DE LA COMPAÑÍA	MOCT[7] ÚLTIMO AÑO DISPONIBLE (%)	MOCT[8] PROMEDIO ÚLTIMOS TRES AÑOS (%)
Automatic Data Processing, Inc.	19,23	19,69
Barrett Business Services, Inc.	3,36	3,96
Capita plc	7,98	7,71
CBIZ, Inc.	8,42	8,96
Cpl Resources plc	3,54	3,60
eClerx Services Limited	30,48	40,71
ExlService Holdings, Inc.	10,59	10,93
Insperity, Inc.	4,10	3,67
Kforce Inc.	5,32	5,49
Paychex, Inc.	58,47	60,47
Primeserv Group Limited	3,17	3,10
Riddhi Corporate Services Limited	3,16	7,75
Robert Half International Inc.	11,26	11,30

Fuente: elaboración propia a partir de datos de S&P Capital IQ.

En las gráficas 2 y 3 se ilustran los rangos de plena competencia determinados.

7 Para el cálculo del MOCT se utilizó la información del estado de resultados del último ejercicio fiscal de cada compañía comparable, 2018, o en su defecto 2017.

8 Para el cálculo del MOCT se utiliza la información del estado de resultados de los tres últimos ejercicios fiscales 2018-2016 de cada compañía comparable, o en su defecto 2017-2015.

Gráfica 2. Rango de plena competencia con el último año de información disponible

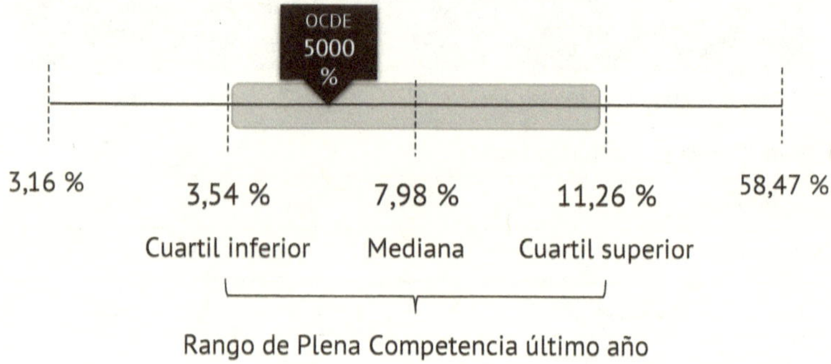

Fuente: elaboración propia a partir de datos de S&P Capital IQ.

Gráfica 3. Rango de plena competencia con los tres últimos años de información disponible

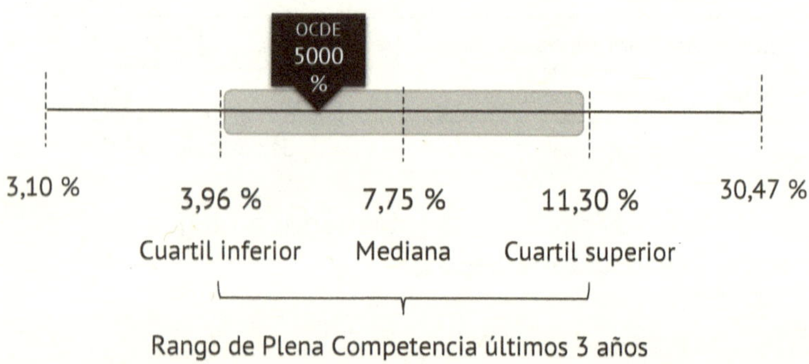

Fuente: elaboración propia a partir de datos de S&P Capital IQ.

Como se evidencia, el rango de plena competencia no varía significativamente en ninguno de los dos casos.

A partir del análisis realizado es posible concluir que el margen de 5 % recomendado por la OCDE se encuentra dentro del rango de plena competencia determinado entre el cuartil inferior y la mediana.

SOLUCIÓN DEL PROBLEMA

Tras analizar las estrategias descritas, se proponen conclusiones diferenciadas para los siguientes actores del proceso.

Contribuyente

La correcta implementación de la metodología de análisis simplificado propuesta por la OCDE le permitiría al contribuyente: (1) tener una mayor certidumbre en la determinación de la remuneración de los servicios de bajo valor agregado, y (2) evitar cuestionamientos por parte de la autoridad fiscal, lo que implicaría un ahorro en términos de disputas legales, reliquidaciones y sanciones. Respecto a la reducción en la carga de la documentación de precios de transferencia, el ahorro en principio no sería para el contribuyente, pues la recomendación de la OCDE sugiere que se mantenga un análisis funcional de la operación a disposición de la autoridad fiscal en caso de ser solicitado.

Consultor

En principio, para el consultor que realiza los informes locales de precios de transferencia la adopción del análisis simplificado implicaría un ahorro en materia de análisis, pues no sería necesaria la validación de la base del costo del servicio o del margen de utilidad aplicado. Sin embargo, si la autoridad fiscal fijara un umbral para la aplicación del análisis simplificado (sección D.2.6.), en los casos en que las transacciones superen este umbral, el ahorro sería nulo.

Autoridad fiscal

Desde la perspectiva de la autoridad fiscal, la implementación del análisis simplificado podría implicar ajustes a lo que es posible considerar un margen bajo que el contribuyente está dispuesto a cobrar a su parte relacionada. Por lo tanto, se podría ampliar la base gravable en la residencia.

Adicionalmente, el uso de la metodología tanto para los ingresos como para los egresos constituye una herramienta para limitar la deducción del exceso de cobro en estos servicios, como lo aplica la actual legislación peruana.

Por los motivos expuestos se concluye que es conveniente que Colombia implemente en su legislación el análisis simplificado para los servicios de bajo valor agregado o añadido propuesto por la OCDE. Además, se concluye que el margen sugerido del 5 % es apropiado para el uso de la metodología simplificada y que sería conveniente implementarlo conjuntamente.

PROPUESTA DE IMPACTO O MEJORA

Crear un proyecto de ley para implementar en Colombia la metodología de análisis simplificado y el margen de utilidad estándar del 5 % como *safe harbor* para los servicios de bajo valor agregado o añadido, de acuerdo con la propuesta de la OCDE.

PROYECTO DE LEY N.° X

Exposición de motivos al proyecto de ley "por medio de la cual se modifica la legislación de precios de transferencia"

1. Objetivo

El presente proyecto de ley que se presenta al Honorable Congreso de la República tiene como principal objetivo agregar a la normatividad de precios de transferencia vigente en Colombia el análisis simplificado para los servicios de bajo valor agregado propuesto por la OCDE. Con la inclusión del análisis simplificado se pretende brindar ventajas para los diferentes actores involucrados, contribuyentes, consultores y autoridad fiscal.

2. Contexto

El documento final de las Acciones 8-10 del Plan de Acción BEPS denominado "Garantizar que los resultados de los precios de transferencia estén en línea con la creación de valor" planteó un enfoque simplificado optativo para la determinación de la remuneración de plena competencia para los servicios intragrupo de bajo valor agregado o añadido. A la fecha, el único país que ha aplicado parcialmente el enfoque simplificado ha sido Perú, con su D.L. 1312/2016. El presente proyecto pretende agregar el análisis optativo simplificado a la normatividad de precios de transferencia en Colombia.

Las ventajas de la adopción de este enfoque simplificado constituyen principalmente: (1) para el contribuyente, certeza fiscal en términos de la determinación de la remuneración; (2) para el consultor, ahorro en el análisis de la documentación de precios de transferencia, y (3) para la autoridad fiscal, una remuneración mínima garantizada por servicios prestados por el contribuyente y una limitación para la deducción de los servicios recibidos.

LEY N.° X DE X

Por medio de la cual se modifica la legislación de precios de transferencia

El congreso de Colombia
DECRETA:

Capítulo XI. Precios de transferencia

Artículo 1°. Adiciónese el artículo 260-12 del Estatuto Tributario, el cual quedará así:

Artículo 260-12: Análisis simplificado a los Servicios de bajo valor agregado. Los contribuyentes del impuesto sobre la renta y complementarios que celebren operaciones intercompañía con partes relacionadas que tengan por objetivo servicios de bajo valor agregado o añadido podrán optar por un análisis simplificado que cumpla las siguientes características:

Se consideran servicios de valor de bajo valor agregado o añadido aquellos que cumplan con las siguientes características: (1) tienen carácter auxiliar o de apoyo; (2) no constituyen actividades principales del contribuyente o del grupo multinacional (3); no requieren el uso de intangibles únicos y valiosos ni conducen a la creación de intangibles únicos y valiosos; y (4) no conllevan asumir o controlar un nivel alto o significativo de riesgo ni generan un nivel de riesgo significativo para el proveedor del servicio.

La siguiente es una lista no taxativa de ejemplos de servicios de bajo valor agregado o añadido.

- Servicios de contabilidad y auditoría.
- Servicios de procesamiento y gestión de cuentas por cobrar/pagar.
- Actividades de recursos humanos.
- Supervisión y recopilación de datos en materia de salud y prevención de riesgos laborales, ambientales, seguridad e higiene en el puesto de trabajo y normas de regulación de la actividad empresarial.
- Servicios de tecnología de la información, cuando no constituyan la actividad principal del grupo.
- Apoyo a las comunicaciones internas y externas y a las relaciones con el público.
- Servicios jurídicos.
- Actividades inherentes al cumplimiento de las obligaciones tributarias.
- Servicios generales de carácter administrativo.

La remuneración de los servicios de bajo valor agregado o añadido será lo que corresponda a la base del costo, definida como la sumatoria de los costos y gastos incurridos por el prestador del servicio, más un margen de utilidad del 5 %.

Los contribuyentes que realicen operaciones intercompañía de bajo valor agregado o añadido bajo las características anteriormente descritas no deberán incluir en su documentación comprobatoria el análisis para comprobar que estas operaciones cumplen con el principio de plena competencia. El contribuyente deberá preparar y conservar, en caso de que sea requerido por la autoridad fiscal, una documentación soporte para las operaciones de bajo valor agregado o añadido, la cual tendrá que contener la siguiente información:

- Descripción de las categorías de los servicios intragrupo de bajo valor añadido prestados.
- Acuerdos o contratos por escrito de prestación de servicios que tengan en consideración la naturaleza de los servicios y los términos y condiciones en los que se prestarán los servicios.
- Cálculo de la base del costo.
- Cómputos que muestren la aplicación de los criterios de asignación y reparto de los costos.

Si para determinado ejercicio fiscal la transacción de servicios de bajo valor agregado o añadido del contribuyente con una parte relacionada supera los 100 000 UVT, será necesario aplicar los métodos para determinar el precio o margen de utilidad en las operaciones con vinculados del art. 260-3. La determinación del límite corresponde a la transacción del contribuyente con cada parte relacionada y no a la suma por tipo de operación.

Sin perjuicio de lo expuesto en el presente artículo, la autoridad fiscal podrá verificar si los servicios prestados a partes relacionadas corresponden a servicios de bajo valor agregado o añadido y limitar la deducción que supere el margen de utilidad del 5 %.

BIBLIOGRAFÍA

EU JTPF, European Commission. "Guidelines on low value adding intra-group services". EU Joint Transfer Pricing Forum, Bruselas, 2010. https://ec.europa.eu/taxation_customs/sites/taxation/files/docs/body/jtpf_020_rev3_2009.pdf.

OCDE. *Proyecto de la OCDE y del G-20 sobre la Erosión de la Base Imponible y el Traslado de Beneficios. Garantizar que los resultados de los precios de transferencia estén en línea con la creación de valor, Acciones 8 a 10 - Informes finales 2015.* París: Éditions OCDE, 2016. http://dx.doi.org/10.1787/9789264258280-es.

OECD. "Multi-country analysis of existing transfer pricing simplification measures", 2011. http://www.oecd.org/tax/transfer-pricing/48131481.pdf.

OECD. "Multi-country analysis of existing transfer pricing simplification measures", 2012. http://www.oecd.org/tax/transfer-pricing/50517144.pdf.

OECD. "Revised section E on safe harbours in chapter IV of the transfer pricing guidelines", 2013. http://www.oecd.org/ctp/transfer-pricing/Revised-Section-E-Safe-Harbours-TP-Guidelines.Pdf.

OECD. *Transfer pricing guidelines for multinational enterprises and tax administrations.* Paris: OECD Publishing, 2017. https://read.oecd-ilibrary.org/taxation/oecd-transfer-pricing-guidelines-for-multinational-enterprises-and-tax-administrations-2017_tpg-2017-en#page1.

Normas y leyes

D. 1312/2017. *Diario Oficial del Bicentenario. El Peruano.*

ANEXOS

ANEXO 1. TABLA DE ACEPTACIÓN Y RECHAZO

	NOMBRE DE LA COMPAÑÍA	PAÍS	ACEPTACIÓN/MOTIVO DE RECHAZO
1	Alperia S.p.A.	Italia	Pérdidas significativas
2	AmTrust Financial Services, Inc.	EE. UU.	Pérdidas significativas
3	ÅR Packaging Group AB	Suecia	Negocio diferente: materiales de empaque
4	Astana Finance Joint Stock Company	Kazajistán	Inventarios/Ventas significativos
5	Axpo Holding AG	Suiza	Inventarios/Ventas significativos
6	Blackhawk Network Holdings, Inc.	EE. UU.	Negocio diferente: procesamiento de pagos
7	Com Hem Sweden AB (publ)	Suecia	Entidad controlada
8	DigiPlex Norway AS	Noruega	Activos fijos/Ventas significativos
9	Docuformas, S. A. P. I. de C. V.	México	Pérdidas significativas
10	E.S.TR.A. S. p. A.	Italia	Negocio diferente: electricidad
11	Eastern and Southern African Trade and Development Bank		Pérdidas significativas
12	Erste Abwicklungsanstalt	Alemania	Pérdidas significativas
13	Etexco S. A.	Bélgica	Información financiera insuficiente
14	Feria Muestrario Internacional de Valencia	España	Pérdidas significativas
15	FMS Wertmanagement AöR	Alemania	Pérdidas significativas
16	Housing & Care 21	Reino Unido	Negocio diferente: *housing solutions*

Continúa

	NOMBRE DE LA COMPAÑÍA	PAÍS	ACEPTACIÓN/MOTIVO DE RECHAZO
17	India Infradebt Limited	India	Información financiera insuficiente
18	Indian Renewable Energy Development Agency Limited	India	Información financiera insuficiente
19	Innovaway S.p.A.	Italia	Negocio diferente: servicios financieros
20	Inter Media and Communication S.p.A.	Italia	Negocio diferente: servicios de bancarrota
21	Invivo Group	Francia	Pérdidas significativas
22	Klarna Bank AB (publ)	Suecia	Negocio diferente: procesamiento de pagos
23	Länsförsäkringar AB (publ)	Suecia	Pérdidas significativas
24	Lietuvos Energija, UAB	Lituania	Activos fijos/Ventas significativos
25	National CineMedia, LLC	EE. UU.	Intangibles sobre ventas significativos
26	New Zealand Local Government Funding Agency Limited	Nueva Zelandia	Información financiera insuficiente
27	Otkritie Holding JSC	Rusia	Intangibles sobre ventas significativos
28	PCC SE	Alemania	Inventarios/Ventas significativos
29	PostNord AB	Suecia	Funciones diferentes: comunicaciones y logística
30	QualityTech, LP	EE. UU.	Información financiera insuficiente
31	Quant AB	Suecia	Pérdidas significativas
32	Springpoint Senior Living, Inc.	EE. UU.	Pérdidas significativas

Continúa

	NOMBRE DE LA COMPAÑÍA	PAÍS	ACEPTACIÓN/MOTIVO DE RECHAZO
33	State Development Corporation "VEB.RF"	Rusia	Inventarios/Ventas significativos
34	Toyota Financial Services (South Africa) Limited	Suráfrica	Pérdidas significativas
35	Trinity Health Corporation	EE. UU.	Pérdidas significativas
36	Umgeni Water	Suráfrica	Negocio diferente: suministro de agua
37	West Corporation	EE. UU.	Negocio diferente: servicios de comunicaciones
38	104 Corporation	Taiwán	I&d significativa
39	11880 Solutions AG	Alemania	Pérdidas significativas
40	3Pea International, Inc.	EE. UU.	Negocio diferente: tarjetas prepagadas
41	51job, Inc.	China	Negocio diferente: reclutamiento de personal
42	A2B Australia Limited	Australia	Negocio de transporte: soluciones de transporte
43	Aarvi Encon Limited	India	Negocio diferente: servicios de ingeniería
44	Accenture plc	Irlanda	Consultoría y servicios de valor agregado
45	Acme Resources Limited	India	Información financiera insuficiente
46	ad pepper media International N.V.	Alemania	Negocio diferente: *marketing* digital
47	Adaptive Medias, Inc.	EE. UU.	I&d significativa
48	AdCityMedia AB	Suecia	
49	Adcorp Australia Limited	Australia	Pérdidas significativas
50	Adcorp Holdings Limited	Suráfrica	Negocio diferente: reclutamiento de personal

Continúa

	NOMBRE DE LA COMPAÑÍA	PAÍS	ACEPTACIÓN/MOTIVO DE RECHAZO
51	Adecco Group AG	Suiza	Negocio diferente: reclutamiento de personal
52	Adrenna Property Group Limited	Suráfrica	Negocio diferente: mercado inmobiliario
53	AdUX SA	Francia	Pérdidas significativas
54	Advance Information Marketing Berhad	Malasia	Negocio diferente: fidelidad de clientes
55	Advantex Marketing International Inc.	Canadá	Negocio diferente: fidelidad de clientes
56	Adveritas Limited	Australia	Información financiera insuficiente
57	Affinion Group Holdings, Inc.	EE. UU.	Negocio diferente: fidelidad de clientes
58	Agora Holdings, Inc.	Canadá	Pérdidas significativas
59	Aimia Inc.	Canadá	Negocio diferente: fidelidad de clientes
60	Airan Limited	India	Negocio diferente: *it services*
61	AirMedia Group Inc.	China	Pérdidas significativas
62	Alaska Hydro Corporation	Canadá	Información financiera insuficiente
63	Albert Technologies Ltd.	Israel	Pérdidas significativas
64	ALJ Regional Holdings, Inc.	EE. UU.	Diversificación significativa
65	All Marketing Solutions, Inc.	EE. UU.	Información financiera insuficiente
66	Alliance Data Systems Corporation	EE. UU.	Negocio diferente: fidelidad de clientes
67	Allsec Technologies Limited	India	Negocio diferente: *it services*
68	Alpha Financial Markets Consulting plc	Reino Unido	Negocio diferente: manejo de activos

Continúa

	NOMBRE DE LA COMPAÑÍA	PAÍS	ACEPTACIÓN/MOTIVO DE RECHAZO
69	Alterra Limited	Australia	Pérdidas significativas
70	Altisource Portfolio Solutions S. A.	Luxemburgo	Intangibles sobre ventas significativos
71	Amadeus FiRe AG	Alemania	Consultoría y servicios de valor agregado
72	Ambition Group Limited	Australia	Negocio diferente: reclutamiento de personal
73	American Cannabis Company, Inc.	EE. UU.	Pérdidas significativas
74	AMN Healthcare Services, Inc.	EE. UU.	Negocio diferente: salud
75	AMREP Corporation	EE. UU.	Inventarios/Ventas significativos
76	APG|SGA SA	Suiza	Negocio diferente: publicidad exterior
77	ARC Document Solutions, Inc.	EE. UU.	Negocio diferente: documentos
78	Artec Global Media, Inc.	EE. UU.	Información financiera insuficiente
79	ASGN Incorporated	EE. UU.	Intangibles sobre ventas significativos
80	Ashley House plc	Reino Unido	Servicios diferentes: ingeniería
81	Asia Media Group Berhad	Malasia	Pérdidas significativas
82	Asiaray Media Group Limited	Hong Kong	Entidad controlada
83	Asit C. Mehta Financial Services Ltd.	India	Pérdidas significativas
84	Atento S. A.	Luxemburgo	Entidad controlada
85	Atishay Limited	India	Negocio diferente: *it services*
86	ATW Tech Inc.	Canadá	Pérdidas significativas

Continúa

	NOMBRE DE LA COMPAÑÍA	PAÍS	ACEPTACIÓN/MOTIVO DE RECHAZO
87	Automatic Data Processing, Inc.	EE. UU.	Comparable
88	AV Promotions Holdings Limited	Hong Kong	Entidad controlada
89	Avacta Group Plc	Reino Unido	Pérdidas significativas
90	Avra Inc.	República Dominicana	Información financiera insuficiente
91	AWF Madison Group Limited	Nueva Zelandia	Entidad controlada
92	Axcelasia Inc.	Malasia	Pérdidas significativas
93	axélero S.p.A.	Italia	Negocio diferente: *marketing* digital
94	B. Riley Financial, Inc.	EE. UU.	Información financiera insuficiente
95	Bahrain Family Leisure Company B.S.C.	Baréin	Pérdidas significativas
96	Bamboos Health Care Holdings Limited	Hong Kong	Entidad controlada
97	Barrett Business Services, Inc.	EE. UU.	Comparable
98	Be Heard Group plc	Reino Unido	Pérdidas significativas
99	Be Think, Solve, Execute S.p.A.	Italia	Consultoría y servicios de valor agregado
100	Begbies Traynor Group plc	Reino Unido	Intangibles sobre ventas significativos
101	BG Staffing, Inc.	EE. UU.	Negocio diferente: reclutamiento de personal
102	Billboard AD	Bulgaria	Negocio diferente: publicidad exterior
103	Bioanalytical Systems, Inc.	EE. UU.	Inventarios/Ventas significativos

Continúa

	NOMBRE DE LA COMPAÑÍA	PAÍS	ACEPTACIÓN/MOTIVO DE RECHAZO
104	Bioqual, Inc.	EE. UU.	Funciones diferentes: r&d
105	Biosearch, S. A.	España	Inventarios/Ventas significativos
106	Bison Finance Group Limited	Hong Kong	Pérdidas significativas
107	Bitzio, Inc.	EE. UU.	Inventarios/Ventas significativos
108	Black Knight, Inc.	EE. UU.	Intangibles sobre ventas significativos
109	Blockchain Industries, Inc.	EE. UU.	Información financiera insuficiente
110	BLS International Services Limited	India	Funciones diferentes: servicios a diplomáticos
111	Blue Calypso, Inc.	EE. UU.	Información financiera insuficiente
112	Blue Star Opportunities Corp.	Canadá	Intangibles sobre ventas significativos
113	BlueLife Limited	Islas Mauricio	Pérdidas significativas
114	Blumont Group Ltd.	Singapur	Pérdidas significativas
115	BNR Udyog Limited	India	Entidad controlada
116	BOSA Technology Holdings Limited	Hong Kong	Negocio diferente: construcción
117	Boston Omaha Corporation	EE. UU.	Pérdidas significativas
118	BPH Energy Limited	Australia	Pérdidas significativas
119	Branding China Group Limited	Hong Kong	Pérdidas significativas
120	Brunel International N.V.	Países Bajos	Entidad controlada
121	BTG plc	Reino Unido	I&d significativa

Continúa

	NOMBRE DE LA COMPAÑÍA	PAÍS	ACEPTACIÓN/MOTIVO DE RECHAZO
122	BTS Group AB (publ)	Suecia	Consultoría y servicios de valor agregado
123	Butler National Corporation	EE. UU.	Negocio diferente: ofrece productos aeroespaciales
124	Cairo Communication S.p.A.	Italia	Intangibles sobre ventas significativos
125	Calian Group Ltd.	Canadá	Negocio diferente: servicios de ingeniería
126	Capita plc	Reino Unido	Comparable
127	Cardtronics plc	EE. UU.	Activos fijos/Ventas significativos
128	CAREERLINK Co., Ltd.	Japón	Negocio diferente: recursos humanos
129	Cass Information Systems, Inc.	EE. UU.	Pérdidas significativas
130	Cátenon, S. A.	España	Intangibles sobre ventas significativos
131	CBIZ, Inc.	EE. UU.	Comparable
132	CCID Consulting Company Limited	China	Entidad controlada
133	Cello Health plc	Reino Unido	Negocio diferente: *marketing*
134	Change Financial Limited	Australia	Pérdidas significativas
135	Charles River Laboratories International, Inc.	EE. UU.	Funciones diferentes: desarrollo
136	Chemistree Technology Inc.	Canadá	Información financiera insuficiente
137	China Chuanglian Education Financial Group Limited	Hong Kong	Negocio diferente: entrenamiento de personal
138	China Customer Relations Centers, Inc.	China	I&d significativa

Continúa

	NOMBRE DE LA COMPAÑÍA	PAÍS	ACEPTACIÓN/MOTIVO DE RECHAZO
139	China Regenerative Medicine International Limited	Hong Kong	Pérdidas significativas
140	ChinaNet Online Holdings, Inc.	China	Pérdidas significativas
141	Choksi Laboratories Limited	India	Activos fijos/Ventas significativos
142	Christie Group plc	Reino Unido	Negocio diferente: subastas
143	CHUMA HOLDINGS, INC.	EE. UU.	Información financiera insuficiente
144	Cielo S. A.	Brasil	Intangibles sobre ventas significativos
145	Cinedigm Corp.	EE. UU.	Entidad controlada
146	CMG Holdings Group, Inc.	EE. UU.	Información financiera insuficiente
147	CMIC HOLDINGS Co., Ltd.	Japón	Inventarios/Ventas significativos
148	CML Group Limited	Australia	Negocio diferente: *factoring*
149	CMO Public Company Limited	Tailandia	Activos fijos/Ventas significativos
150	Collectors Universe, Inc.	EE. UU.	Negocio diferente: memorabilia
151	Command Center, Inc.	EE. UU.	Negocio diferente: reclutamiento de personal
152	Conduent Incorporated	EE. UU.	Pérdidas significativas
153	CoreLogic, Inc.	EE. UU.	Intangibles sobre ventas significativos
154	CornerWorld Corporation	EE. UU.	Información financiera insuficiente
155	COSYN Limited	India	Negocio diferente: *it services*
156	Cpl Resources plc	Irlanda	Comparable

Continúa

	NOMBRE DE LA COMPAÑÍA	PAÍS	ACEPTACIÓN/MOTIVO DE RECHAZO
157	CPPGroup Plc	Reino Unido	Negocio diferente: seguros
158	Criteo S. A.	Francia	I&d significativa
159	Cross Country Healthcare, Inc.	EE. UU.	Negocio diferente: reclutamiento de personal
160	CRP Risk Management Limited	India	Inventarios/Ventas significativos
161	CSG Holdings Limited	Suráfrica	Negocio diferente: reclutamiento de personal
162	CSG Systems International, Inc.	EE. UU.	I&d significativa
163	CSU Cardsystem S. A.	Brasil	Entidad controlada
164	Cynergistek, Inc.	EE. UU.	Negocio diferente: documentos
165	Dahe Media Co., Ltd.	China	Entidad controlada
166	Datametrex AI Limited	Canadá	I&d significativa
167	Dealnet Capital Corp.	Canadá	Pérdidas significativas
168	Deltagen Inc.	EE. UU.	Pérdidas significativas
169	Dentsu Inc.	Japón	Intangibles sobre ventas significativos
170	Design Hotels AG	Alemania	Entidad controlada
171	DHI Group, Inc.	EE. UU.	I&d significativa
172	Digital Brand Media & Marketing Group, Inc.	EE. UU.	Pérdidas significativas
173	Dowway Holdings Limited	China	Negocio diferente: gestión de eventos
174	Dr Habeebullah Life Sciences Limited	India	Pérdidas significativas
175	Dragon Victory International Limited	China	Negocio diferente: *crowdfunding*

Continúa

	NOMBRE DE LA COMPAÑÍA	PAÍS	ACEPTACIÓN/MOTIVO DE RECHAZO
176	Earthport plc	Reino Unido	Pérdidas significativas
177	eClerx Services Limited	India	Comparable
178	Edenred SA	Francia	Intangibles sobre ventas significativos
179	Efficient E-Solutions Berhad	Malasia	Pérdidas significativas
180	Emerald Expositions Events, Inc.	EE. UU.	Entidad controlada
181	EML Payments Limited	Australia	Pérdidas significativas
182	Empresaria Group plc	Reino Unido	Negocio diferente: reclutamiento de personal
183	Enero Group Limited	Australia	Negocio diferente: *marketing*
184	engage:BDR Limited	Australia	Pérdidas significativas
185	Ergomed plc	Reino Unido	I&d significativa
186	Eurasia Energy Limited	Anguila	Información financiera insuficiente
187	Eurocontrol Technics Group Inc.	Canadá	Pérdidas significativas
188	EVERTEC, Inc.	EE. UU.	Intangibles sobre ventas significativos
189	Exact Sciences Corporation	EE. UU.	Pérdidas significativas
190	Excel Corporation	EE. UU.	Negocio diferente: procesamiento de pagos
191	ExlService Holdings, Inc.	EE. UU.	Comparable
192	Exponent, Inc.	EE. UU.	Negocio diferente: ingeniería
193	Far East Fame Line DDB Public Company Limited	Tailandia	Negocio diferente: publicidad
194	Fidelity National Information Services, Inc.	EE. UU.	Intangibles sobre ventas significativos

Continúa

	NOMBRE DE LA COMPAÑÍA	PAÍS	ACEPTACIÓN/MOTIVO DE RECHAZO
195	Fiera Milano SpA	Italia	Entidad controlada
196	Filta Group Holdings plc	Reino Unido	Negocio diferente: franquicias
197	FinTech Chain Limited	Hong Kong	Pérdidas significativas
198	First Data Corporation	EE. UU.	Intangibles sobre ventas significativos
199	First Rate Staffing Corporation	EE. UU.	Negocio diferente: reclutamiento de personal
200	Fiserv, Inc.	EE. UU.	Intangibles sobre ventas significativos
201	FleetCor Technologies, Inc.	EE. UU.	Intangibles sobre ventas significativos
202	Fluent, Inc.	EE. UU.	Pérdidas significativas
203	Focus Suites Solutions & Services Limited	India	Negocio diferente: investigación de mercado
204	FTI Consulting, Inc.	EE. UU.	Consultoría y servicios de valor agregado
205	Fullcast Holdings Co., Ltd.	Japón	Negocio diferente: reclutamiento de personal
206	Fusion Antibodies plc	Reino Unido	Funciones diferentes: r&d
207	Gattaca plc	Reino Unido	Negocio diferente: reclutamiento de personal
208	Gendai Agency Inc.	Japón	Negocio diferente: publicidad
209	Genie Gateway	EE. UU.	Información financiera insuficiente
210	Genpact Limited	Bermuda	Negocio diferente: *it services*
211	Genscript Biotech Corporation	China	Entidad controlada
212	GL Events	Francia	Entidad controlada

Continúa

	NOMBRE DE LA COMPAÑÍA	PAÍS	ACEPTACIÓN/MOTIVO DE RECHAZO
213	Global House Holdings Ltd.	Taiwán	Información financiera insuficiente
214	Global Payments Inc.	EE. UU.	Intangibles sobre ventas significativos
215	Global Strategic Group Limited	Hong Kong	Pérdidas significativas
216	Gold Entertainment Group, Inc.	EE. UU.	Información financiera insuficiente
217	Grand Fortune High Grade Limited	Islas Caimán	Información financiera insuficiente
218	Grand Prix International Public Company Limited	Tailandia	Negocio diferente: publicidad
219	Green Dot Corporation	EE. UU.	Negocio diferente: servicios financieros
220	Greenpro Capital Corp.	Hong Kong	Inventarios/Ventas significativos
221	Groupe CRIT SA	Francia	Entidad controlada
222	GS Holdings Limited	Singapur	Pérdidas significativas
223	GTN Limited	Australia	Pérdidas significativas
224	Guangdong Adway Construction (Group) Holdings Company Limited	China	Negocio diferente: decoración
225	Gulf Franchising Holding Company K.S.C.P. (Holding)	Kuwait	Pérdidas significativas
226	Guru Online (Holdings) Limited	Hong Kong	Negocio diferente: procesamiento de pagos
227	Hakuhodo DY Holdings Inc	Japón	Negocio diferente: *marketing*
228	Hays plc	Reino Unido	Negocio diferente: reclutamiento de personal
229	Health Discovery Corporation	EE. UU.	I&d significativa

Continúa

	NOMBRE DE LA COMPAÑÍA	PAÍS	ACEPTACIÓN/MOTIVO DE RECHAZO
230	Healthcare Integrated Technologies Inc.	EE. UU.	Pérdidas significativas
231	HealthLynked Corp.	EE. UU.	Pérdidas significativas
232	Heidrick & Struggles International, Inc.	EE. UU.	Negocio diferente: reclutamiento de personal
233	Hifab Group AB (publ)	Suecia	Entidad controlada
234	High Co. SA	Francia	Negocio diferente: *marketing*
235	Hightech Payment Systems S. A.	Marruecos	Negocio diferente: procesamiento de pagos
236	Hill International, Inc.	EE. UU.	Pérdidas significativas
237	Hinduja Global Solutions Limited	India	Entidad controlada
238	HiTech Group Australia Limited	Australia	Negocio diferente: reclutamiento de personal
239	HOV Services Limited	India	Negocio diferente: *it services*
240	Hua Lien International (Holding) Company Limited	Hong Kong	Inventarios/Ventas significativos
241	Hudson Global, Inc	EE. UU.	Pérdidas significativas
242	Huifu Payment Limited	China	I&d significativa
243	Huntsworth plc	Reino Unido	Negocio diferente: salud y comunicaciones
244	Huron Consulting Group Inc.	EE. UU.	Consultoría y servicios de valor agregado
245	hVIVO plc	Reino Unido	Pérdidas significativas
246	Hydrogen Group Plc	Reino Unido	Negocio diferente: reclutamiento de personal
247	Hypoport AG	Alemania	Negocio diferente: servicios financieros
248	I Synergy Group Limited	Malasia	Negocio diferente: *marketing*

Continúa

	NOMBRE DE LA COMPAÑÍA	PAÍS	ACEPTACIÓN/MOTIVO DE RECHAZO
249	i3 Verticals, Inc.	EE. UU.	Negocio diferente: procesamiento de pagos
250	IBI Group Inc.	Canadá	Negocio diferente: servicios de ingeniería
251	iCar Asia Limited	Malasia	Pérdidas significativas
252	ICF International, Inc.	EE. UU.	Funciones diferentes: gerenciamiento
253	ICON Public Limited Company	Irlanda	Funciones diferentes: desarrollo
254	Ignite Limited	Australia	Pérdidas significativas
255	Impel S. A.	Polonia	Funciones diferentes: mantenimiento de oficinas
256	Impellam Group PLC	Reino Unido	Entidad controlada
257	Imperium Crown Limited	Singapur	Negocio diferente: agencia inmobiliaria
258	Inanna Fashion and Trends Limited	India	Pérdidas significativas
259	Indiabulls Integrated Services Limited	India	Inventarios/Ventas significativos
260	INES Corporation	Japón	Activos fijos/Ventas significativos
261	Informa plc	Reino Unido	Intangibles sobre ventas significativos
262	Information Services Group, Inc.	EE. UU.	Consultoría y servicios de valor agregado
263	Infrastructure Developments Corp.	EE. UU.	Información financiera insuficiente
264	InnerWorkings, Inc.	EE. UU.	Negocio diferente: *marketing*
265	Innity Corporation Berhad	Malasia	Negocio diferente: *marketing* digital

Continúa

	NOMBRE DE LA COMPAÑÍA	PAÍS	ACEPTACIÓN/MOTIVO DE RECHAZO
266	Inno-Tech Holdings Limited	Hong Kong	Pérdidas significativas
267	Innodata Inc.	EE. UU.	Pérdidas significativas
268	Innovotech Inc.	Canadá	I&d significativa
269	Insignia Systems, Inc.	EE. UU.	Negocio diferente: *marketing*
270	Insperity, Inc.	EE. UU.	Comparable
271	Integrated Payment Technologies Limited	Australia	Pérdidas significativas
272	Internap Corporation	EE. UU.	Activos fijos/Ventas significativos
273	International Elite Ltd.	Hong Kong	Negocio diferente: fidelidad de clientes
274	International Monetary Systems, Ltd.	EE. UU.	Negocio diferente: *exchange*
275	Intrum AB (publ)	Suecia	Negocio diferente: procesamiento de pagos
276	IQVIA Holdings Inc.	EE. UU.	Intangibles sobre ventas significativos
277	ITE Group plc	Reino Unido	Negocio diferente: construcción
278	ITEX Corporation	EE. UU.	Negocio diferente: *exchange*
279	IVE Group Limited	Australia	Negocio diferente: publicidad
280	IWG PLC	Suiza	Activos fijos/Ventas significativos
281	J. Taparia Projects Limited	India	Información financiera insuficiente
282	Jaywing plc	Reino Unido	Negocio diferente: publicidad digital
283	Jeevan Scientific Technology Limited	India	Funciones diferentes: r&d

Continúa

	NOMBRE DE LA COMPAÑÍA	PAÍS	ACEPTACIÓN/MOTIVO DE RECHAZO
284	Jian ePayment Systems Limited	China	Pérdidas significativas
285	Jiancheng International Group Limited	Australia	Entidad controlada
286	K W Nelson Interior Design and Contracting Group Limited	Hong Kong	Entidad controlada
287	K3 Capital Group PLC	Reino Unido	Negocio diferente: corretaje
288	Kakiko Group Limited	Singapur	Negocio diferente: servicios de ingeniería
289	KAR Auction Services, Inc.	EE. UU.	Intangibles sobre ventas significativos
290	Kelly Partners Group Holdings Limited	Australia	Entidad controlada
291	Kelly Services, Inc.	EE. UU.	Negocio diferente: reclutamiento de personal
292	Kforce Inc.	EE. UU.	Comparable
293	Kingsmen C.M.T.I. Public Company Limited	Tailandia	Negocio diferente: decoración interior
294	Kingsmen Creatives Ltd.	Singapur	Negocio diferente: decoración
295	KK Culture Holdings Limited	Hong Kong	Negocio diferente: publicidad
296	Korn Ferry	EE. UU.	Negocio diferente: reclutamiento de personal
297	KROMI Logistik AG	Alemania	Entidad controlada
298	Labor Smart, Inc.	EE. UU.	Información financiera insuficiente
299	Lai Group Holding Company Limited	Hong Kong	Negocio diferente: diseño interior

Continúa

	NOMBRE DE LA COMPAÑÍA	PAÍS	ACEPTACIÓN/MOTIVO DE RECHAZO
300	Liq Participações S. A.	Brasil	Pérdidas significativas
301	LiveRamp Holdings, Inc.	EE. UU.	Negocio diferente: conectividad
302	Lotto24 AG	Alemania	Pérdidas significativas
303	Luna Innovations Incorporated	EE. UU.	Pérdidas significativas
304	LYC Healthcare Berhad	Malasia	Pérdidas significativas
305	M&C Saatchi plc	Reino Unido	Negocio diferente: publicidad
306	Magellan Health, Inc.	EE. UU.	Negocio diferente: servicios de salud
307	Management Consulting Group PLC	Reino Unido	Pérdidas significativas
308	Management Resource Solutions PLC	Reino Unido	Negocio diferente: minería y construcción
309	Manhattan Scientifics, Inc.	EE. UU.	Pérdidas significativas
310	ManpowerGroup Inc.	EE. UU.	Negocio diferente: reclutamiento de personal
311	Marchex, Inc.	EE. UU.	Pérdidas significativas
312	Mastech Digital, Inc.	EE. UU.	Negocio diferente: *it services*
313	Master Ad Public Company Limited	Tailandia	Negocio diferente: publicidad
314	Matomy Media Group Ltd.	Israel	Negocio diferente: procesamiento de pagos
315	MAXIMUS, Inc.	EE. UU.	Negocio diferente: atiende entidades gubernamentales
316	MCH Group AG	Suiza	Activos fijos/Ventas significativos
317	MClean Technologies Berhad	Singapur	Pérdidas significativas

Continúa

	NOMBRE DE LA COMPAÑÍA	PAÍS	ACEPTACIÓN/MOTIVO DE RECHAZO
318	McMillan Shakespeare Limited	Australia	Activos fijos/Ventas significativos
319	MDC Partners Inc.	EE. UU.	Negocio diferente: *marketing*
320	Mediazest PLC	Reino Unido	Pérdidas significativas
321	MediGreen Holdings Corporation	EE. UU.	Información financiera insuficiente
322	Medpace Holdings, Inc.	EE. UU.	Intangibles sobre ventas significativos
323	Mega Expo Holdings Limited	Hong Kong	Funciones diferentes: organización de eventos y promoción
324	Meitec Corporation	Japón	Servicios diferentes: ingeniería
325	Melati Ehsan Holdings Berhad	Malasia	Negocio diferente: construcción
326	MGT Capital Investments, Inc.	EE. UU.	Pérdidas significativas
327	Midwest Holding Inc.	EE. UU.	Pérdidas significativas
328	Mineral & Financial Investments Limited	Islas Caimán	Información financiera insuficiente
329	Mineral Resources Limited	Australia	Inventarios/Ventas significativos
330	Mirriad Advertising Limited	Reino Unido	Pérdidas significativas
331	MITCON Consultancy & Engineering Services Limited	India	Servicios diferentes: ingeniería
332	MJardin Group, Inc.	EE. UU.	Pérdidas significativas
333	Mobile Lads Corp.	Canadá	Información financiera insuficiente
334	Mobiquity Technologies, Inc.	EE. UU.	Pérdidas significativas
335	MoneyOnMobile, Inc.	EE.UU.	Pérdidas significativas

Continúa

	NOMBRE DE LA COMPAÑÍA	PAÍS	ACEPTACIÓN/MOTIVO DE RECHAZO
336	Morneau Shepell Inc.	Canadá	Intangibles sobre ventas significativos
337	Mphasis Limited	India	Entidad controlada
338	Multiconsult ASA	Noruega	Servicios diferentes: ingeniería
339	Murgitroyd Group PLC	Reino Unido	Negocio diferente: asesoría de prop.intel.
340	NAHL Group plc	Reino Unido	Negocio diferente: *marketing*
341	Nakama Group plc	Reino Unido	Pérdidas significativas
342	National CineMedia, Inc.	EE. UU.	Intangibles sobre ventas significativos
343	NatureBank Asset Management Inc.	Canadá	Pérdidas significativas
344	Navigant Consulting, Inc.	EE. UU.	Consultoría y servicios de valor agregado
345	Neptune Dash Technologies Corp.	Canadá	Información financiera insuficiente
346	Net 1 UEPS Technologies, Inc.	Suráfrica	Negocio diferente: procesamiento de pagos
347	Net Element, Inc.	EE. UU.	Pérdidas significativas
348	Netccentric Limited	Singapur	Pérdidas significativas
349	Network CN Inc.	Hong Kong	Información financiera insuficiente
350	NextMart, Inc.	EE. UU.	Información financiera insuficiente
351	Nippon Information Development Co., Ltd.	Japón	Negocio diferente: *it services*
352	NOMURA Co., Ltd.	Japón	Negocio diferente: eventos
353	Norman Broadbent Plc	Reino Unido	Pérdidas significativas

Continúa

	NOMBRE DE LA COMPAÑÍA	PAÍS	ACEPTACIÓN/MOTIVO DE RECHAZO
354	Novation Companies, Inc.	EE. UU.	Información financiera insuficiente
355	Novume Solutions, Inc.	EE. UU.	Pérdidas significativas
356	Ocean Outdoor Limited	Islas Vírgenes Británicas	Información financiera insuficiente
357	Oman Investment & Finance Company SAOG	Omán	Negocio diferente: inversiones
358	Omnicom Group Inc.	EE. UU.	Negocio diferente: *marketing*
359	One Point One Solutions Limited	India	Negocio diferente: atención al cliente
360	One Step Vending Corp.	EE. UU.	Funciones diferentes: manufactura
361	OOH Holdings Limited	Hong Kong	Negocio diferente: publicidad
362	oOh!media Limited	Australia	Intangibles sobre ventas significativos
363	Openjobmetis S.p.A.	Italia	Negocio diferente: reclutamiento de personal
364	Opthea Limited	Australia	Información financiera insuficiente
365	PageGroup plc	Reino Unido	Negocio diferente: reclutamiento de personal
366	Park Group plc	Reino Unido	Negocio diferente: procesamiento de pagos
367	Paychex, Inc.	EE. UU.	Comparable
368	PayPal Holdings, Inc.	EE. UU.	I&d significativa
369	PayPoint plc	Reino Unido	Negocio diferente: procesamiento de pagos

Continúa

	NOMBRE DE LA COMPAÑÍA	PAÍS	ACEPTACIÓN/MOTIVO DE RECHAZO
370	Paysauce Operations Limited	Nueva Zelandia	Pérdidas significativas
371	PCI-PAL PLC	Reino Unido	Pérdidas significativas
372	People Corporation	Canadá	Negocio diferente: soluciones de retiro
373	People Infrastructure Ltd	Australia	Negocio diferente: reclutamiento de personal
374	Perfect Octave Media Projects Limited	India	Pérdidas significativas
375	Persol Holdings Co.,Ltd.	Japón	Negocio diferente: reclutamiento de personal
376	PFSweb, Inc.	EE. UU.	Negocio diferente: *marketing*
377	Pharma-Bio Serv, Inc.	EE. UU.	Pérdidas significativas
378	Pico (Thailand) Public Company Limited	Tailandia	Negocio diferente: fabricación de cabinas
379	Pico Far East Holdings Limited	Hong Kong	Negocio diferente: eventos
380	Pineapple Express, Inc.	EE. UU.	Información financiera insuficiente
381	Plan B Media Public Company Limited	Tailandia	Activos fijos/Ventas significativos
382	Plastic2Oil, Inc.	EE. UU.	Pérdidas significativas
383	Pointer Telocation Ltd.	Israel	I&d significativa
384	Poolia AB (publ)	Suecia	Negocio diferente: reclutamiento de personal
385	PRA Health Sciences, Inc.	EE. UU.	Intangibles sobre ventas significativos
386	Prakit Holdings Public Company Limited	Tailandia	Negocio diferente: publicidad

Continúa

	NOMBRE DE LA COMPAÑÍA	PAÍS	ACEPTACIÓN/MOTIVO DE RECHAZO
387	Precision System Science Co., Ltd.	Japón	Pérdidas significativas
388	Pressure BioSciences, Inc.	EE. UU.	Pérdidas significativas
389	PRGX Global, Inc.	EE. UU.	Negocio diferente: servicios de auditoria
390	Prime City One Capital Corp.	Canadá	Información financiera insuficiente
391	Prime People Plc	Reino Unido	Negocio diferente: reclutamiento de personal
392	Primeserv Group Limited	Suráfrica	Comparable
393	Privatization Holding Company - K.P.S.C.	Kuwait	Pérdidas significativas
394	Probi AB (publ)	Suecia	Inventarios/Ventas significativos
395	Proteome Sciences plc	Reino Unido	Pérdidas significativas
396	Provestment Services Limited	India	Negocio diferente: operador de viajes
397	Publicis Groupe S. A.	Francia	Negocio diferente: mercadeo
398	PUC Berhad	Malasia	Inventarios/Ventas significativos
399	PureTech Health plc	EE. UU.	Pérdidas significativas
400	Qiwi plc	Chipre	Negocio diferente: procesamiento de pagos
401	QMS Media Limited	Australia	Negocio diferente: *marketing* al aire libre
402	Quess Corp Limited	India	Funciones diferentes: mantenimiento de oficinas
403	R1 RCM Inc.	EE. UU.	Pérdidas significativas
404	Raffles Education Corporation Limited	Singapur	Pérdidas significativas

Continúa

	NOMBRE DE LA COMPAÑÍA	PAÍS	ACEPTACIÓN/MOTIVO DE RECHAZO
405	Randstad NV	Países Bajos	Negocio diferente: reclutamiento de personal
406	RCM Technologies, Inc.	EE. UU.	Negocio diferente: servicios de ingeniería
407	reach4entertainment enterprises plc	Reino Unido	Negocio diferente: reclutamiento de personal
408	REACT Group plc	Reino Unido	Pérdidas significativas
409	Recruit Holdings Co., Ltd.	Japón	Negocio diferente: reclutamiento de personal
410	RediShred Capital Corp.	Canadá	Intangibles sobre ventas significativos
411	Rego Payment Architectures, Inc.	EE. UU.	Pérdidas significativas
412	Relia, Inc.	Japón	Negocio diferente: manejo de relaciones con clientes
413	Research Frontiers Incorporated	EE. UU.	Pérdidas significativas
414	Research Solutions, Inc.	EE. UU.	Pérdidas significativas
415	Resources Connection, Inc.	EE. UU.	Consultoría y servicios de valor agregado
416	Restore plc	Reino Unido	Intangibles sobre ventas significativos
417	Riddhi Corporate Services Limited	India	Comparable
418	Ritchie Bros. Auctioneers Incorporated	Canadá	Negocio diferente: subastas
419	Robert Half International Inc.	EE. UU.	Comparable
420	Robert Walters plc	Reino Unido	Negocio diferente: reclutamiento de personal
421	root9B Holdings, Inc.	EE. UU.	Pérdidas significativas

Continúa

	NOMBRE DE LA COMPAÑÍA	PAÍS	ACEPTACIÓN/MOTIVO DE RECHAZO
422	RTC Group plc	Reino Unido	Negocio diferente: reclutamiento de personal
423	Rubicor Group Limited	Australia	Pérdidas significativas
424	RWS Holdings plc	Reino Unido	Negocio diferente: soluciones de pi
425	S-Pool, Inc.	Japón	Negocio diferente: reclutamiento de personal
426	Sage International Group Limited	Hong Kong	Pérdidas significativas
427	Salmat Limited	Australia	Negocio diferente: *marketing*
428	Samtel India Limited	India	Información financiera insuficiente
429	Sanguine Media Limited	India	Inventarios/Ventas significativos
430	Scicom (MSC) Berhad	Malasia	Funciones diferentes: atención al cliente
431	Seafarms Group Limited	Australia	Pérdidas significativas
432	SEC S.p.A.	Italia	Entidad controlada
433	SecUR Credentials Limited	India	Entidad controlada
434	SEEC Media Group Limited	Hong Kong	Pérdidas significativas
435	SEEK Limited	Australia	Negocio diferente: reclutamiento de personal
436	Semcon AB	Suecia	Servicios diferentes: ingeniería
437	Seni Jaya Corporation Berhad	Malasia	Activos fijos/Ventas significativos
438	Shentong Robot Education Group Company Limited	Hong Kong	Intangibles sobre ventas significativos
439	ShiftPixy, Inc.	EE. UU.	Pérdidas significativas

Continúa

	NOMBRE DE LA COMPAÑÍA	PAÍS	ACEPTACIÓN/MOTIVO DE RECHAZO
440	shopper360 Limited	Malasia	Entidad controlada
441	Sigma Labs, Inc.	EE. UU.	Pérdidas significativas
442	Silex Systems Limited	Australia	Pérdidas significativas
443	SingAsia Holdings Limited	Singapur	Pérdidas significativas
444	Sino Splendid Holdings Limited	Hong Kong	Pérdidas significativas
445	SinoMedia Holding Limited	China	Negocio diferente: publicidad digital
446	SMJ International Holdings Ltd.	Singapur	Inventarios/Ventas significativos
447	SMS Co., Ltd.	Japón	Negocio diferente: soluciones de infraestructura
448	Social Reality, Inc.	EE. UU.	Negocio diferente: publicidad digital
449	Sogeclair SA	Francia	Negocio diferente: servicios de ingeniería
450	Solution Dynamics Limited	Nueva Zelandia	Negocio diferente: manejo de relaciones con clientes
451	Sotheby's	EE. UU.	Negocio diferente: subastas
452	SpaceandPeople plc	Reino Unido	Negocio diferente: venta de espacios publicitarios
453	SPAR Group, Inc.	EE. UU.	Negocio diferente: *marketing*
454	SpendSmart Networks, Inc.	EE. UU.	Pérdidas significativas
455	Spindle, Inc.	EE. UU.	Pérdidas significativas
456	SPS International Limited	India	Negocio diferente: papelería
457	Square, Inc.	EE. UU.	Negocio diferente: procesamiento de pagos
458	St. Joseph, Inc.	EE. UU.	Información financiera insuficiente

Continúa

	NOMBRE DE LA COMPAÑÍA	PAÍS	ACEPTACIÓN/MOTIVO DE RECHAZO
459	Staffing 360 Solutions, Inc.	EE. UU.	Pérdidas significativas
460	Staffline Group plc	Reino Unido	Negocio diferente: reclutamiento de personal
461	Starco Brands, Inc.	EE. UU.	Pérdidas significativas
462	StarTek, Inc.	EE. UU.	Funciones diferentes: atención al cliente
463	StatPro Group plc	Reino Unido	Intangibles sobre ventas significativos
464	Steel Connect, Inc.	EE. UU.	Pérdidas significativas
465	Steve Leung Design Group Limited	Hong Kong	Negocio diferente: diseño interior
466	SThree plc	Reino Unido	Negocio diferente: reclutamiento de personal
467	Striders Corporation	Japón	Negocio diferente: bienes raíces
468	STWC Holdings, Inc.	EE. UU.	Pérdidas significativas
469	Surmodics, Inc.	EE. UU.	Negocio diferente: dispositivos médicos
470	Sykes Enterprises, Incorporated	EE. UU.	Negocio diferente: manejo de relaciones con clientes
471	Syneos Health, Inc.	EE. UU.	Intangibles sobre ventas significativos
472	Synergie SE	Francia	Entidad controlada
473	System1 Group PLC	Reino Unido	Negocio diferente: *marketing*
474	Systems Limited	Pakistán	Negocio diferente: *it services*
475	Tarsus Group plc	Irlanda	Negocio diferente: organización de eventos
476	TasFoods Limited	Australia	Pérdidas significativas

Continúa

	NOMBRE DE LA COMPAÑÍA	PAÍS	ACEPTACIÓN/MOTIVO DE RECHAZO
477	TeamLease Services Limited	India	Negocio diferente: reclutamiento de personal
478	Tecan Group Ltd.	Suiza	Inventarios/Ventas significativos
479	Technical Publications Service S.p.A.	Italia	Servicios diferentes: ingeniería
480	TechnoPro Holdings, Inc.	Japón	Negocio diferente: reclutamiento de personal
481	Tekcapital plc	Reino Unido	Pérdidas significativas
482	Telaria, Inc.	EE. UU.	Pérdidas significativas
483	Teleperformance SE	Francia	Negocio diferente: fidelidad de clientes
484	Tempo Australia Limited	Australia	Negocio diferente: construcción
485	Tessi SA	Francia	Entidad controlada
486	The Brooker Group Public Company Limited	Tailandia	Negocio diferente: servicios financieros
487	The Caldwell Partners International Inc.	Canadá	Negocio diferente: reclutamiento de personal
488	The GO2 People Limited	Australia	Pérdidas significativas
489	The Hackett Group, Inc.	EE. UU.	Consultoría y servicios de valor agregado
490	The Interpublic Group of Companies, Inc.	EE. UU.	Negocio diferente: publicidad
491	The Marketing Group plc	Reino Unido	Negocio diferente: publicidad
492	The Mint Corporation	Canadá	Negocio diferente: procesamiento de pagos
493	The Mission Marketing Group plc	Reino Unido	Negocio diferente: publicidad

Continúa

	NOMBRE DE LA COMPAÑÍA	PAÍS	ACEPTACIÓN/MOTIVO DE RECHAZO
494	The RMR Group Inc.	EE. UU.	Negocio diferente: gestión de propiedades
495	The SimplyBiz Group plc	Reino Unido	Negocio diferente: servicios financieros
496	The Staffing Group Ltd.	EE. UU.	Información financiera insuficiente
497	Tokyo Chuo Auction Holdings Limited	Japón	Inventarios/Ventas significativos
498	Total System Services, Inc.	EE. UU.	Negocio diferente: soluciones de pago
499	Touchwood Entertainment Limited	India	Negocio diferente: planificación de eventos
500	TOW Co.,Ltd.	Japón	Negocio diferente: eventos
501	Trainers' House Oyj	Finlandia	Negocio diferente: *marketing*
502	TravelSky Technology Limited	China	Activos fijos/Ventas significativos
503	Trellidor Holdings Limited	Suráfrica	Funciones diferentes: manufactura
504	Tribal Group plc	Reino Unido	Negocio diferente: entrenamiento de personal
505	TriNet Group, Inc.	EE. UU.	Funciones diferentes: recursos humanos
506	TrueBlue, Inc.	EE. UU.	Negocio diferente: reclutamiento de personal
507	TSS, Inc.	EE. UU.	Pérdidas significativas
508	TTEC Holdings, Inc.	EE. UU.	Negocio diferente: mercadeo
509	Tungsten Corporation Plc	Reino Unido	Pérdidas significativas
510	TurnKey Capital, Inc.	EE. UU.	Pérdidas significativas
511	Union Auction Public Company Limited	Tailandia	Entidad controlada

Continúa

	NOMBRE DE LA COMPAÑÍA	PAÍS	ACEPTACIÓN/MOTIVO DE RECHAZO
512	United Communications Partners Inc.	EE. UU.	Negocio diferente: publicidad
513	Universe Group plc	Reino Unido	Negocio diferente: procesamiento de pagos
514	USG Tech Solutions Limited	India	Inventarios/Ventas significativos
515	Utilitywise Plc	Reino Unido	Negocio diferente: mercado energético
516	UTS Marketing Solutions Holdings Limited	Malasia	Negocio diferente: telemercadeo
517	Value Exchange International, Inc.	Hong Kong	Negocio diferente: procesamiento de pagos
518	Vanta Bioscience Limited	India	Información financiera insuficiente
519	Vegalab, Inc.	EE. UU.	Pérdidas significativas
520	Veltyco Group PLC		Negocio diferente: *marketing*
521	Venn Life Sciences Holdings Plc	Irlanda	Funciones diferente: desarrollo
522	Veris Limited	Australia	Servicios diferentes: geoespaciales
523	VersaPay Corporation	Canadá	Pérdidas significativas
524	Victor Group Holdings Limited	Australia	Activos fijos/Ventas significativos
525	Vimta Labs Limited	India	Inventarios/Ventas significativos
526	VIP Gloves Limited	Malasia	Inventarios/Ventas significativos
527	Vision Corporation Limited	India	Pérdidas significativas
528	Vivo Bio Tech Limited	India	Inventarios/Ventas significativos

Continúa

	NOMBRE DE LA COMPAÑÍA	PAÍS	ACEPTACIÓN/MOTIVO DE RECHAZO
529	Vogogo Inc.	Canadá	Información financiera insuficiente
530	Volt Information Sciences, Inc.	EE. UU.	Pérdidas significativas
531	Wall Street Media Co., Inc.	EE. UU.	Pérdidas significativas
532	Western Pacific Trust Company	Canadá	Pérdidas significativas
533	WEX Inc.	EE. UU.	Negocio diferente: procesamiento de pagos
534	Wirecard AG	Alemania	Negocio diferente: procesamiento de pagos
535	Wisdom Sports Group	China	Funciones diferentes: organización de eventos y promoción
536	Wizard Entertainment, Inc.	EE. UU.	Pérdidas significativas
537	WNS (Holdings) Limited	India	Diversificación significativa
538	Wonderful Sky Financial Group Holdings Limited	Hong Kong	Entidad controlada
539	Workforce Holdings Limited	Suráfrica	Negocio diferente: reclutamiento de personal
540	Worldpay, Inc.	EE. UU.	Negocio diferente: procesamiento de pagos
541	WPP plc	Reino Unido	Negocio diferente: publicidad
542	WPP Scangroup Limited	Kenia	Negocio diferente: publicidad
543	Xalles Holdings Inc.	EE. UU.	Información financiera insuficiente
544	Xchanging Solutions Limited	India	Entidad controlada
545	Xenith IP Group Limited	Australia	Intangibles sobre ventas significativos

Continúa

	NOMBRE DE LA COMPAÑÍA	PAÍS	ACEPTACIÓN/MOTIVO DE RECHAZO
546	XTD Limited	Australia	Pérdidas significativas
547	Yeah1 Group Corporation	Vietnam	Inventarios/Ventas significativos
548	Yellow Brick Road Holdings Limited	Australia	Negocio diferente: servicios financieros
549	Yin He Holdings Limited	Hong Kong	Negocio diferente: servicios financieros
550	YOC AG	Alemania	Pérdidas significativas
551	Yumeshin Holdings Co.,Ltd.	Japón	Negocio diferente: construcción
552	Zalaris ASA	Noruega	Intangibles sobre ventas significativos

Fuente: elaboración propia a partir de datos de S&P Capital IQ.

ANEXO 2. DESCRIPCIÓN DE NEGOCIO DE LAS ENTIDADES COMPARABLES

La base de datos S&P Capital IQ proporciona una descripción de las compañías en inglés, que se incluye a continuación.

Automatic Data Processing, Inc.

Automatic Data Processing, Inc. provides business process outsourcing services worldwide. It operates through two segments, Employer Services and Professional Employer Organization (PEO) Services. The Employer Services segment offers various human resources (HR) outsourcing and technology-based human capital management solutions. Its offerings include payroll, benefits administration, talent management, HR management, time and attendance management, insurance, retirement, and compliance services. This segment provides a range of solutions, which businesses of various types and sizes can use to activate talent, as well as recruit, pay, manage, and retain their workforce. It serves approximately 630,000 clients through its cloud-based strategic software as a service offering. The PEO Services segment provides HR outsourcing solutions through a co-employment model. This segment offers HR administration services, including employee recruitment, payroll and tax administration, time and attendance management, benefits administration, employee training and development, online HR management tools, and employee leave administration. It also provides employee benefits that enable eligible worksite employees with access to a 401 (k) retirement savings plan, health savings accounts, flexible spending accounts, group term life and disability coverage, and an employee assistance program, as well as group health, dental, and vision coverage. In addition, this segment offers employer liability management services comprising workers' compensation program, unemployment claims management, safety compliance guidance and access to safety training, access to employment practices liability insurance, and guidance on compliance with the United States federal, state, and local employment laws and regulations. The company was founded in 1949 and is headquartered in Roseland, New Jersey.

Barrett Business Services, Inc.

Barrett Business Services, Inc. provides business management solutions for small and medium-sized companies in the United States. The company has management platform that integrates a knowledge-based approach from the management consulting industry with tools from the human resource outsourcing industry. It offers professional employer services, under which it enters into a client services agreement to establish a co-employment relationship with each client company, assuming responsibility for payroll, payroll taxes, workers' compensation coverage, and certain other administration functions for the client's existing workforce. The company also provides staffing and recruiting services, such as on-demand or short-term staffing assignments, contract staffing, direct placement, long-term or indefinite-term on-site management. It serves electronics manufacturers, various light-manufacturing industries, agriculture-based companies, transportation and shipping enterprises, food processors, telecommunications companies, public utilities, general contractors in various construction-related fields, and professional services firms. Barrett Business Services, Inc. was founded in 1965 and is headquartered in Vancouver, Washington.

Capita plc

Capita plc provides customer management, administration, and professional support services to clients in the private and public sectors. The company offers business process management, business transformation, corporate and administration, customer management, digital and software solution, financial, HR and recruitment, information technology, legal, procurement, property and infrastructure, start-up development, and travel and event services. Capita plc provides its services to banking and financial services, insurance, life and pensions, retail, telecoms and media, transport, utilities, central and local government, defense, education, emergency services, health, police and justice, and science sectors. The company operates in the United Kingdom, Ireland, the European Union, the Channel Islands, India, South Africa, North America, and the Middle East. The company was formerly known as The Capita Group plc and changed its name to Capita plc in January 2012. Capita plc was founded in 1984 and is headquartered in London, the United Kingdom.

CBIZ, Inc.

CBIZ, Inc. provides professional business services that help its clients manage their finances, employees, and insurance needs. It offers its services through three practice groups: Financial Services, Benefits and Insurance Services, and National Practices. The Financial Services practice group provides accounting, tax, financial advisory, government healthcare consulting, and risk advisory and valuation services. The Benefits and Insurance Services practice group offers group health benefits consulting, property and casualty insurance, retirement plan consulting, and payroll and HR consulting. The National Practices practice group provides managed networking and hardware, and health care consulting services. Through its subsidiaries, the company primarily serves small and midsized businesses, as well as individuals, governmental entities, and not-for-profit enterprises in the United States and parts of Canada. CBIZ, Inc. has approximately 100 offices in the United States. The company was founded in 1987 and is headquartered in Cleveland, Ohio.

Cpl Resources plc

Cpl Resources plc, an employment services organization, provides staffing, recruitment, training, and outsourcing services in Ireland, the United Kingdom, and internationally. The company operates through two segments, Flexible Talent and Permanent. The Flexible Talent segment offers managed services, temporary and contract recruitment, and strategic talent advisory services. The Permanent segment provides permanent placement services on contingent basis. It provides employment in a range of industries, including accounting, administration and office support, banking and financial services, construction, engineering, healthcare, hospitality, human resources, industrial, insurance, jobs with language skills, legal, marketing, retail, sales, science, and supply chain and technology. Cpl Resources plc offers its services to multinationals, and small and medium enterprises through a network of 41 offices in 11 countries. The company was founded in 1989 and is headquartered in Dublin, Ireland.

eClerx Services Limited

eClerx Services Limited provides data management, analytics, and process outsourcing services in the United States, the United Kingdom, Europe, and the Asia Pacific.

The company offers financial markets services, such as trade processing support, reconciliation and control, expense management, reference data maintenance, margin and exposure management, accounting and finance, contract risk review, metrics and reporting, and consulting services. It also provides digital services, including creative production, online content management, data management and reporting, 3D and CGI digital asset creation, conversion rate optimization, and marketing campaign execution services, as well as digital and marketing analytics, and digital operations. In addition, the company offers customers services comprising third party vendor monitoring and analysis, customer interaction monitoring, voice provisioning, revenue assurance and account accuracy, chat end-user, and tiered technical support services. It serves retail and eTail, high tech, travel and leisure, software, industrial manufacturing, broadband, cable and telecom, and financial services industries. The company was founded in 2000 and is based in Mumbai, India.

ExlService Holdings, Inc.

ExlService Holdings, Inc. provides operations management and analytics services in the United States, the United Kingdom, and internationally. The company offers business process management (BPM) services to the insurance industry in the areas of claims processing, subrogation, premium and benefit administration, agency management, account reconciliation, policy research, underwriting support, new business processing, policy servicing, premium audit, surveys, billing and collection, commercial and residential survey, and customer services. It also provides BPM services related to the care management and population health, multi-chronic case management, dual eligible special needs plans, payment integrity, revenue optimization, and customer engagement for the healthcare industry; BPM services related to business processes in corporate and leisure travel, such as reservations, customer service, fulfillment, and finance and accounting; and finance and accounting BPM services, including procure-to-pay, order-to-cash, hire-to-retire, record-to-report, regulatory reporting, financial planning and analysis, audit and assurance, and treasury and tax processes. In addition, the company offers BPM services for banking and financial services industry comprising residential mortgage lending, retail banking and credit cards, commercial banking, and investment management; BPM services related to enhancing operating models, improving customer experience, reducing costs, shortening turnaround time, and simplifying compliance for clients; and industry-specific digital transformational services. Further, it provides predictive and prescriptive analytics in the areas of customer acquisition and lifecycle management, risk underwriting and pricing, operational effectiveness, credit and operational risk monitoring and governance, regulatory reporting, and data management. The company was founded in 1999 and is headquartered in New York, New York.

Insperity, Inc.

Insperity, Inc. provides human resources (HR) and business solutions to enhance business performance for small and medium-sized businesses in the United States. The company offers its HR services through its Workforce Optimization and Workforce Synchronization solutions, which encompasses a range of human resources functions comprising payroll and employment administration, employee benefits, workers' compensation, government compliance, performance management and training, and development services. It also provides Insperity Premier, a cloud-based human capital management platform that provides professional employer organization HR outsourcing solutions to its clients and worksite employees; and Workforce Administration solution that offers human capital management and payroll services. In addition, the company offers other business performance solutions consisting of human capital management, payroll services, time and attendance, performance management, organizational planning, recruiting services, employment screening and expense management services, retirement services, and insurance services via desktop applications and cloud-based delivery models. The company was formerly known as Administaff, Inc. and changed its name to Insperity, Inc. in March 2011. Insperity, Inc. was founded in 1986 and is headquartered in Kingwood, Texas.

Kforce Inc.

Kforce Inc. provides professional staffing services and solutions in the United States and internationally. It operates through Technology (Tech), Finance and Accounting (FA), and Government Solutions (GS) segments. The Tech segment provides temporary staffing and permanent placement services to its clients primarily in the areas of information technology, such as systems/applications architecture and development, project management, enterprise data management, business intelligence, artificial intelligence, machine learning, network architecture, and security. This segment serves clients in various industries comprising financial services, communications, insurance services, and government sectors. The FA segment offers temporary staffing and permanent placement services to its clients in areas, such as general accounting, business analysis, accounts payable, accounts receivable, financial analysis and reporting, taxation, budget preparation and analysis, mortgage and loan processing, cost analysis, professional administration, outsourced functional support, credit and collections, audit services, and systems and controls analysis and documentation. This segment serves clients in various industries, including financial services, healthcare, and government sectors. The GS segment provides staffing services and solutions to the Federal Government as a prime and a subcontractor. It offers integrated business solutions to its clients in areas, such as information technology infrastructure transformation, healthcare informatics, data and knowledge management and analytics, research and development, audit readiness, financial management, and accounting. Kforce Inc. was founded in 1962 and is headquartered in Tampa, Florida.

Paychex, Inc.

Paychex, Inc. provides payroll, human resource (HR), retirement, and insurance services for small to medium-sized businesses in the United States and Europe. The company offers payroll processing services; payroll tax administration services; employee payment services; and regulatory compliance services, such as new-hire reporting and garnishment processing. It also provides HR outsourcing services, including Paychex HR solutions comprising payroll, employer compliance, HR and employee benefits administration, risk management outsourcing, and the on-site availability of a professionally trained HR representative; and retirement services administration, including plan implementation, ongoing compliance with government regulations, employee and employer reporting, participant and employer online access, electronic funds transfer, and other administrative services. In addition, the company offers insurance services for property and casualty coverage, such as workers' compensation, business-owner policies, and commercial auto, as well as health and benefits coverage, including health, dental, vision, and life; cloud-based HR administration software products for employee benefits management and administration, time and attendance, recruiting, and onboarding solutions; and other HR services and products, such as employee handbooks, management manuals, and personnel and required regulatory forms. Further, it provides various accounting and financial services to small to medium-sized businesses comprising payroll funding and outsourcing services, which include payroll processing, invoicing, and tax preparation; and various services, such as payment processing services, financial fitness programs, and a small-business loan resource center. The company markets its products and services through direct sales force. Paychex, Inc. was founded in 1979 and is headquartered in Rochester, New York.

Primeserv Group Limited

Primeserv Group Limited, an investment holding company, provides integrated business support services in South Africa. The company operates through Staffing Services, and Training and Consulting Services segments. It offers staffing services, such as permanent recruitment, temporary recruitment, temporary employment, payroll, functional outsourcing, business process outsourcing, time and attendance system, customized management information reporting, HR and IR, mega-project, and lifestyle and employee benefit services, as well as productivity services and solutions. The company also provides training and consultancy services that include technical training, corporate training, and human capital consulting services. In addition, it offers accredited training and skills development, skills training center, and leadership services. The company serves industries, such as agriculture, automotive, banking, building and construction, design and draughting, drivers and transportation, engineering and fabrication, facilities management, financial and insurance, food production, government services, harbors and railways, hospital, nursing, medical, logistics and distribution centers, mechanical, merchandising, mining, paper and pulp, petrochemical, pharmaceutical, power generation, retail and wholesale, secretarial and office súpport, tourism and hospitality, telecoms, telemarketing and call centers, warehousing, and waste management. Primeserv Group Limited was founded in 1997 and is headquartered in Sandton, the Republic of South Africa.

Riddhi Corporate Services Limited

Riddhi Corporate Services Limited provides contact center, document management, warehousing, document digitization, and address/credit verification services for the telecom, banking, NBFC, and IT sectors in India. The company offers services of data management, collection and handling of customer application form (CAF), audit of CAF, order entry of CAF, CAF bar coding, inward, storage and retrieval of data, temporary indexing, data entry, scanning, uploading, and sample image audit at spoke level. It also provides services of collection of dues, retention, bill delivery management services along with over dues amount from subscriber by way tele calling, field visit, address the customer's issue and retain the customer, and escalation management while collecting overdue amount. In addition, the company offers inventory management, call answering, online data entry, live chat support, custom software development, and contact point verification agency services. Riddhi Corporate Services Limited was incorporated in 2010 and is based in Ahmedabad, India.

Robert Half International Inc.

Robert Half International Inc. provides staffing and risk consulting services in North America, South America, Europe, Asia, and Australia. The company operates through three segments: Temporary and Consultant Staffing, Permanent Placement Staffing, and Risk Consulting and Internal Audit Services. It places temporary personnel for accounting, finance, and bookkeeping; temporary and full-time office and administrative personnel consisting of executive and administrative assistants, receptionists, and customer service representatives; full-time accounting, financial, tax, and accounting operations personnel; and information technology contract consultants and full-time employees in the areas of platform systems integration to end-user technical and desktop support, including specialists in application development, networking, systems integration and deployment, database design and administration, and security and business continuity. The company also offers temporary and full-time employees in attorney, paralegal, legal administrative, and legal secretarial positions; and senior level project professionals in the accounting and finance fields for financial systems conversions, expansion into new markets, business process reengineering, business systems performance improvement, and post-merger financial consolidation. In addition, it is involved in serving professionals in the areas of interactive media, design, marketing, advertising, and public relations; and placing project consultants in various positions, such as creative directors, graphics designers, Web content developers, Web designers, media buyers, brand managers, and public relations specialists. Further, the company provides business and technology risk consulting, and internal audit services. It serves clients and employment seeking candidates. The company was founded in 1948 and is headquartered in Menlo Park, California.

ANEXO 3. INFORMACIÓN FINANCIERA DE LAS ENTIDADES COMPARABLES

		AUTOMATIC DATA PROCESSING, INC.	BARRETT BUSINESS SERVICES, INC.	CAPITA PLC	CBIZ, INC.	CPL RESOURCES PLC
Información general	País	EE. UU.	EE. UU.	Reino Unido	EE. UU.	Irlanda
	Último cierre	30/06/2018	31/12/2017	31/12/2017	31/12/2017	30/06/2018
	Moneda	USD	USD	GBP	USD	EUR
Estado de resultados	Ventas netas	12 859,30	920,43	4234,60	855,34	522,69
	Costo de ventas	7568,10	357,21	3176,50	755,58	439,54
	Utilidad bruta	5291,20	563,22	1058,10	99,76	83,15
	Gastos en operaciones	3217,20	533,28	745,20	33,30	65,27
	Utilidad en operaciones	2074,00	29,94	312,90	66,46	17,88

Fuente: elaboración propia a partir de datos de S&P Capital IQ.

		ECLERX SERVICES LIMITED	EXLSERVICE HOLDINGS, INC.	INSPERITY, INC.	KFORCE INC.	PAYCHEX, INC.
Información general	País	India	EE. UU.	EE. UU.	EE. UU.	EE. UU.
	Último cierre	31/03/2018	31/12/2017	31/12/2017	31/12/2017	31/05/2018
	Moneda	INR	USD	USD	USD	USD
Estado de resultados	Ventas netas	13 650.62	762,31	3300,22	1357,94	3317,40
	Costo de ventas	7663,03	495,59	2727,49	949,88	1017,80
	Utilidad bruta	5987,59	266,72	572,73	408,06	2299,60
	Gastos en operaciones	2798,80	193,70	442,79	339,43	1075,60
	Utilidad en operaciones	3188,79	73,02	129,94	68,63	1224,00

Fuente: elaboración propia a partir de datos de S&P Capital IQ.

		PRIMESERV GROUP LIMITED	RIDDHI CORPORATE SERVICES LIMITED	ROBERT HALF INTERNATIONAL INC.
Información general	País	Suráfrica	India	EE. UU.
	Último cierre	31/03/2018	31/03/2018	31/12/2017
	Moneda	ZAR	INR	USD
Estado de resultados	Ventas netas	725,29	202,05	5800,27
	Costo de ventas	618,29	143,06	3390,26
	Utilidad bruta	107,00	58,99	2410,01
	Gastos en operaciones	84,75	52,80	1822,79
	Utilidad en operaciones	22,25	6,19	587,22

Fuente: elaboración propia a partir de datos de S&P Capital IQ.

LA PASIÓN DEL FÚTBOL NO SON LOS GOLES SINO LOS IMPUESTOS

Análisis de la tributación de los derechos de imagen*

Félix Andrés López Pulido

* Para citar este capítulo: http://dx.doi.org/10.15425/2017.502

David es un fanático del fútbol que creció admirando a grandes estrellas del balompié colombiano e internacional; los veía en revistas, comerciales y en publicidad de diferentes marcas, tanto de ropa deportiva como de otro tipo de productos. El tiempo transcurrió y el camino para llegar a ser profesional no resultó fácil, pero David fue persistente y se convirtió en un jugador destacado en el país y en el extranjero. Con el paso de los años, cosechó grandes frutos en su carrera deportiva, entre ellos, ser reconocido como el mejor jugador de Colombia y como el balón de oro en Europa.

No obstante, su alegría se vio afectada cuando, a causa de sus ingresos obtenidos por diferentes conceptos, le empezaron a hablar del impuesto de renta y de las consecuencias que podría llegar a enfrentar si no cumplía con esta obligación en Colombia o en su nueva casa, España. Al enterarse de que estaba expuesto a pagar multas e intereses y a quedar sujeto a procesos administrativos ante las autoridades fiscales de cada país, David entró en pánico. Un par de semanas después, se reunió con sus contadores de Colombia y de España, para analizar su situación y revisar los ingresos recibidos como asalariado del Seny Football Club, como también los que recibía por ser la imagen de productos deportivos y de nutrición.

PALABRAS CLAVE

Derechos de imagen, marca, impuesto de renta y complementarios, doble tributación, Normas Internacionales de Información Financiera (NIIF), Normas Internacionales de Contabilidad (NIC), Régimen de Entidades Controladas del Exterior, Organización para la Cooperación y el Desarrollo Económicos (OCDE).

GLOSARIO

Convenio de doble imposición: Instrumento internacional de naturaleza bilateral, principalmente, mediante el cual se establece un conjunto de normas tributarias con el que se pretende eliminar o atenuar la doble imposición internacional, tanto jurídica como económica, frente a las transacciones transfronterizas que tienen lugar entre residentes de las partes contratantes.

Derecho: Facultad de hacer o exigir todo aquello que la ley o la autoridad establece en nuestro favor, o que el dueño de una cosa nos permite en ella.

Imagen: Figura, representación, semejanza y apariencia de algo.

Imagen pública: Conjunto de rasgos que caracterizan a una persona o entidad ante la sociedad.

Normas Internacionales de Información Financiera (NIIF): Conjunto de estándares técnicos contables, emitidos por el International Accounting Standards Board (IASB) para el desarrollo de la actividad contable.

Regalía: Contraprestación económica derivada del licenciamiento o derecho de uso de derechos intangibles o conocimiento adquirido dentro de los cuales se encuentran el *Know How*, las patentes, marcas, entre otros.

HISTORIA

Desde pequeño, David soñaba con ser jugador de fútbol profesional, mientras veía a sus ídolos participar en diferentes competencias nacionales e internacionales. Pero ellos no solo estaban presentes en el mundo deportivo, también aparecían en campañas publicitarias y medios de comunicación. En esos años, David no dimensionaba las implicaciones jurídicas, contables y tributarias que traía consigo esta carrera que tanto anhelaba.

Con el paso de los años y el apoyo de sus padres, David empezó su formación deportiva en la escuela Bogotá City Fútbol Club, en la cual aprendía la parte teórica, las reglas del deporte y la fundamentación técnica y táctica, al tiempo que se acondicionaba físicamente para practicarlo. Todo esto no era gratis, ya que tenía que pagar una suma mensual para poder tomar las clases y costear los uniformes e inscripciones a los torneos locales que organizaba la Liga de Bogotá.

David pasaba día y noche entrenando para ser el mejor del equipo. Fue así como logró ascender a la categoría juvenil, en la que ya no tenía que pagar por las clases y estaba más cerca de la categoría profesional. A comienzos del 2014, al cumplir 17 años, llegó la tan soñada propuesta por parte del director técnico del equipo profesional, quien había notado sus habilidades y destrezas en las categorías inferiores y promovió su llegada a esta categoría. Inmediatamente, los directivos del Bogotá City Fútbol Club se pusieron en contacto con el representante del jugador, con el fin de acordar los términos del contrato laboral por una temporada. En esta primera temporada, David obtuvo ingresos salariales por 36 000 000 de pesos.

En la temporada del 2014, David trabajó tanto que el equipo decidió renovarle el contrato por dos años más, es decir, por las temporadas 2015 y 2016, y le presentaron el otrosí del contrato laboral en el que ampliaban el término de duración y le hacían el respectivo incremento salarial. Antes de firmar el documento, David decidió buscar asesoría en materia laboral, derecho deportivo y tributario. Los asesores le hicieron las siguientes recomendaciones para proteger sus derechos de imagen (figura 1).

1. Constituir la compañía World Class Football S. A. en Panamá, de la que él sería el único accionista.
2. Ceder los derechos de imagen a la anterior compañía.
3. Que esta compañía, a su vez, firmara un contrato con el club por el uso de los derechos de imagen y como retribución reciba el 40 % restante del ingreso.
4. Finalmente, firmar un contrato laboral por el 60 % del ingreso ofrecido por el club.

Figura 1. Estructura de contratación de los derechos de imagen para un residente fiscal en Colombia

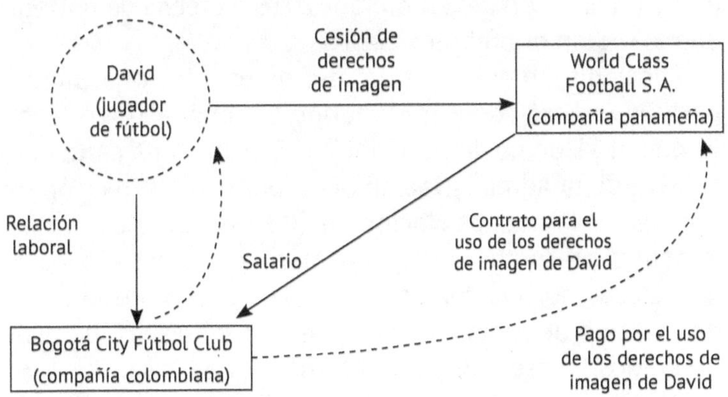

Fuente: elaboración propia.

Los asesores le aclararon a David que los pagos obtenidos por la compañía panameña estarían sujetos a retención en la fuente por el concepto de regalías y que este sería el impuesto definitivo de la compañía en Colombia. Por lo tanto, David decidió seguir sus indicaciones y discutirlas con el club. Tras llegar a un acuerdo, firmó el otrosí y el contrato para el uso de los derechos de imagen.

Gracias a su excelente desempeño en las temporadas 2015 y 2016, David fue reconocido como el mejor jugador del torneo y, en consecuencia, recibió como premio dos vehículos BMW (i120 M y X3) avaluados en 100 000 000 y 132 000 000 de pesos, respectivamente. Fue en ese momento cuando su carrera comenzó a dar frutos, dado que consiguió ser la imagen de la marca de ropa deportiva Sport Fashion Pues y de la cadena de alimentos nutritivos NutriBomp; compañías que accedieron a firmar el contrato con la empresa panameña y así mismo a realizarle los pagos a esta. A continuación, se presenta la discriminación de los ingresos recibidos en el 2015 y el 2016 (tablas 1 y 2).

Con los ingresos recibidos durante dichos años, David compró una casa sobre planos en un lujoso sector de Chía (Cundinamarca) que le costó 360 000 000 de pesos y cuya escritura firmó en diciembre del 2016; la fecha de entrega que le dieron era febrero del 2017.

Pero no todo era color de rosa en esta historia. Sin esperarlo empezó conocer el mundo del impuesto de renta, ya que el 15 de noviembre del 2017 recibió una carta persuasiva de la Administración de Impuestos —Dirección de Impuestos y Aduanas Nacionales (DIAN)— en la que lo invitaban a presentar la declaración de renta del año 2016. Las causas por las cuales la DIAN le solicitó presentar la declaración de renta fueron: (1) el monto de los ingresos obtenidos en ese año, y (2) la compra de la casa.

Al día siguiente se dirigió a donde un contador que le recomendaron para que revisara la invitación a declarar.

Tabla 1. Ingresos recibidos en el 2015

MES	INGRESO SALARIO INTEGRAL ($)	DERECHOS DE IMAGEN A PANAMÁ ($)	PREMIO AL JUGADOR DEL AÑO ($)	INGRESOS SPORT FASHION PUES ($)	INGRESOS NUTRIBOMP ($)
Enero	14 700 000	0	0	5 000 000	0
Febrero	14 700 000	0	0	5 000 000	0
Marzo	14 700 000	10 000 000	0	0	0
Abril	14 700 000	0	0	0	0
Mayo	14 700 000	0	0	0	44 000 000
Junio	14 700 000	17 900 000	0	0	0
Julio	14 700 000	0	0	25 500 000	0
Agosto	14 700 000	0	0	0	0
Septiembre	14 700 000	15 000 000	0	0	33 500 000
Octubre	14 700 000	0	0	0	0
Noviembre	14 700 000	0	0	45 000 000	0
Diciembre	14 700 000	32 700 000	100 000 000	0	0
Total	176 400 000	75 600 000	100 000 000	80 500 000	77 500 000
Total de ingresos 2015					510 000 000

Fuente: elaboración propia.

Cuando consultó los valores reportados en la página de la DIAN, el contador confirmó que estaba obligado a declarar y le sugirió que presentara la declaración de renta lo antes posible y cancelara el impuesto, las sanciones y los intereses correspondientes. El contador además se percató de que tampoco había hecho la declaración del 2015 y le recomendó presentarla y así justificar los incrementos patrimoniales de un año al otro.

David decidió solicitarle al contador y a su asesor tributario que le prepararan las declaraciones de renta para

Tabla 2. Ingresos recibidos en el 2016

MES	INGRESO SALARIO INTEGRAL ($)	DERECHOS DE IMAGEN A PANAMÁ ($)	PREMIO AL JUGADOR DEL AÑO ($)	INGRESOS SPORT FASHION PUES ($)	INGRESOS NUTRIBOMP ($)
Enero	14 700 000	0	0	0	0
Febrero	14 700 000	0	0	0	0
Marzo	14 700 000	27 000 000	0	0	0
Abril	16 100 000	0	0	23 250 000	0
Mayo	16 100 000	0	0	0	21 400 000
Junio	16 100 000	12 200 000	0	0	0
Julio	16 100 000	0	0	0	0
Agosto	16 100 000	0	0	52 600 000	0
Septiembre	16 100 000	21 000 000	0	0	18 900 000
Octubre	16 100 000	0	0	0	0
Noviembre	16 100 000	0	0	30 050 000	0
Diciembre	16 100 000	22 600 000	132 000 000	0	0
Total	189 000 000	82 800 000	132 000 000	105 900 000	40 300 000
Total de ingresos 2016					550 000 000

Fuente: elaboración propia.

quedar al día en impuestos. De igual forma les indicó que incluyeran la inversión en la sociedad panameña. Una semana después presentó las declaraciones y canceló los impuestos, las sanciones y los intereses correspondientes para cada año.

A finales del 2017, David y su representante empezaron a negociar tres contratos: (1) la venta de sus derechos deportivos al Seny Football Club, un reconocido club español de la ciudad de Barcelona; (2) derechos de imagen, y (3) ser la imagen oficial de la famosa marca de ropa deportiva Abidas, localizada en Alemania, cuyo contrato indicaba que podían utilizar sus fotos y nombre como representación de la marca. Los contratos se firmaron la última semana de enero del 2018 (figura 2).

Todos en la casa de David estaban felices por sus logros recientes. Para él, sin embargo, la tarea de cambiar de país de un día a otro no era fácil. Le preocupaba, en especial, la situación de su esposa. Ella era una prestigiosa psicóloga en Colombia y debía terminar los tratamientos que llevaba con sus pacientes, ya que dentro de estos se encontraba el presidente de la República, con quien tenía sesiones hasta mediados de abril de ese año. Por esta razón a David le tocó irse primero, con el fin de cumplir con los compromisos contractuales que tenía en España.

Dado que David no tenía vivienda en España, el club le alquiló un apartamento por el primer año mientras él compraba o alquilaba otra propiedad. Entretanto, él decidió arrendar la casa que tenía en Colombia por la suma

Figura 2. Estructura de contratación por los derechos de imagen siendo residente fiscal en España

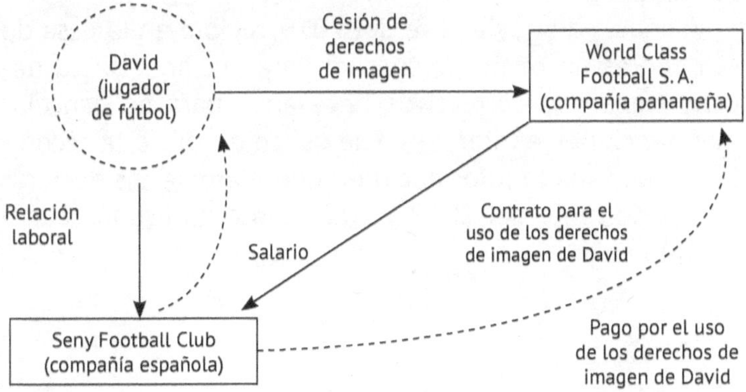

Fuente: elaboración propia.

mensual de 4 000 000 de pesos desde el mes de junio del 2018, pues para esta fecha ya su familia se encontraría radicada en España.

En todo caso, David continuaba viajando a Colombia dado que era la imagen de la marca de alimentos NutriBomp. En uno de sus viajes vio una imagen suya no autorizada en la valla publicitaria de una compañía de zapatos, tras lo cual decidió registrar su nombre como marca comercial tanto en Colombia como en España, trámites que culminaron en agosto del mismo año. Esto hizo que adicionara en los contratos con las compañías de ropa deportiva y de nutrición una cláusula para el uso de su nombre como marca comercial.

Fueron pasando los meses del 2019, año en el que David continuó con ingresos similares a los del 2018 y por los mismos conceptos. El total de su patrimonio también se mantuvo, y de este solo tenía el 30 % en Colombia. Pese a la experiencia de años anteriores en los que no presentó las declaraciones de renta, David volvió a cometer el mismo error, ya que pensó que por el hecho de haber vivido casi todo el 2018 en España no debía presentar la declaración de renta de dicho año y dejó pasar la fecha de vencimiento.

A finales de noviembre del 2019, recibió en la casa de sus padres un oficio persuasivo para declarar. David decidió tomar los correctivos necesarios para no cancelar más sanciones e intereses. Fue así como inició la recopilación de toda la información requerida para las declaraciones de renta del 2018 y 2019, tanto en España como en Colombia.

PROBLEMÁTICA

Dados los vacíos normativos en materia contable y tributaria respecto de los derechos de imagen en Colombia y teniendo en cuenta que España tiene una regulación para estos, ¿debe adoptarse en Colombia un modelo de tributación ante el silencio de la ley?, ¿cuál sería su efecto bajo los convenios de doble imposición?

ESTRATEGIAS DE SOLUCIÓN

A efectos de resolver la problemática planteada, es necesario abordar un aspecto previo: determinar si los derechos de imagen son susceptibles a ser cedidos o vendidos. Luego se abordarán los aspectos contables y tributarios.

Cesión de los derechos de imagen y del nombre como marca comercial

Colombia no tiene una definición jurídica de derechos de imagen, por lo que tampoco es clara su protección. De ahí que sea necesario hacer una interpretación extensiva[1] partiendo de la Constitución Política, leyes y jurisprudencia.

El artículo 87 de la Ley 23 de 1982 sobre derechos de autor indicó que "toda persona tiene derecho a impedir [...] que su busto o retrato se exhiba o exponga en el comercio sin su consentimiento expreso", y es a partir de ahí

1 CC, L. 84/1873, art 31. —Interpretación sobre la extensión de una ley—. "Lo favorable u odioso de una disposición no se tomará en cuenta para ampliar o restringir su interpretación. La extensión que deba darse a toda ley se determinará por su genuino sentido, y según las reglas de interpretación precedentes", *Diario Oficial*, n.° 2867, 31 de mayo de 1873.

que se ha interpretado que los derechos de imagen son inherentes al derecho a la honra y a la dignidad. Estos últimos derechos están garantizados y protegidos por el artículo 21 de la Constitución Política. De igual forma, los artículos 14 y 20 del mismo documento han indicado que "toda persona tiene derecho al reconocimiento de su personalidad jurídica [y que] [s]e garantiza a toda persona la libertad de expresar y difundir su pensamiento y opiniones [...] Estos son libres y tienen responsabilidad social. Se garantiza el derecho a la rectificación en condiciones de equidad. No habrá censura".

Con base en lo anterior, la jurisprudencia ha interpretado la protección de los derechos de imagen como parte de los derechos fundamentales mencionados previamente. Estos tienen dimensiones constitucionales propias y son inembargables e inalienables[2], aunque, a su vez, son susceptibles de ser vendidos o cedidos y por lo tanto tendrían un valor económico.

Justo es decir que la Corte Constitucional se ha manifestado al respecto en diferentes sentencias[3]. Así, la sentencia T-634 del 2013 indicó que

> El derecho a la propia imagen, a partir de los diversos aspectos desarrollados por la jurisprudencia constitucional, (i) comprende la necesidad de consentimiento para su utilización, (ii) constituye una garantía para la propia

2 Cristina Andrade Chevres, "La protección eficiente del derecho a la imagen personal: análisis comparativo entre Colombia y Estados Unidos", *Revista de Derecho, Comunicaciones y Nuevas Tecnologías*, n.º 15 (junio, 2016), http://dx.doi.org/10.15425/redecom.15.2016.03.

3 CConst, T-090/1996, E. Cifuentes Muñoz; CConst, T-408/1998, E. Cifuentes Muñoz; T-260/2012, H. A. Sierra Porto; CE 3, noviembre/2015, e17001-23-31-000-2004-01014-01(37953), R. D. J. Pazos Guerrero.

> imagen como expresión directa de la individualidad e identidad de las personas, (iii) constituye una garantía de protección de raigambre constitucional para que las características externas que conforman las manifestaciones y expresiones externas de la individualidad corporal no puedan ser objeto de libre e injustificada disposición y manipulación de terceros, (iv) es un derecho autónomo que puede ser lesionado junto con los derechos a la intimidad, a la honra, al buen nombre de su titular, y cuyo ejercicio está estrechamente vinculado a la dignidad y libertad de la persona, (v) implica la garantía del manejo sobre la propia imagen cuyo ejercicio se traduce en una manifestación de la autodeterminación de las personas, y (vi) exige que las autorizaciones otorgadas para el uso de la propia imagen en el marco de la libertad en las relaciones contractuales no sean entendidas como una renuncia al derecho mismo. [...]
>
> 5.2.4. *La autorización de uso de la propia imagen, como expresión de un acuerdo de voluntades y de la libertad contractual en general*, encuentra un límite constitucional en el respeto a los derechos fundamentales. La Constitución reconoce la libertad contractual y la autonomía privada en materia de contratación. De conformidad con lo anterior, el artículo 333 C.P. *indica que la actividad económica y la iniciativa privada son libres, dentro de los límites del bien común*. Las anteriores cláusulas constitucionales deben ser interpretadas sistemáticamente con el conjunto de la Constitución, lo cual permite evidenciar que la iniciativa privada está sujeta igualmente a la protección de los derechos fundamentales [énfasis añadido].

Adicionalmente, el artículo 5 —Datos Sensibles— de la Ley 1581 del 2012, mediante la cual se dictaron disposiciones generales para la protección de datos personales, indicó que "se entiende por datos sensibles aquellos que afectan la intimidad del Titular o cuyo uso indebido puede generar su discriminación, tales como [...] los datos biométricos". Dado que los rasgos faciales hacen parte de la subcategoría de datos biométricos estáticos[4], la imagen hace parte, explícitamente, de datos protegidos por la ley colombiana. En este mismo sentido la Superintendencia de Industria y Comercio ha conceptualizado y confirmado que las imágenes se encuentran dentro de los datos personales de la ley en mención[5].

En resumen, los derechos de imagen están protegidos por la legislación colombiana, y de igual forma la Corte Constitucional ha avalado que estos puedan ser vendidos o cedidos, previa autorización, como también que sean de la libertad contractual. Es por esta razón que se ha incorporado la figura de cesión de los derechos de imagen en el fútbol como contratos adicionales al laboral.

En los derechos de imagen también se pueden ceder el nombre o el apodo del jugador como marca o nombre comercial, previamente registrados ante la Superintendencia de Industria y Comercio (SIC). El registro está contemplado en el literal e) del artículo 136 de la Decisión 486 del 2000 de la Comunidad Andina. Este establece que tiene prioridad el registro de los signos distintivos que afecten la identidad o prestigio de personas, salvo que se acredite su consentimiento. Esta figura es usada por los jugadores para proteger su nombre y evitar plagios o mal uso de este.

Por último, la Decisión 313 de 1991 —régimen común sobre propiedad intelectual— estableció que "podrán

4 Carlos Eduardo Alvez *et al.* "Identificación de personas mediante Sistemas Biométricos. Estudio de factibilidad y su implementación en organismos estatales", *Ciencia, Docencia y Tecnología, suplemento* 4, n.° 4 (2014): 48-71.

5 Superintendencia de Industria y Comercio, Concepto n.° 33980 del 2 de abril del 2013.

registrarse como marcas los signos que sean perceptibles, suficientemente distintivos y susceptibles de representación gráfica"[6], lo cual es claramente aplicable al nombre del jugador como marca comercial. La decisión indicó que no se podrá registrar "el nombre completo, apellido, seudónimo, firma, caricatura o retrato de una persona natural distinta del peticionario [salvo] que se acredite el consentimiento de esa persona o de sus herederos, de conformidad con las formalidades establecidas por la legislación nacional correspondiente"[7].

En conclusión, tanto los derechos de imagen como el nombre como marca comercial están plenamente protegidos por la regulación colombiana, lo que nos acerca a la primera solución de la problemática planteada.

Aplicación de los convenios de doble imposición entre Colombia-España y España-Panamá

Los convenios para evitar la doble imposición y prevenir la evasión e ilusión fiscal (en adelante CDI) son acuerdos solemnes entre los estados, que buscan distribuir la potestad tributaria entre ambos. El modelo más utilizado es el sugerido por la Organización para la Cooperación y el Desarrollo Económicos (en adelante OCDE), modelo que fue adoptado por Colombia y España.

Ni David ni sus asesores tuvieron en cuenta el convenio entre Colombia y España o entre Colombia y otro país con el que exista alguno, dado que el régimen tributario de Panamá no generaba carga tributaria por tratarse de ingresos de fuente extranjera bajo la regulación de dicha nación. El hecho de que la compañía que recibe los

6 Decisión 313/1991, art. 71.

7 Decisión 313/1991, art. 73- f.

ingresos esté localizada en Panamá no elimina las obligaciones formales en Colombia que deba cumplir David. Una de estas obligaciones es la presentación de la declaración de renta en la que tribute sobre sus rentas de fuente mundial dado que es residente fiscal en el país[8]) y, en consecuencia, en la que incluya los activos (inversión en la sociedad de Panamá) poseídos en el exterior de acuerdo con el numeral 3 del artículo 265 del ET. En el caso de los dividendos, estos deben ser gravados en el país de residencia.

Sin embargo, todo cambió en el momento en que firmó el contrato con el club español. Es ahí que surge la problemática para determinar quién y qué ingresos gravará cada uno de los tres países intervinientes, por lo que procedo a analizar los convenios de Colombia-España y el de España-Panamá.

Residencia fiscal

La determinación de la residencia fiscal en un país es un principio subjetivo pero fundamental, ya que esta le da la potestad tributaria para gravar o no las rentas obtenidas dentro o fuera de su territorio. Así pues, cada país tiene en su regulación interna los requisitos para ser considerados residentes fiscales (personas naturales) o entidad nacional. En el caso de Colombia están los artículos 10 y 12-1 que establecen dichos requisitos. En el primero, el factor predominante es la permanencia en el país por 183 días durante un periodo de 12 meses, incluyendo el día de entrada y de salida, más otros criterios por ingresos, patrimonio o familia; en el segundo, es tener el domicilio principal acorde a las leyes vigentes, no obstante,

8 ET, art. 9.

también se entienden como entidades nacionales si tienen su sede efectiva de administración o un establecimiento permanente.

En términos generales, España tiene las mismas reglas que Colombia, salvo por dos particularidades. La primera es que los 183 días de permanencia se cuentan dentro del año natural[9], enero a diciembre; la segunda consiste en que las ausencias temporales también son computadas para determinar los 183 días salvo que se acredite la residencia fiscal en otro país. Respecto a las sociedades, estas tienen los mismos criterios[10] que en Colombia.

Ahora bien, desde la perspectiva de la regulación panameña, su sistema tributario se basa en el principio de territorialidad, con criterios similares a los de Colombia, dado que por medio del artículo 13 de la Ley 52 del 2012, que a su vez modificó el artículo 762N del Código Fiscal, se estableció la regla de permanencia de los 183 días en el año fiscal o en el año inmediatamente anterior. Luego, con el Decreto Reglamentario 967 del 2013, se adicionaron otros parámetros tales como el centro de interés económico, familiar y el de vivienda a disposición. Por último, con la Resolución 201-0354 del 2016 se regularon las solicitudes de los certificados de residencia fiscal, mediante la cual se aclararon los requisitos, dado que no eran muy claros en la ley.

El artículo 4 —Residente— de los respectivos CDI define que "residente de un estado contratante" es toda aquella persona (natural o jurídica) que esté sujeta a imposición en el mismo y que en caso de ser residente de ambos estados tiene reglas de "desempate" como el centro de interés vital

9 L. 35/2006, art. 9 de España - Impuesto sobre la Renta de las Personas Físicas, www.boe.es.

10 L. 27/2004, art. 8 de España - Impuesto sobre Sociedades, www.boe.es.

(relaciones personales y económicas más estrechas) o una vivienda habitual. En este caso, la familia de David (esposa e hija), aunque vivió en Colombia por unos meses del 2018, también estuvo en España durante un periodo superior a los 183 días, es decir, frente a la regulación doméstica fue residente de ambos estados. Así, Colombia tendría la potestad de gravar sus rentas de fuente mundial a razón de que el centro de interés vital estaba en el país. Para el año 2019, a pesar de que David tuvo su casa e ingresos por los arriendos en Colombia, fue residente fiscal en España por cumplir todos los requisitos. De otro lado, David no fue residente fiscal en Panamá para los años 2018 y 2019, pero sí lo fue su compañía, debido a que fue incorporada por la regulación de dicho país.

Análisis del artículo 17 —Artistas y Deportistas— de los convenios para evitar la doble imposición[11]

El artículo 17 de artistas y deportistas reza así:

> 1. No obstante lo dispuesto en los artículos 7.° y 14, las rentas que un residente de un Estado contratante *obtenga del ejercicio de su actividad personal en el otro Estado contratante en calidad de artista del espectáculo, actor de teatro, cine, radio o televisión, o músico, o como deportista*, pueden someterse a imposición en ese otro Estado.
> 2. No obstante lo dispuesto en los artículos 7.° y 14, cuando las rentas derivadas de las actividades personales de los artistas del espectáculo o los deportistas, en esa calidad, *se atribuyan no ya al propio artista del espectáculo o deportista sino a otra persona*, dichas rentas pueden

11 En el convenio de Colombia y España corresponde al artículo 16.

> someterse a imposición en el Estado contratante donde se realicen las actividades del artista del espectáculo o del deportista [énfasis añadido][12].

Cabe resaltar que, primero, el artículo no define qué son artistas ni deportistas, por lo que, al remitirse a los comentarios[13] realizados por la OCDE, tampoco trae consigo una definición puntual, sino que da una lista de ejemplos que pueden estar cobijados en dicho artículo, lo que no quiere decir que la lista sea restrictiva. En el caso de los artistas indica que son actores, exdeportistas, y que también aplica para personas que desarrollan actividades políticas, religiosas y sociales, siempre y cuando el carácter de espectáculo esté presente. Para los deportistas menciona entre otros a nadadores, tenistas, jugadores de golf y futbolistas.

Segundo, tampoco es claro el alcance que se le debe dar al artículo respecto a las rentas que están cobijadas. En principio indica que deben ser percibidas por el deportista en el desarrollo de su actividad personal; sin embargo, hay rentas obtenidas por el uso de los derechos de imagen en ámbitos diferentes al deporte, tales como campañas publicitarias (en radio, prensa, televisión e incluso en redes sociales), patrocinios, uso de prendas deportivas fuera del campo de fútbol, entre otros.

12 L. 1082/2006, art. 16. Corresponde a la Ley "por medio de la cual se aprueba el 'Convenio entre el Reino de España y la República de Colombia para evitar la doble imposición y prevenir la evasión fiscal en materia de impuestos sobre la renta y sobre el patrimonio' y su 'Protocolo', firmado en Bogotá, D. C., el 31 de marzo de 2005".

13 OECD, "Commentary on Article 17", en *Model Tax Convention on Income and on Capital: Condensed Version 2017* (París: OECD Publishing, 2017), https://doi.org/10.1787/mtc_cond-2017-20-en.

Las rentas diferentes a las mencionadas también están amparadas por el convenio, sin embargo, es preciso establecer que tengan una relación directa (*close connection*)[14] con la actividad de los deportistas y el momento durante el cual se reciben, es decir, si se reciben durante un torneo y están asociadas a este. Por ejemplo, los patrocinios o premios recibidos por su desempeño, una entrevista respecto a su participación en una competición, por las fotos para ser la imagen oficial del torneo o por usar prendas con los logos de los patrocinadores; en el caso de los futbolistas, por utilizar los guayos de la marca de zapatos que representan, entre otros.

Bajo la premisa anterior, cuando existe una compañía de por medio (denominada por la OCDE como star-company[15]), que es la que recibe las rentas derivadas del jugador, también se debe revisar cada ingreso para determinar si tiene o no relación directa —esto se denomina test de proximidad—, ya que, en ambos casos, en las rentas que no tengan relación directa con la actividad, su tratamiento será el que indiquen los artículos 7 (Beneficios empresariales), 12 (Cánones y regalías) o 15 (Servicios personales dependientes), respectivamente.

Los comentarios de la OCDE plantean que se le puede aplicar un enfoque de transparencia (*Look-through approach*) a las operaciones de la compañía, en los casos en que la regulación lo permita, para asignarles las rentas de esta al jugador.

En tercer y último lugar hay que resaltar el propósito que tiene el numeral 2 del artículo 17 del CDI, ya que con este se busca cubrir que las rentas percibidas por la compañía interpuesta puedan estar gravadas en el lugar

14 OECD, "Commentary on Article 17", par. 9, 333.

15 OECD, "Commentary on Article 17", par. 9.4, 336.

donde se realice la actividad. Ahora bien, esto puede tener un "enfoque limitado o ilimitado"[16] respecto de su aplicación, con el fin de extender o restringir los beneficios.

Si se contempla el artículo 12 de regalías, se podría enmarcar el pago por el uso del nombre del jugador como marca comercial, ya que esta se encuentra registrada y protegida bajo las normas domésticas de Colombia y España. En este caso, los convenios indican que la potestad de gravarlas la tendrá el Estado de la residencia de quien recibe el pago. Al respecto es importante mencionar que España tiene un CDI suscrito con Alemania, que indica lo mismo.

Retomando el caso de David, el club español le pagaba una parte por salarios directamente a él y otra parte por el uso de los derechos de imagen a la compañía panameña. Adicionalmente, David percibió rentas de Alemania por ser la imagen de la marca de ropa Abidas, mientras que World Class Football S. A. recibió rentas de NutriBomp Colombia por el mismo concepto.

Una vez definido que fue residente fiscal en Colombia en el 2018 y en España en el 2019, las estrategias de solución serían: Colombia tendrá la potestad de gravar la totalidad de las rentas del 2018, tanto las de España como las de Panamá y Alemania; también se contaría con la opción de tomar como descuento tributario los impuestos pagados en el exterior.

Ahora bien, frente a esto, surge la siguiente pregunta: ¿cuál sería la potestad de España para el 2018 y el 2019 en el marco de la aplicación de los convenios? Bajo su norma doméstica tiene dos opciones: la primera es el impuesto de renta de las personas físicas (Ley 25 del 2006),

16 Andrés José Sánchez Sarzosa, "La tributación de los artistas y deportistas en los convenios para evitar la doble imposición", *Estudios de Derecho Tributario, Derecho Aduanero y Comercio Exterior* (febrero, 2019): 621-628.

aplicable a todas las personas naturales residentes, y la segunda el impuesto de renta de las personas físicas no residentes (Real Decreto Legislativo 5 del 2004), optativo para las personas que obtengan la residencia fiscal como consecuencia de su traslado laboral a España, con el cumplimiento de unos requisitos previos.

El artículo 92 de la Ley 25 del 2006, aplicable en ambos casos, hace referencia puntualmente a la "imputación de rentas por la cesión de derechos de imagen" e indica que las rentas obtenidas directa o indirectamente deberán ser incluidas. Sin embargo, estas leyes también indican que es sin perjuicio de lo establecido en los convenios suscritos. Así las cosas, España únicamente gravaría las rentas de fuente nacional y tendría la potestad de incluir las derivadas por el pago de los derechos de imagen que se realizan a Panamá como también los que se hacen desde Alemania a la compañía panameña, ya que estas fueron obtenidas en el territorio español. Uno de los beneficios que tiene esta última es que los primeros 600 000 euros tienen una tarifa del 24 % y la diferencia que supere dicho monto será gravada al 45 %.

Los pagos que realiza el club catalán a la compañía panameña por norma interna estarían sujetos a una retención entre el 19 y el 24 %[17], dependiendo del tipo de ingreso, es decir, si son catalogadas por otras rentas o si son ingresos a cuenta de la administración.

Pese a que existen los CDI, la regulación doméstica tiene un capítulo para los derechos de imagen que en mi opinión son claramente cláusulas antiabuso. Esto porque

17 Real Decreto 439/2007, "de 30 de marzo, por el que se aprueba el Reglamento del Impuesto sobre la Renta de las Personas Físicas y se modifica el Reglamento de Planes y Fondos de Pensiones, aprobado por Real Decreto 304/2004, de 20 de febrero", arts. 101 y 107.

en el protocolo de los convenios indica que estos no aplicarán si las rentas se encuentran exentas en ese Estado a razón de los servicios prestados en el exterior. Panamá no está gravando los derechos de imagen por ser obtenidos en el exterior y, teniendo en cuenta que son prestados en España, sería esta nación la que tiene la potestad tributaria para gravarlos. El convenio entre España y Alemania también prevé esta restricción, pero para ambos casos además aplican los artículos 7, 12 y 15 de los CDI.

La Hacienda Pública española ha tenido en la mira este tipo de actuaciones, y aunque las ha abordado como un delito fiscal, no ha hecho un análisis a profundidad de la norma doméstica y la aplicación de los CDI. Por ejemplo, Lionel Messi y Cristiano Ronaldo[18] fueron juzgados por este delito, a pesar de que sus estructuras también involucraban países de baja o nula imposición y otros con convenios.

Tributación en Colombia

Es claro que cuando la cesión de derechos de imagen y del nombre como marca registrada se realizan sin cuantía, esta no tendría efectos fiscales para el cedente. Sin embargo, cuando se realicen las actividades, estas tendrían la carga tributaria que se muestra a continuación.

Aplicación del régimen de entidades controladas del exterior

Para la aplicación del régimen de entidades controladas del exterior, se debe partir del supuesto de que se hace la cesión de los derechos de imagen y de la marca a la

18 Sentencia 53/2019, J. L. Sánchez Trujillano, E. Martín Sanz y L. Almeida Castro.

compañía de Panamá junto con los pagos del club español. Ahora bien, si David cede los derechos de imagen y de la marca registrada a título oneroso o decide venderlos a la compañía panameña, el costo fiscal podría ser el 30 % del valor de la enajenación, dado que es persona natural no obligada a llevar contabilidad y que, para él, el intangible es formado, lo que limita a dicho porcentaje por la aplicación del artículo 75 del Estatuto Tributario (en adelante ET).

Por otra parte, cuando la compañía panameña recibe los ingresos por la explotación de los derechos de imagen y de la marca, tendría dos opciones: (1) distribuir los dividendos al jugador, y (2) mantener las utilidades retenidas. A esta última se le podría aplicar el régimen de entidades controladas del exterior (en adelante régimen ECE), consagrado en los artículos 882 al 893 del ET.

En la primera opción planteada, si la compañía distribuye los dividendos al jugador, tendría que hacerlo a las cuentas de Colombia o de España. En el caso del 2018 todos los dividendos que distribuya durante dicho año correspondientes a periodos anteriores irían a las cuentas de Colombia, con lo cual deberán ser incluidos en la cédula de dividendos y participaciones que establece el artículo 330 del ET y quedar sujetos a la tabla para dicha cédula que indica el artículo 242 del ET, bajo una tarifa de renta del 35 %.

La otra opción es mantener las utilidades en la compañía y no distribuirlas. Sin embargo, esto podría tener impacto en la renta del 2018, por lo que la aplicación o no del régimen ECE tendría lugar siempre y cuando se cumplan la totalidad de los siguientes requisitos.

> 1. La ECE es controlada por uno o más residentes fiscales colombianos en los términos de cualquiera de las siguientes disposiciones:

a. Se trata de una subordinada en los términos de los numerales i, ii, iv y v del literal b del numeral 1 del artículo 260-1 de este Estatuto; o,
b. Se trata de un vinculado económico del exterior en los términos de cualquiera de los literales del Numeral 5 del artículo 260-1 de este estatuto.
2. La ECE no tiene residencia fiscal en Colombia[19].

Por cumplir con los requisitos mencionados anteriormente, le aplicaría el régimen ECE para el 2018 y no para el 2019, dado que en 2019 David no fue residente fiscal colombiano bajo los criterios establecidos en el artículo 10 del ET: no estuvo en Colombia más de 183 días continuos o discontinuos; su conyugue tampoco fue residente fiscal, y, por último, no generó ni administró más del 50 % de sus ingresos o de su patrimonio en Colombia.

En el proceso de determinación de las rentas pasivas para la declaración de renta del 2018, se debe precisar si los ingresos que obtuvo la compañía panameña por dicho año son rentas de carácter activo o pasivo. Por lo tanto, de acuerdo con el artículo 884 del ET, el cual reza que "Ingresos derivados de la cesión del uso, goce, o explotación de activos intangibles, tales como marcas, patentes, fórmulas, software, propiedad intelectual e industrial y otras similares". En conclusión, los ingresos son pasivos.

Una vez contemplados los aspectos anteriores, se tiene la obligación de presentar la declaración de renta, de acuerdo con lo establecido en el artículo 330 del ET, porque David es persona natural no obligada a llevar contabilidad.

Así mismo, el artículo 330 del ET tiene otras cédulas, dentro de las cuales está la que corresponde a las rentas

19 ET, art 882.

laborales, en las que se deberán incluir los ingresos obtenidos por la relación laboral con el club español. En la de rentas de capital le corresponderá incluir los arrendamientos más las rentas pasivas por los derechos de imagen y de la marca, bajo la aplicación del régimen ECE. Por esto tendrá que aplicar las dos tablas indicadas en el artículo 241 del ET (tablas 3 y 4).

Tabla 3. Para la renta líquida laboral y de pensiones

RANGOS EN UVT		TARIFA MARGINAL	IMPUESTO
DESDE	HASTA		
> 0	1090	0 %	0
> 1090	1700	19 %	(Base gravable en UVT - 1090 UVT) x 19 %
> 1700	4100	28 %	(Base gravable en UVT - 1700 UVT) x 28 % + 116 UVT
> 4100	En adelante	33 %	(Base gravable en UVT - 4100 UVT) x 33 % + 788 UVT

Fuente: Estatuto Tributario.

Tabla 4. Para la renta líquida no laboral y de capital

RANGOS EN UVT		TARIFA MARGINAL	IMPUESTO
DESDE	HASTA		
> 0	600	0 %	0
> 600	1000	10 %	(Base gravable en UVT - 600 UVT) x 10 %
> 1000	2000	20 %	(Base gravable en UVT - 1000 UVT) x 20 % + 40 UVT
> 2000	3000	30 %	(Base gravable en UVT - 2000 UVT) x 30 % + 240 UVT
> 3000	4000	33 %	(Base gravable en UVT - 3000 UVT) x 33 % + 540 UVT
> 4000	En adelante	35 %	(Base gravable en UVT - 4000 UVT) x 35 % + 870 UVT

Fuente: Estatuto Tributario.

En lo concerniente al impuesto de renta para el régimen ECE, se debe tener en cuenta que no solo se incluirán los ingresos, sino que también se tiene derecho a agregar los costos y deducciones aplicables, con el fin de realizar la depuración fiscal y así determinar la renta líquida sujeta a la tabla para hallar el impuesto.

Una vez determinado el impuesto a cargo, David podrá tomar como descuento tributario los impuestos pagados en España, dado que las rentas mundiales incluyen las obtenidas por salarios en el desarrollo de su actividad en dicho país, es decir, de fuente extranjera y por lo tanto está limitada al monto del impuesto sobre la renta y complementarios que se genera en Colombia[20].

Respecto de las obligaciones para el 2019, es posible que también le sea aplicado un régimen similar al ECE en Colombia, en la medida que España lo contempla. Este ha sido incluido en la regulación mediante el artículo 100 de la Ley 27 del 2014, por lo tanto, se tienen que incluir las rentas obtenidas por los derechos de imagen de la compañía panameña en la declaración de renta que debe ser presentada en España.

Aplicación del régimen especial de artistas y deportistas

En el caso de artistas y deportistas, la aplicación del régimen especial corresponde al aporte de los derechos de imagen y de la marca, pero teniendo en cuenta que los pagos serían fraccionados entre el jugador y la compañía colombiana, para lo cual el primer paso sería constituir una compañía en Colombia, aportando los derechos

20 ET, art. 254.

de imagen y la marca registrada como capital[21]. Este aporte no se entenderá como enajenación, dado que cumple con los requisitos del artículo 319 del ET para que se no configure una enajenación, los cuales son: (1) la sociedad receptora no realizará ingreso o pérdida como consecuencia del aporte; (2) el costo fiscal será igual al que tenía el aportante, las amortizaciones no tendrán lugar a extensiones de la vida útil, y (3) en el documento que contenga el acto jurídico deberá decirse expresamente que se sujetan a las disposiciones del artículo.

A renglón seguido, el jugador deberá incluir en su declaración de renta los derechos de imagen, los cuales serán determinados bajo la aplicación de los métodos de valoración contemplados en la primera parte de este capítulo, con el fin de que también estén el valor del aporte y el costo fiscal para la compañía. A este respecto, el artículo 279 del ET, que por ser una norma específica primaría sobre otra norma, indica que

> el valor patrimonial de los bienes incorporales concernientes a la propiedad industrial, literaria, artística y científica, tales como patentes de invención, marcas, plusvalía, derechos de autor, otros intangibles e inversiones adquiridos a cualquier título, se estima por su costo de adquisición demostrado, más cualquier costo directamente atribuible a la preparación del activo para su uso previsto menos las amortizaciones concedidas y la solicitada por el año o período gravable.

21 Superintendencia de Sociedades, Oficio 220-172030, 8 de agosto del 2017: "resulta claro que al interior de una sociedad por acciones simplificada pueden crearse acciones que se denominen de goce o industria, las cuales conferirán los derechos que se prediguen para éstas en los estatutos sociales, [...] acciones contempladas en el Código de Comercio, a que alude el artículo 380 ídem o, [...], concediéndoles los mismos derechos que a las acciones de carácter ordinario".

Por lo anterior, el hecho de incluir el valor patrimonial generaría efectos en la declaración de renta de la sociedad, dado que afectaría el cálculo de la renta presuntiva en términos del artículo 188 del ET.

Una vez se comienzan a recibir ingresos de las compañías que utilizan la imagen, también se tendría derecho al gasto por la amortización del intangible. Sin embargo, para efectos fiscales se debe evaluar la deducción de la amortización del intangible, dado que el artículo 143 del ET indica que se tiene que remitir a la norma contable y que los intangibles deben ser realizados "para los fines del negocio o actividad". En nuestro caso, el activo claramente es asociado con el negocio, ya que este es el que genera las rentas percibidas por la sociedad y ha sido reconocido contablemente.

El artículo 143 indica que para aceptar la deducción se debe cumplir con lo establecido en el artículo 74 del ET, cuyo numeral 1 es el de activos intangibles adquiridos. Para el caso, la sociedad estaría enmarcada en este artículo, el cual reza:

> 1. Activos intangibles adquiridos separadamente. Son aquellos activos intangibles por los cuales el contribuyente paga por su adquisición. El costo de los activos intangibles adquiridos separadamente corresponde al precio de adquisición más cualquier costo directamente atribuible a la preparación o puesta en marcha del activo para su uso previsto. Cuando se enajene un activo intangible adquirido separadamente, el costo del mismo será el determinado en el inciso anterior menos la amortización, siempre y cuando haya sido deducida para fines fiscales[22].

22 ET, art. 74.

Otro de los requisitos que indica es que la amortización se debe realizar por línea recta. El mismo artículo establece una limitación a la deducción de máximo el 20 % anual, ya que si llega a exceder este porcentaje la diferencia sería no deducible.

Luego, la aplicación fiscal está supeditada a la norma contable. Sin embargo, el tratamiento contable para los derechos de imagen no está expresamente en las NIIF-NIC 38 de activos intangibles y en consecuencia se presenta un problema respecto a cómo se van a reconocer contablemente los derechos de imagen.

Para resolver la anterior pregunta, se debe iniciar por la definición de *activo*, el cual es un recurso controlado como resultado de sucesos pasados, y del que se espera recibir beneficios económicos en el futuro[23], en tanto que activo intangible es "un activo identificable, de carácter no monetario y sin sustancia física"[24]. Ahora bien, el párrafo 12 de la NIC 38 y la sección 18 para PYMES indican que debe ser:

> un Activo identificable, de carácter no monetario y sin apariencia Física. Un activo es identificable cuando:
> a. es separable, es decir, es susceptible de ser separado o dividido de la entidad y vendido, transferido, explotado, arrendado o intercambiado, bien individualmente junto con un contrato, un activo o un pasivo relacionado, o
> b. surge de un contrato o de otros derechos legales, independientemente de si esos derechos son transferibles o separables de la entidad o de otros derechos y obligaciones[25].

23 Glosario de Términos, https://www.nicniif.org/files/normas 2010/parte%20b/70_glossary%20of%20terms%20f_139.pdf.

24 *Ibid.*

25 Activos Intangibles - NIC 38 (2008) y Normas Internacionales de Información Financiera para Pequeñas y Medianas Entidades (NIIF Para Las PYMES), 2015, 109.

En adición a lo anterior, los activos intangibles tienen un alto componente de capital intelectual (véase tabla 5).

Estos tienen valor, pero no poseen percepción física ni sustancia, también están localizados en las personas[26]. Sin embargo, para efectos contables deben tener un reconocimiento tangible, por ejemplo, para los derechos de imagen

Tabla 5. Componentes del capital intelectual

COMPONENTE	DIMENSIÓN	DEFINICIÓN
Capital humano	Conocimiento / Educación / Desarrollo profesional	Conjunto de conocimientos explícitos o tácitos que posee una persona, y que fueron adquiridos mediante una educación reglada.
	Habilidades	Forma de hacer las cosas; es decir, "saber hacer".
	Permanencia	Tiempo de servicios de los empleados en la empresa.
	Formación	Conjunto de conocimientos específicos en un área concreta, adquiridos de manera formal.
	Experiencia	Es el saber que se adquiere con la práctica y puede demostrarse.
	Creatividad	Facilidad para la aparición de nuevas ideas de aplicación útil.
	Motivación	Conjunto de fuerzas internas y externas que inician comportamientos relacionados con el trabajo y determinan su forma, dirección, intensidad y persistencia.

Fuente: Giovanni Pérez Ortega y Patricia Tangarife Martínez, "Los activos intangibles y el capital intelectual: una aproximación a los retos de su contabilización", *Revista Saber, Ciencia y Libertad* 8, n.° 1 (enero, 2013): 149.

26 Pérez Ortega y Tangarife Martínez, "Los activos intangibles", 145.

la prueba física de que existen y sería la persona que los vende o los cede y sobre la cual se generan los pagos respectivos; para las marcas, su requisito es que deben estar debidamente registradas. Por lo tanto, los derechos de imagen se encuentran incluidos dentro de la definición de activos intangibles, en la medida en que cumplen con las condiciones previstas en las normas contables.

A renglón seguido, se debe determinar si cumplen con los criterios de reconocimiento del párrafo 21 de la NIC 38 o del parágrafo 2.27 de la sección 18 para PYMES, las cuales indican que el

> reconocimiento es el proceso de incorporación en los estados financieros de una partida que cumple la definición de un activo, pasivo, ingreso o gasto y que satisface los siguientes criterios:
> a. es probable que cualquier beneficio económico futuro asociado con la partida llegue a, o salga de la entidad; y
> b. que la partida tenga un costo o valor que pueda ser medido con fiabilidad.
> c. el activo no es resultado del desembolso incurrido internamente en un elemento intangible."[27]

Es aquí donde se divide en dos su tratamiento contable y fiscal: (1) realizar la cesión de los derechos sin cuantía, con lo cual no se cumpliría con el literal b para ser reconocido contablemente, o (2) reconocerlos con cuantía haciéndoles una valoración[28] con los métodos establecidos.

27 Activos Intangibles - NIC 38 (2008) y Normas Internacional de Información Financiera para Pequeñas y Medianas Entidades (NIIF Para Las PYMES), 2015, 109.

28 International Valuation Standards Council, "IVS 105: Valuation Approaches and Methods", Exposure Draft, Londres, 7 de abril del 2016, 6-25.

Algunos de los métodos más utilizados para la valoración y el reconocimiento del intangible son: *Balanced Business Scorecard*[29] (Cuadro de Mando Integral), estudios de mercado, flujo de caja libre, flujo de caja descontado, por el costo, entre otros. Sin embargo, se debe demostrar que la valoración es fiable y que se tendrán beneficios futuros.

Ahora bien, en el caso de los dos primeros, tienen el problema de que son valoraciones que se hacen con indicadores no financieros, por lo que es posible que lleguen a generar resultados poco veraces. En otras palabras, el tercero podría ser el mejor método de valoración, ya que el flujo de caja libre para calcular el valor del intangible en el mercado se podría determinar con base en la proyección de ingresos futuros que se estima percibir, incluyendo los egresos y amortizaciones que se pueden tener, así como también el gasto por impuesto de renta.

Otro punto importante es identificar la vida útil que requieren los párrafos 88 al 96 de la NIC 38, ya que la norma considera que el intangible debe tener una vida útil finita y aclara que, si no es posible determinarla fiablemente, se podrá establecer con base en la mejor estimación sin exceder diez años. Así mismo se debe definir el "método de amortización que refleje el patrón esperado del consumo de los beneficios económicos futuros derivados del activo", establecido por los párrafos 97 al 99 de la NIC 38.

Es así que al percibir ingresos ordinarios de las compañías que utilizan la imagen y basándose en la sustancia del acuerdo, se identifica plenamente el segundo elemento, aplicando el párrafo 17 de la NIC 38, que corresponde al reconocimiento de ingresos que son generados por regalías a razón de que los intangibles son utilizados por terceros.

29 Gloria Stella Mesa-Velásquez, "Medición de los activos intangibles, retos y desafíos", *Cuadernos de Contabilidad* 13, n.° 33 (2012): 319-335.

En adición, según el literal b del párrafo 30 de la NIC 38, se deben reconocer las regalías con base en el devengo.

Bajo el anterior análisis se actúa en cumplimiento de las normas contables y tributarias, en las que se podría reducir la carga tributaria mediante la amortización del intangible. Al mismo tiempo se está realizando el diferimiento del impuesto por los dividendos generados por la compañía, ya que únicamente van a estar gravados al momento de su distribución. Sin embargo, a estos también se les aplicaría el régimen de entidades controladas del exterior, planteado en la estrategia anterior.

Al igual que en el punto anterior ("Aplicación del régimen de entidades controladas del exterior"), se podrán tomar como descuento tributario los impuestos pagados en España, dado que las sociedades han obtenido sus ingresos por la prestación de servicios por parte de David en dicho país, quien ha generado un ingreso de fuente extranjera, y, por lo tanto, la fuente extranjera está limitada al monto del impuesto sobre la renta y complementarios que se genera en Colombia[30].

Aplicación de las normas antiabuso

No hay que dejar de lado el análisis de posible abuso en materia tributaria, por lo que se debe demostrar que prima la sustancia sobre la forma (propósito económico o comercial). Para esto se sustenta que esta operación de cesión de los derechos de imagen a la sociedad se realiza con el fin de proteger la propiedad intelectual mediante registro ante la Superintendencia de Industria y Comercio (SIC), con el fin de evitar el uso de la imagen sin previa autorización, ya que este puede ser susceptible a demandas.

30 ET, art. 254.

En adición, por los diferentes tratados que tiene España, se podría pensar que se está abusando de los convenios *treaty shopping*, ya que intervienen Colombia, Panamá y España. Al respecto, se puede demostrar que (1) la creación de la compañía panameña surgió antes del traslado de David a España; (2) la contratación de David por parte del club catalán se dio por sus cualidades y habilidades como jugador de fútbol, en consecuencia, tiene toda la sustancia del propósito de negocio y el convenio entre ambos países no fue el factor predominante para su traslado a dicho país, y (3) la contratación de David como imagen de la compañía de ropa deportiva con sede en Alemania también se debió a su reconocimiento mundial, de modo que los ingresos esperados por esta compañía por el uso de sus prendas constituyen el motivo principal de la contratación y no el convenio entre España y Alemania.

Sin embargo, la autoridad fiscal podría llegar a aplicar el artículo 869 del ET, que le otorga la potestad de "[...] re-caracterizar o reconfigurar toda operación o serie de operaciones que constituya abuso en materia tributaria y, consecuentemente, desconocer sus efectos. En este sentido, podrá expedir los actos administrativos correspondientes en los cuales proponga y liquide los impuestos, intereses y sanciones respectivos", pero un argumento en contra de esto es que se incluyan las rentas obtenidas afuera, en el caso del año 2018, bajo el régimen ECE y así tributar apropiadamente en Colombia.

SOLUCIÓN DEL PROBLEMA

Dados los vacíos normativos en materia contable y tributaria respecto de los derechos de imagen en Colombia y considerando que España tiene una regulación para estos, en Colombia sí se debe adoptar un modelo de tributación que llene los vacíos de la ley, pero que también esté armonizado con la aplicación del artículo 17 de los convenios de doble imposición.

La estrategia de solución seleccionada es la adopción de un modelo tributario que debe responder a los vacíos de la ley y partir de la perspectiva contable, pasando por la tributación doméstica para llegar a estar alineados con las normas antiabuso, pero otorgando beneficios económicos y tributarios a los contribuyentes. Para esto se debe partir de las conexiones y desconexiones que tiene la contabilidad para efectos tributarios. Así, el artículo 21-1 del ET indica que aplicarán los sistemas de reconocimientos y medición, de conformidad con los marcos técnicos normativos contables vigentes en Colombia, en los casos en que la norma tributaria los remita a estos, salvo que tenga una norma expresa que los regule.

Teniendo en cuenta que en materia tributaria los derechos de imagen no cuentan con una norma expresa, se deben remitir a los marcos técnicos contables, sin embargo, estos tampoco tienen un lineamiento puntual sobre el tema, sino que indican que se debe mostrar la realidad económica de las compañías.

Así, surge la primera solución en materia contable, pues se le da plena aplicabilidad a la NIC 38, dado que se genera un activo intangible que tiene una medición inicial por medio del sistema de valoración de flujo de caja libre descontado. De este modo se cumple con los demás requisitos, con un costo, para que sea identificable y se le pueda asignar una vida útil, de suerte que sea amortizable.

Con base en lo anterior, los derechos de imagen (intangibles) primero pueden ser incluidos por el jugador en su declaración de renta y posteriormente ser cedidos a la compañía colombiana como aporte del capital, con el fin de que, patrimonialmente, David reemplace un activo intangible con una inversión en sociedad. No obstante, también podría ser que el jugador reciba la totalidad de los ingresos tanto por salarios como por los derechos de imagen y esta estaría ligada a la propuesta de impacto o mejora.

Si se sigue la propuesta contable, se podría hacer el aporte en especie a la compañía por el valor determinado contablemente. Una vez que la compañía comience a recibir los pagos por el uso de los derechos de imagen por parte del Seny Football Club, estos estarían sujetos a retención en España, de tal suerte que cuando David realice la declaración de renta podrá acogerse al descuento tributario. Así, en el momento en que distribuyan los dividendos a David, estos no serían gravados. Para el año 2019, David sería residente español y el CDI tendría plena aplicabilidad.

Otro punto es que, al tratarse de una compañía colombiana, no le aplicaría el régimen de entidades controladas del exterior. Ahora bien, a pesar de que este también puede regir a las sociedades, considero que no debería incluir en la declaración del 2019 las rentas obtenidas por David en España, teniendo en cuenta que él percibe las rentas activas directamente. No obstante, se tendría que evaluar si debería incluir las rentas percibidas por la compañía colombiana provenientes de los servicios prestados en España bajo el régimen ECE de allá.

Es así como llego a la conclusión de que los derechos de imagen deben ser reglamentados en la regulación doméstica, para así generar certeza tributaria en la aplicación de los convenios de doble imposición, con el fin de tener impuestos razonables que puedan ser tomados como descuento tributario en los países en que apliquen.

PROPUESTA DE IMPACTO O MEJORA

PROYECTO DE LEY N.° X

Exposición de motivos al proyecto de Ley "por la cual se expiden normas para la creación del régimen especial de artistas y deportistas y otras disposiciones - Ley David López"

1. Objetivo

El presente proyecto de ley que se presenta al Honorable Congreso de la República tiene como objetivo principal la reglamentación tributaria aplicable a los derechos de imagen de artistas y deportistas. Con la adición de esta normatividad se busca repatriar los patrimonios que tienen importantes figuras del deporte y artistas reconocidos, tales como James Rodríguez, Radamel Falcao, Fernando Botero, entre otros, los cuales han decidido tenerlos fuera del país debido a la falta de certeza jurídica y a la alta carga tributaria que posee Colombia.

2. Contexto de la modificación

Actualmente, la normatividad colombiana no cuenta con criterios claros para gravar las rentas percibidas por artistas o deportistas en el país ni las que perciben los residentes cuando realizan actividades del espectáculo o deportivas en el exterior, para que Colombia obtenga un beneficio económico.

Esta norma busca generar incentivos económicos y tributarios y crear las condiciones para que los artistas y deportistas tengan sus patrimonios en el país y no busquen trasladarlos a otros países, cosa que suele ocurrir en la medida que Colombia es un país exportador y tiene una alta carga tributaria, lo que deja al país sin recaudo de impuestos. Por lo tanto, la principal medida que debe tomarse es reducir las tarifas de impuesto de renta a los artistas o deportistas cuando devenguen ingresos por los derechos de imagen, tanto directamente por los contratos laborales como indirectamente por otros tipos de contratos que se desarrollen para transferir dichos derechos.

Adicionalmente, la ley busca desarrollar procedimientos para la protección de los derechos de imagen y así evitar que los artistas o deportistas busquen otros países que sí tengan leyes para su protección. En algunos casos se constituyen compañías en dichos países, que incluso pueden ser de baja imposición, para proteger los derechos, pero con un propósito de negocio y así mismo tener una carga tributaria baja.

La anterior iniciativa se basa en regímenes especiales que tienen otros países como España e Inglaterra, en donde cuentan con tarifas especiales o la no aplicación de impuestos para los no residentes. Con todo, dichos regímenes tienen un problema y es que pretenden únicamente gravar los ingresos, pero descuidan los beneficios económicos que pueden traer tales patrimonios. Por esta razón, se busca generar una ley que cubra ambos aspectos, para así obtener ingresos tributarios y contribuir al crecimiento de la economía del país.

Por lo anterior, se procede a presentar la siguiente Ley:

LEY X DE X
(X)

Por la cual se expiden normas para la creación del régimen especial de artistas y deportistas y otras disposiciones

El Congreso de Colombia
DECRETA:

PARTE I
Régimen especial de artistas y deportistas

Artículo 1°. Modifíquese el artículo 889 del Estatuto Tributario, el cual quedará así:
Art. 899. Creación del régimen especial para artistas y deportistas. Créese a partir del 1.° de enero del 2020 el régimen especial para artistas y deportistas, con el fin de reducir la carga tributaria y fomentar la repatriación de capitales.

El régimen especial contempla el impuesto sobre la renta y el impuesto al patrimonio. Adicionalmente, si se tienen activos en el exterior, se deberá cumplir con la declaración en los formatos y plazos establecidos.
Artículo 2°. Modifíquese el artículo 900 del Estatuto Tributario, el cual quedará así:
Art. 900. Contribuyentes del régimen especial para artistas y deportistas:

Son contribuyentes del régimen especial:

1. Las personas naturales residentes que sean artistas o deportistas y que presten sus servicios directa o indirectamente.
2. Las personas jurídicas domiciliadas en Colombia, que actúen en representación de artistas o deportistas, como también aquellas cuyo objeto social sea desarrollar o presentar espectáculos públicos de carácter artístico o deportivo.

PARÁGRAFO: los contribuyentes que se acojan a este régimen únicamente tendrán la obligación de presentar la declaración de renta y complementarios y no les aplicará el impuesto al patrimonio.

Artículo 3°. Modifíquese el artículo 901 del Estatuto Tributario, el cual quedará así:

Art. 901. Tarifa del régimen especial para artistas y deportistas:

La tarifa general del impuesto sobre la renta aplicable será:

RENTA LÍQUIDA GRAVABLE		TARIFA
IGUAL O SUPERIOR (UVT)	INFERIOR (UVT)	
0 UVT	6000 UVT	11 %
6000 UVT	15 000 UVT	13 %
15 000 UVT	30 000 UVT	15 %
30 000 UVT	80 000 UVT	17 %

PARTE II

Impuesto sobre la renta para personas jurídicas

Artículo 4°. Adiciónese el parágrafo 2 al artículo 408 del Estatuto Tributario, el cual quedará así:

PARÁGRAFO 2. Los pagos o abonos en cuenta por concepto de cesión o de uso de derechos de imagen realizados a personas naturales o jurídicas no residentes o no domiciliadas en el país estarán sujetos a una retención en la fuente del diez por ciento (10 %).

Artículo 5°. Vigencias y derogatorias. La presente ley rige a partir de su promulgación.

BIBLIOGRAFÍA

International Accounting Standards Board. *NIIF para las PYMES*. Londres: IFRS Foundation, 2015.

Alvez, Carlos Eduardo, Marcelo Gabriel Benedetto, Graciela Raquel Etchart, Lucas Javier Luna, Carlos Rafael Leal, Miguel Antonio Fernández, Gustavo Luis Berón y Sebastián René Loggio. "Identificación de personas mediante Sistemas Biométricos. Estudio de factibilidad y su implementación en organismos estatales". *Ciencia, Docencia y Tecnología*, suplemento 4, n.° 4 (2014): 48-71.

Andrade Chevres, Cristina. "La protección eficiente del derecho a la imagen personal: análisis comparativo entre Colombia y Estados Unidos". *Revista de Derecho, Comunicaciones y Nuevas Tecnologías*, n.° 15 (junio, 2016). http://dx.doi.org/10.15425/redecom.15.2016.03.

Buitrago Díaz, Esperanza. "El derecho de imagen en los convenios para evitar la doble imposición sobre la renta - El caso de los artistas y deportistas". *Revista de Derecho Fiscal*, n.° 5 (marzo, 2011): 279-308.

Cloete, Rian. "The Taxation of Image Rights: A Comparative Analysis". *De Jure* 45, n.° 3 (2012): 556-567.

Falla Cubillos, Héctor Andrés. "El tratamiento fiscal actual de la propiedad intelectual en Colombia bajo la ley doméstica y los convenios tributarios desde la perspectiva del impuesto sobre la renta y complementario". *Revista Instituto Colombiano de Derecho Tributario* 79 (noviembre, 2018): 43-86

García, Fernando. "El tratamiento contable de los activos intangibles". *Revista Contable*, n.° 43 (2016): 108-113.

Glosario de términos. https://www.nicniif.org/files/normas2010/parte% 20b/70_glossary%20of%20terms%20f_139.pdf.

Guzmán Delgado, Diego Fernando. "El contexto actual del derecho de la imagen en Colombia". *Revista La Propiedad Inmaterial*, n.° 21 (enero-junio, 2016): 47-77.

International Valuation Standards Council. "IVS 105: Valuation Approaches and Methods". Exposure Draft. Londres, 7 de abril del 2016.

Mesa-Velásquez, Gloria. "Medición de los activos intangibles, retos y desafíos". *Cuadernos de Contabilidad* 13, n.° 33 (2012): 319-335.

OECD. "Commentary on Article 17". En *Model Tax Convention on Income and on Capital: Condensed Version 2017*. París: OECD Publishing, 2017. https://doi.org/10.1787/mtc_cond-2017-20-en.

Palomar Olmeda, Alberto y Antonio Descalzo González. *Los derechos de imagen en el ámbito del deporte profesional: Especial referencia al fútbol*. Madrid: Editorial Dykinson, 2001.

Pérez Ortega, Giovanni y Patricia Tangarife Martínez. "Los activos intangibles y el capital intelectual: una aproximación a los retos de su contabilización". *Revista Saber, Ciencia y Libertad* 8, n.° 1 (enero, 2013): 143-166.

Ramírez Gómez, Salvador. "Del caso Lola Flores al caso Leo Messi - La conflictiva relación de artistas y deportistas con la Agencia Estatal de Administración Tributaria". Lección inaugural curso académico 2018-2019, Universidad de Huelva, 2018.

Rengifo García, Ernesto y Luis Carlos Pombo. *Valuación de activos intangibles de propiedad intelectual: fundamentos económicos, jurídicos, financieros y contables*. Bogotá: Universidad Externado de Colombia, 2015.

Ribes, Aurora. *Convenios para evitar la doble imposición internacional: interpretación, procedimiento amistoso y arbitraje*. Madrid: Editoriales de Derecho Reunidas, 2003.

Sánchez Sarzosa, Andrés José. "La tributación de los artistas y deportistas en los convenios para evitar la doble imposición". *Estudios de Derecho Tributario, Derecho Aduanero y Comercio Exterior* (febrero, 2019): 621-628.

Simpson, Alan. Taxation of Non-Resident Entertainers and Sportsmen: The United Kingdom's Definition of Performance Income and How it Ought to be Measured. *Global Studies Law Review* 11, n.° 3 (2012): 693-714.

Vaquera García, Antonio. "Aspectos actuales de la fiscalidad de la renta de los futbolistas profesionales". *Revista Nueva Fiscalidad* 3 (2018): 119-147.

Normas y leyes

CC. L. 84/1873. *Diario Oficial*, n.° 2867, 31 de mayo de 1873.

Decisión 313 de 1991 de la Comunidad Andina. Régimen Común sobre Propiedad Industrial.

Decisión 486 del 2000 de la Comunidad Andina. Régimen Común sobre Propiedad Industrial.

ET. Decreto 624/1989. *Diario Oficial*, n.° 38 756, 30 de marzo de 1989.

L. 23/1982. *Diario Oficial*, n.° 35 949, 19 de febrero de 1982.

L. 27/2004. "Del Impuesto sobre Sociedades". España.

L. 35/2006. "Del Impuesto sobre la Renta de las Personas Físicas y de modificación parcial de las leyes de los Impuestos sobre Sociedades, sobre la Renta de no Residentes y sobre el Patrimonio". España.

L. 1082/2006. *Diario Oficial*, n.° 46 796, 29 de octubre del 2007.

L. Estatutaria 1581/2012. *Diario Oficial*, n.° 48 587, 18 de octubre del 2012

Real Decreto 439/2007. "Por el que se aprueba el Reglamento del Impuesto sobre la Renta de las Personas Físicas y se modifica el Reglamento de Planes y Fondos de Pensiones, aprobado por Real Decreto 304/2004". *Boletín oficial del Estado*, n.° 78, 31 de marzo del 2007.

Sección Tercera de la Sala de lo Contencioso-Administrativo del Tribunal Supremo. Sent. 53/2019. J. L. Sánchez Trujillano, E. Martín Sanz y L. Almeida Castro. *Boletín oficial del Estado*, n.° 138, 10 de junio del 2019.

Superintendencia de Industria y Comercio. Concepto n.° 33980, 2 de abril del 2013.

Superintendencia de Sociedades. Oficio 220-172030, 8 de agosto del 2017.

Jurisprudencia

C.Const, T-090/1996. E. Cifuentes Muñoz.

C.Const, T-408/1998. E. Cifuentes Muñoz.

C.Const, T-260/2012. H. Antonio Sierra Porto.

C.Const, T-634/2013. M. Calle Correa.

CE 3. Noviembre/2015. e17001-23-31-000-2004-01014-01(37953). R. D. J. Pazos Guerrero.

LA LIBERTAD DE LAS ELECCIONES ECONÓMICAS FRENTE A LAS FINALIDADES RECAUDATORIAS DEL ESTADO*

Juanita Castro Romero

* Para citar este capítulo: http://dx.doi.org/10.15425/2017.503

Pedro González, exitoso empresario colombiano, optó como muchos otros por estructurar la propiedad de sus negocios y activos mediante vehículos en Colombia y el exterior, con el objetivo de lograr la diversificación de sus inversiones y negocios, una menor exposición local personal, la distribución de riesgos, la protección patrimonial y la organización de su patrimonio para fines sucesorales. Así mismo, encontró en algunos de estos esquemas ciertos ahorros fiscales. Debido a distintos factores, incluidos los de simplificación y optimización de sus negocios y administración de sus bienes, así como a cambios que experimentó el contexto nacional e internacional, Pedro se vio obligado a reestructurar su esquema patrimonial, y para ello usó los mecanismos previstos en la ley en cumplimiento de las obligaciones respectivas.

Entre los cambios mencionados, se destaca la priorización de la fiscalidad y la proliferación de políticas tendientes a contrarrestar prácticas evasivas y elusivas de impuestos como las cláusulas antiabuso, tanto generales —que otorgan a la administración tributaria amplias facultades para desconocer y recaracterizar operaciones constitutivas de abuso en materia tributaria a la luz del postulado de prevalencia de la sustancia sobre la forma—, como especiales —por ejemplo, las contenidas en las normas sobre reorganizaciones, que conceden neutralidad tributaria a determinadas operaciones siempre que cumplan con requisitos de sustancia comercial y/o económica—.

Desde esta perspectiva, se analiza si la reestructuración del esquema patrimonial familiar y de negocios adelantada por Pedro, en los términos que se presentan en este escrito, constituye una conducta susceptible de ser cuestionada a la luz del sistema tributario colombiano y los estándares internacionales vigentes.

PALABRAS CLAVE

Norma general antiabuso, normas antiabuso específicas, sede efectiva de administración, reorganizaciones, planeación fiscal legítima.

GLOSARIO

BEPS: *Base Erosion and Profit Shifting.*
Convenio o convenio tributario: Convenio tributario sobre la renta y sobre el patrimonio para evitar la doble imposición internacional.
DIAN: Dirección de Impuestos y Aduanas Nacionales.
ET: Estatuto Tributario.
GAAR: *General anti-abuse rule.*
LLC: *Limited Liability Company.*
NGA: Norma general antiabuso.
NPP: Norma de propósito principal.
OCDE: Organización para la Cooperación y el Desarrollo Económicos.
PPT: *Principal purpose test.*
SAAR: *Specific anti-abuse rule.*
SEA: Sede efectiva de administración.

HISTORIA

En el año 1978, Pedro González decidió incursionar en el mercado del calzado y fundó su propia empresa, Nativos S en C[1], con un capital inicial de 50 000 000 de pesos. A

1 Pedro González como socio gestor y aportante de capital y su esposa y dos hijos como socios comanditarios.

medida que el negocio fue prosperando, Pedro diversificó sus productos e incluyó la fabricación de cinturones y maletines. Poco a poco su negocio se fue consolidando como uno de los más grandes del país, con potencial de competir en el mercado internacional con los principales productores y exportadores de zapatos de la región. En consecuencia, su fortuna fue aumentando de manera significativa.

Dadas estas circunstancias y la difícil situación de violencia que atravesaba Colombia para esa época, y particularmente, por las constantes amenazas que recibía, Pedro consideró apropiado evaluar mecanismos para proteger sus activos, diversificar su negocio e incursionar en el mercado de otros países.

Así, atendiendo las recomendaciones de sus asesores decidió, por una parte, hacer una inversión colombiana en Panamá para constituir la sociedad Aquarium S.A., que a su vez invirtiera en otro vehículo panameño (Snow S. A.), que a su vez invirtiera en Uruguay (Nativos Uruguay S. A.), para atender mercados potenciales. Lo anterior, en condiciones económicas más favorables y seguras que las existentes en Colombia para ese entonces. La inversión inicial fue de 50 000 dólares, que financió con los dividendos que recibía como principal accionista de la empresa colombiana.

Algunos de los administradores de la sociedad colombiana, que eran de su entera confianza, se trasladaron a Uruguay para atender las operaciones de la compañía en dicha jurisdicción. Por su parte, los administradores de Aquarium S. A. y Snow S. A. eran unos sujetos designados por la firma de abogados panameña que prestó los servicios para su constitución.

Los objetivos principales de la interposición de las sociedades *holding* panameñas entre Pedro y la inversión en Uruguay eran: (1) generar un mecanismo de protección patrimonial y personal, en el que no fuera fácilmente identificable su vínculo con la propiedad de dicha inversión ni fuera necesario revelar fiscalmente el valor real de la misma –para efectos fiscales patrimoniales, declaraba en Colombia el costo fiscal de las acciones poseídas directamente en la sociedad *holding* panameña y no el valor de la inversión indirecta en la sociedad operativa uruguaya–; (2) flexibilizar la estructura ante una futura venta o liquidación del negocio en dicha jurisdicción; (3) adaptar el esquema de posesión de la inversión en caso de una futura desvinculación de Colombia, previendo una situación de mayor riesgo que lo pudiera obligar a salir inesperadamente del país; (4) obtener algunas ventajas fiscales debido a la posibilidad de diferir el pago de sus impuestos en Colombia sobre los rendimientos derivados de sus inversiones –salvo que se dispusiera la distribución de dividendos de la sociedad panameña a Colombia–, y a que los ingresos de fuente extranjera –dividendos de la sociedad operativa uruguaya, en este caso– no son objeto de gravamen en Panamá. Ello, sin embargo, supondría una acumulación de riqueza en el exterior.

Bajo las mismas consideraciones de protección, flexibilización y optimización fiscal expuestas, decidió también canalizar, por medio de otra cadena de vehículos, algunas inversiones en el exterior –distintas del negocio operativo–, tales como cuentas de inversión y activos inmobiliarios[2].

2 Muy de moda por la época, y dada su estabilidad económica y cercanía a Colombia, decidió adquirir un inmueble de recreo en Florida, Estados Unidos, el cual arrendaba durante el tiempo que no estaba ocupado. Las rentas, sin embargo, eran menores y poco estables. Siguiendo las recomendaciones de sus abogados americanos, el inmueble fue adquirido por medio de una Limited Liability Company (LLC) americana, por razones de orden tributario en dicho país. La LLC era de propiedad de la FIP, que, a su vez, era de

Para el efecto, destinó otra buena parte de los dividendos que tenía a su disposición a la creación de la sociedad en Panamá Landmark S. A.[3], con un capital inicial de 30 000 dólares, la cual, a su vez, actuaba como fundadora de una Fundación de Interés Privado panameña[4], que era la titular directa de los activos mencionados. Así, la utilización combinada de estos vehículos permitía obtener un mayor nivel de confidencialidad frente a terceros, conforme lo pretendido por Pedro.

Adicionalmente, Pedro estimó conveniente anticipar la organización y distribución de su patrimonio ante una eventual sucesión, no solo por el costo fiscal que supondría, sino con el fin de garantizar que sus herederos hicieran un buen uso de él. Si bien un testamento podía contribuir a este propósito, este no era suficiente para garantizar ciertas condiciones de distribución y destinación de los bienes una vez Pedro faltara.

Fue así como optó por la figura de la Fundación de Interés Privado irrevocable panameña, la cual satisfacía los diversos propósitos perseguidos por Pedro, así: (1) sucesorales, como alternativa para la distribución y uso de los activos por sus futuros herederos; (2) de protección del patrimonio, ya que se crea un patrimonio separado del fundador y de los beneficiarios sin que necesariamente se pierda el control de los activos; (3) de administración o gestión del patrimonio, ya que este se consolida en un solo vehículo, y (4) tributarios, en la forma de ventajas fiscales sobre

---

propiedad de la sociedad *holding* Landmark S. A.; ambos vehículos ubicados en Panamá.

3 La mencionada sociedad era también administrada por unos directores designados por la firma de abogados panameña que la constituyó.

4 La sociedad panameña Landmark, que destinó 10 000 dólares para su creación.

bienes y transferencias no provenientes de fuente panameña. Así, Pedro había empezado a enfrentarse a la necesidad de analizar las cargas tributarias vigentes, con el fin de buscar la mejor manera de racionalizarlas u optimizarlas para proteger su capital, que había construido con mucho esfuerzo y trabajo durante varios años. Ello no solo incluía los costos impositivos, sino los aduaneros, laborales, según el caso, que pesan sobre los negocios familiares.

De esta manera, Pedro generó una acumulación de riqueza importante en el exterior, lo cual estaba en línea con los propósitos ya mencionados. Cabe anotar en este punto que la cuenta de inversión que abrió a nombre de Landmark S. A., por diversos factores, tuvo un crecimiento en valoración muy importante durante varios años.

En resumen, Pedro era titular, directo e indirecto, de la siguiente estructura de propiedad de activos:

1. Participaciones en una sociedad colombiana, operativa del negocio de los zapatos, cinturones y maletines.
2. Acciones en una sociedad *holding* panameña (Aquarium S. A.), que, a su vez, era titular de las acciones de la sociedad holding Snow S. A., que, a su vez, era titular de las acciones de la sociedad operativa uruguaya.
3. Acciones en una sociedad panameña (Landmark S. A.), que actuaba como fundadora de una FIP en Panamá, que, a su vez, era titular indirecta[5] de un inmueble ubicado en Estados Unidos y titular directa de un portafolio de inversión en un banco en Estados Unidos.

5 Como se indicó, por medio de una LLC con domicilio en Estados Unidos.

Adicionalmente, Pedro poseía los siguientes activos en Colombia: (1) su casa de habitación; (2) un apartamento de recreo en la costa colombiana; (3) un portafolio de inversión, y (4) dos cuentas de ahorros.

Ahora bien, tras varios años de operación y crecimiento, el negocio operativo en Colombia empezó a verse afectado por la situación económica y política del momento. En consecuencia, fue necesario destinar algunos excedentes generados en el exterior –la compañía uruguaya seguía dando resultados satisfactorios, cuyos dividendos se venían acumulando en Snow S. A.– a capitalizar la empresa colombiana, mediante una inversión extranjera directa en Colombia proveniente de Aquarium S. A., que le permitiera mantenerse en el mercado. La inversión requerida implicó una dilución de la participación de Pedro, su esposa e hijos en la sociedad, que, vale decir, había sido transformada en S. A. S. por cuestiones de simplicidad y flexibilidad.

Ello suponía que para disponer de los dividendos, pese a seguir siendo el dueño –ahora de manera parcialmente indirecta–, de la sociedad colombiana operativa, debía recibirlos por intermedio de la sociedad panameña, una vez fueran girados a esta por la otra sociedad del exterior, eventualmente con costos impositivos altos.

Así las cosas, Pedro empezó a notar que, pese a su riqueza, no tenía disponibilidad de mayores recursos en Colombia para atender sus gastos ordinarios. Los dividendos de la participación que conservaba en la sociedad colombiana no eran suficientes y transferir recursos a Colombia provenientes de las otras fuentes no solo tenía un costo impositivo alto, sino que podía amenazar el estatus de anonimato con fines de protección patrimonial que había querido preservar.

Por su parte, en el contexto descrito se empezaron a registrar importantes cambios en materia fiscal, tanto en el contexto nacional como internacional, los cuales empezaron a evidenciar tendencias relevantes en la política fiscal del Gobierno, dirigidas a aumentar el recaudo mediante el control y la prevención de la elusión y evasión de impuestos.

Bajo el nuevo panorama, se facilitó a la autoridad tributaria establecer la relación entre sujetos y vehículos del exterior y, por ende, conocer las estructuras de posesión de activos tanto en Colombia como en el exterior, lo cual implicaba la pérdida de anonimato y una mayor exposición personal. Adicionalmente, se fueron introduciendo cláusulas generales y específicas antiabuso, como herramientas de control, transparencia y mayor tributación, lo que empezó a incidir en ciertas estructuras de propiedad como la de Pedro, pues si bien su objetivo no era fiscal, la forma como estaba articulada la estructura suponía un aumento en la tributación con los cambios introducidos.

Pedro empezó a notar entonces la necesidad de reestructurar el esquema de propiedad del patrimonio familiar. Lo anterior, como se indicó, debido a que el esquema bajo el cual estaba articulada la posesión de activos en el exterior resultaba sumamente costoso fiscalmente con los cambios legislativos introducidos, lo que afectaba los rendimientos y el propio capital, buscado no solo por Pedro, sino por cualquier persona a la cabeza de un patrimonio familiar. Adicionalmente, era factible que las estructuras internacionales de inversión quedaran expuestas en Colombia por lo que se desdibujaba el propósito de protección patrimonial inicialmente perseguido. Además, se habían reducido los riesgos de seguridad y exposición personal que motivaron la estructura en un principio.

Dadas estas circunstancias, Pedro consideró conveniente simplificar la estructura del exterior y concentrar la propiedad de los activos en Colombia. Dentro del análisis que adelantó encontró que, desde el año 2013, los vehículos *holding* del exterior debían haberse declarado sociedades nacionales por tener su sede efectiva de administración en Colombia. Así, aunque los mismos tenían designados unos administradores en Panamá, que se encargaban de los asuntos menores del día a día, las decisiones relevantes sobre los activos eran definidas por Pedro en Colombia.

Ello atiende a un deber legal introducido con ocasión de los cambios legislativos mencionados, que consistió en ampliar los criterios para considerar una sociedad como nacional para efectos fiscales, para incluir sociedades y entidades que durante el respectivo año o periodo gravable tengan su sede efectiva de administración en el territorio colombiano.

La consecuencia inmediata de ello es que la sociedad debe empezar a tributar en Colombia por sus ingresos y patrimonio de fuente mundial, a diferencia de lo que ocurre con las sociedades extranjeras, que solo están obligadas a tributar por sus rentas y patrimonio de fuente nacional.

Por su parte, al evaluar los mecanismos para simplificar la estructura, considerando que se trataba del mismo beneficiario final, que el objeto social de las compañías podía ser ejecutado desde un solo vehículo, y con el fin de lograr importantes sinergias operativas y ahorros en términos de gestión administrativa, sus asesores le indicaron que una fusión internacional sería un esquema jurídico óptimo y procedente para lograr tales objetivos. Esto, de acuerdo con las normas fiscales vigentes, y habida consideración de que las sociedades absorbidas panameñas se consideraban sociedades nacionales para efectos fiscales por tener su sede efectiva de administración en Colombia, por lo que constituía una operación neutra a efectos fiscales[6].

6 ET, art. 319-4.

Fue así como, a finales del 2017, previa declaratoria de las sociedades del exterior como nacionales por tener su sede efectiva de administración en Colombia, Pedro procedió a fusionar la sociedad colombiana con las sociedades del exterior, consolidando la propiedad de la mayor parte de los activos poseídos de manera indirecta, en cabeza suya.

En el 2019, la DIAN revisó la operación y procedió a emitir un emplazamiento especial de abuso en materia tributaria. Al respecto, argumentó que las operaciones de fusión llevadas a cabo con las sociedades extranjeras, previa su calificación como SEA (con sede efectiva de administración en Colombia) no se sustentan en motivos económicos válidos, y la causa que las motiva es exclusivamente la de conseguir una ventaja fiscal, razón por la cual no es procedente la aplicación del régimen preferente.

La DIAN estimó que las operaciones debían considerase como simples enajenaciones de las sociedades extranjeras, conllevando unas consecuencias tributarias diferentes y desconociendo la ficción de nacionales por tener su sede efectiva de administración en Colombia.

PROBLEMÁTICA

¿La calificación de las sociedades panameñas como nacionales para efectos fiscales y la posterior operación de fusión con fines de restructuración patrimonial, puede configurar un abuso tributario a la luz de la legislación y estándares vigentes?

ESTRATEGIAS DE SOLUCIÓN

Uno de los aspectos relevantes que se debe considerar para emprender el análisis y la formulación de las estrategias de solución frente al caso planteado es la ausencia de reglas claras sobre lo que constituye abuso en materia tributaria tanto en el ámbito local —art. 869 del ET—, como internacional —plan de acción BEPS—, y su contenido y alcance frente a otras figuras que denotan distintas formas en que los contribuyentes intentan sustraerse de sus obligaciones impositivas. Así, es allí donde se torna incierta la aplicación práctica y efectiva de estos conceptos, sin mencionar las complejidades que por sí misma envuelve una cláusula general antiabuso frente a este y otros aspectos.

Breve aproximación al concepto de abuso y a la cláusula general antiabuso

Diversos autores consultados coinciden en señalar la importancia de aproximarse a las nociones *elusión* y *planeación tributaria legítima* para determinar el alcance de las normas que buscan sancionar los compartimentos denominados abusivos.

No obstante, sigue siendo poco clara la línea divisoria entre estos dos conceptos, los cuales, al parecer, terminan por definirse a nivel de cada Estado o jurisdicción soberana, a la luz de los casos analizados por la autoridad tributaria local, de los desarrollos de las cortes en sus pronunciamientos jurisprudenciales, y, ahora también, de los estándares internacionales que cada vez permean más la fiscalidad tanto internacional como local.

Siguiendo una parte de la doctrina consultada, es preciso insistir en que los comportamientos elusivos no son equivalentes al derecho del contribuyente de optar por los actos o negocios jurídicos que desde el punto impositivo mejor le convengan, al amparo de la planeación tributaria o el uso de economías de opción (planeaciones fiscales legítimas). Por lo menos en Colombia, con fundamento en los preceptos constitucionales y legales vigentes, se debe reconocer que el contribuyente tiene derecho a configurar y planificar libremente sus operaciones y negocios de la forma que más le convenga y de manera que su carga fiscal sea lo más reducida posible. Lo anterior, para entender que la planeación tributaria legítima no debe ser penalizada[7].

Así las cosas, acogiendo los planteamientos de Cahn-Speyer Wells, el concepto de *planeación tributaria* se diferencia de la elusión en que en aquella se evita que se realice el hecho generador mediante una conducta de ejecutar dentro de la realidad (sin simulación) actos no gravados o gravados a una tarifa inferior, e incluye los casos en que la ley permite al contribuyente elegir entre varias opciones de negocios, con correlativos tratamientos impositivos diferentes, para alcanzar un mayor ahorro fiscal[8].

Ahora bien, la planeación tributaria puede adquirir la connotación de planeación tributaria agresiva, "which goes beyond an acceptable level and may fall into the area of tax avoidance, as it consists in taking advantage of the technicalities of a tax system, or of mismatches between two or more tax systems with the aim of reducing the overall tax liability"[9]. Es aquí donde la planeación tributaria se torna en una conducta elusiva o abusiva, susceptible de penalizarse.

Según García Novoa, las condiciones abusivas se materializan bajo distintas concepciones y principios. En el Derecho continental europeo se habla de los denominados negocios anómalos, categoría que abracaría un conjunto de figuras diversas pero caracterizadas todas por la

7 Paul Cahn-Speyer Wells, *Derecho Crítico: Perspectiva Tributaria* (Bogotá: Editorial Temis, 2016), 484.

8 *Ibid.*

9 Madalina Cotrut, *International tax structures in the BEPS era: An analysis of anti-abuse measures* (Amsterdam: IBFD, 2015), 5.

deformación de una figura negocial querida por quienes la crean, para escapar de la regulación normal de los negocios[10]. Así, la propia existencia de la elusión se apoya en un abuso de la legalidad o tipicidad de las obligaciones tributarias[11].

Por su parte, en los ordenamientos anglosajones se ha acudido a principios como la prevalencia de la sustancia sobre la forma, como mecanismo para afrontar la elusión fiscal por la vía interpretativa, que se expresa por medio de una serie de mecanismos antielusorios, como el *business purpose test* o *step transaction*, que permiten, respectivamente, desconocer los efectos tributarios de una operación o catalogar como una única operación compleja una serie de operaciones concertadas por motivos exclusivos de ahorro fiscal[12].

En el contexto de la Unión Europea, estos conceptos de *tax abuse* y *tax avoidance* tampoco han sido entendidos ni definidos claramente, al derivar de varios sistemas tributarios con lenguajes diversos y depender del contexto de las normas tributarias domésticas[13].

En lo pertinente, la Comisión de la Unión Europea describe el *abuso tributario* con referencia a un caso concreto, en el que, independientemente de la observancia de las condiciones establecidas en la provisión legal, el propósito de la regla o su espíritu no es alcanzado por cuenta de la intención de obtener una ventaja impositiva[14]. Al respecto,

10 César García Novoa, *El derecho tributario actual. Innovaciones y desafíos* (Bogotá: Instituto Colombiano de Derecho Tributario, 2015), 176-177.

11 *Ibid*, 176.

12 García Novoa, *El derecho tributario actual*, 178.

13 Karin Simader y Elisabeth Titz, *Limits to the tax planning* (Viena: Linde Verlag, 2013), 471.

14 *Ibid.*

las cortes han desarrollado un test de abuso (caso Cadbury Schweppes) que envuelve un elemento objetivo (a partir de ciertas circunstancias objetivas se verifica que el propósito de las normas no ha sido cumplido, a pesar de la observancia formal de las reglas aplicables) y uno subjetivo (la intención de obtener una ventaja tributaria a partir de maniobras artificiales). En consecuencia, una transacción debe ser considerada abusiva cuando una combinación de estos elementos tiene lugar[15] y su único propósito es fiscal. En la *elusión fiscal* o *tax avoidance* se entiende que el contribuyente pretende implementar "wholly artificial arrangements, designed to circumvent tax legislation"[16]. De esta manera, los términos *tax abuse* y *tax avoidance* son intercambiables y suponen una construcción artificial, así como la intención de obtener una ventaja fiscal sacando provecho en forma ilegítima de una norma tributaria.

Ahora bien, frente a estas realidades se erige una nueva dimensión del concepto de abuso o elusión tributaria en el actual contexto internacional, que podrían resultar excesivas e incluso contrarias al orden jurídico interno de ciertos Estados.

Se trata de la estrategia de enfoque global impulsada por la OCDE mediante la adopción del documento Base Erosion and Profit Shifting (BEPS), dirigida a contrarrestar las prácticas sobre erosión de bases imponibles y deslocalización de beneficios, por medio de la implementación de un conjunto de medidas específicas, que, vale decir, imponen límites al poder legislativo de los Estados que se adhieran a él. Según lo expresa el informe BEPS:

15 *Ibid.*

16 *Ibid.*

> El Paquete de medidas BEPS representa la primera renovación sustancial de las normas y estándares fiscales internacionales en casi un siglo. Una vez las nuevas medidas comiencen a aplicarse, se espera conseguir que los beneficios se declaren allí donde se desarrollen las actividades económicas que los generan y se crea valor. Todas aquellas estrategias de planificación fiscal con fines claramente elusivos cimentadas sobre normas obsoletas o sustentadas por medidas internas mal coordinadas quedarán sin efecto[17].

El plan de acción BEPS y las 15 medidas que lo conforman giran en torno a tres pilares fundamentales: "dotar de coherencia a las normas de Derecho interno que afectan a las actividades transfronterizas; reforzar el criterio de actividad sustancial contemplado por las normas internacionales en vigor y, por último, mejorar la transparencia y la seguridad jurídica"[18].

En lo pertinente, se hace referencia a la Acción 6 del Proyecto BEPS, que identifica como una de las principales fuentes de preocupación BEPS el abuso de los convenios tributarios y, en especial, el *treaty shopping* (captación de convenios). Al respecto, recomienda incorporar en los convenios tributarios una cláusula general antiabuso y

17 OCDE, *Impedir la utilización abusiva de convenios fiscales, Acción 6 - Informe final 2015, Proyecto de la OCDE y del G-20 sobre la Erosión de la Base Imponible y el Traslado de Beneficios* (París: *Éditions* OCDE, 2016), acceso el 30 de junio del 2019, http://dx.doi.org/10.1787/9789264257085-es, 60.

18 OCDE, *Combatir las prácticas fiscales perniciosas, teniendo en cuenta la transparencia y la sustancia, Acción 5 – Informe final 2015, Proyecto de la OCDE y del G-20 sobre la Erosión de la Base Imponible y el Traslado de Beneficios* (París: Éditions OCDE, 2016), 5, acceso el 30 de junio del 2019, http://dx.doi.org/10.1787/9789264267107-es.

cláusulas antiabuso más específicas, así como un estándar mínimo para contrarrestar las prácticas de *treaty shopping*.

La norma general antiabuso se basa en los propósitos principales de una operación o acuerdo –*business purpose test* (PPT) o norma de propósitos principales (NPP)–, y se dirige a combatir otras formas de abuso de convenios, incluyendo aquellos casos de *treaty shopping* que no quedarían cubiertos por cláusulas antiabuso más específicas. La norma NPP propuesta dispone lo siguiente:

> 7. No obstante las restantes disposiciones de este Convenio, no se concederá un beneficio en virtud de este Convenio respecto de un elemento de renta o patrimonio si resulta razonable concluir, a la vista de todos los hechos y circunstancias pertinentes, que la obtención de ese beneficio era uno de los propósitos principales de cualquier acuerdo u operación que tuviera como resultado, directa o indirectamente, la obtención de ese beneficio, a menos que se determine que la concesión de dicho beneficio en tales circunstancias sería conforme con el objeto y finalidad de las disposiciones en cuestión del presente Convenio.

De acuerdo con la citada disposición, si uno de los propósitos principales de una operación o acuerdo es la obtención de los beneficios del convenio, no cabrá conceder tales beneficios, a menos que se establezca que su concesión se haría conforme con el objeto y fin de las disposiciones del convenio.

En este contexto, el estándar internacional propone un novedoso concepto de abuso, que se extiende a cualquier operación que tenga dentro de sus efectos o propósitos un beneficio fiscal, aun cuando este no sea el único o el más importante; lo clave es que se trate de uno de los principales.

De acuerdo con los comentarios a la disposición incorporados en el informe BEPS, se destaca, entre otros aspectos[19], que

- La norma aplica incluso cuando la legislación interna no le permita a los Estados combatir los casos de uso indebido del convenio.
- El último inciso del apartado permite a la persona a la que se niega el beneficio la posibilidad de demostrar que la obtención del beneficio en esas circunstancias sería conforme con el objeto y la finalidad de las disposiciones pertinentes del convenio.
- La norma complementa las disposiciones que consagran la cláusula de limitación de beneficios, sin restringir en modo alguno su alcance o aplicabilidad.
- La norma establece que un Estado contratante puede denegar los beneficios de un convenio tributario cuando sea razonable concluir que uno de los propósitos principales de un acuerdo u operación era la obtención de un beneficio en virtud del convenio, en aras de garantizar que los convenios se utilicen de acuerdo con el propósito para el cual se celebraron —esto es, proporcionar beneficios respecto de intercambios de bienes y servicios y movimientos de capital y personas realizados de buena fe[20]—.
- Los términos *acuerdo* u *operación* deben interpretarse en sentido amplio, para así cubrir cualquier acuerdo, interpretación, estrategia, operación o conjunto de operaciones, sean o no jurídicamente exigibles. En ocasiones, una única operación puede dar lugar a un beneficio; en otras, esa operación puede actuar en conjunción con otra serie de

19 OCDE, *Impedir la utilización abusiva de convenios fiscales*, 60-61.

20 *Ibid*, 61.

operaciones más elaboradas que, combinadas, den lugar al beneficio. En ambos casos las disposiciones en cuestión pueden ser de aplicación[21].

- Para averiguar si uno de los propósitos principales de una persona es la obtención de los beneficios del convenio por medio de un acuerdo u operación, resulta esencial llevar a cabo un análisis objetivo de las metas y objetivos de todas las personas involucradas (o que hayan participado) en poner en marcha dicho acuerdo u operación, lo cual debe hacerse caso por caso. Cuando la única explicación racional de la existencia de un acuerdo sea que este permite el acceso a un beneficio del convenio, se podrá concluir que uno de sus propósitos principales era la obtención de dicho beneficio.
- La expresión "uno de los propósitos principales" significa que la obtención del beneficio del convenio no tiene por qué ser el único o el más importante de los propósitos de un acuerdo u operación particular. Será suficiente con que sea al menos uno de los propósitos principales. Por ejemplo, una persona puede vender una propiedad por diversas razones, pero, si antes de la venta, dicha persona se convierte en residente de uno de los Estados contratantes y uno de los propósitos principales de este cambio de residencia es la obtención de un beneficio del convenio, el apartado 7 podría ser de aplicación, a pesar de que pueda haber más razones que motiven el cambio de residencia, como la facilitación de la venta o la reinversión de las ganancias derivadas de esta.

21 *Ibid*, 62.

- No se considerará que un propósito es principal si es posible concluir, teniendo en cuenta todos los hechos y circunstancias pertinentes, que la obtención de dicho beneficio ni fue uno de los motivos fundamentales ni serviría para justificar la operación o el acuerdo que ha dado lugar, por sí solo/a o en conjunción con otros/as, al beneficio[22].

Se observa entonces que, a la luz de esta normativa, la cláusula NPP supone un replanteamiento del concepto de abuso y de planeación fiscal, no solo a nivel internacional sino local, cuyos derroteros están trazados por la existencia de la sustancia económica en las estructuras elegidas; sustancia que se aborda a partir de un concepto amplio de abuso, al considerar que la obtención del beneficio fiscal, como uno de los propósitos "principales" de un acuerdo u operación particular, será suficiente para considerar su reprochabilidad.

Así las cosas, resulta subjetiva la aproximación que la disposición hace a los casos de abuso, pues conlleva el riesgo de que estructuras legítimas sean sometidas al escrutinio de la autoridad tributaria; en la práctica, ello se traduce en que cualquier operación, o por lo menos la mayoría, que derive en un beneficio fiscal, será considerada abusiva a la luz del comentado precepto.

Su generalidad y amplitud se impone entonces como un límite excesivo e indeseable a las elecciones económicas y al tráfico comercial, siendo incluso contraria a la filosofía de algunas de las normas antiabuso internas vigentes en el contexto actual y a los preceptos constitucionales imperantes en varios de ellos. En efecto, como lo expone Madalina Cotrut,

22 *Ibid*, 63-64.

> the introduction of a principal-purpose test would create a significant level of uncertainty for transactions involving the use of tax treaties, as the test under such rule is very subjective and rather vague compared to the test under the limitation of benefits rule. As a principal-purpose test does not adequately differentiate between genuine business transactions and tax avoidance transactions, there is a risk that genuine transactions could also be challenged by tax authorities[23].

En el mismo sentido, Carolina Rozo considera que

> Esta exigencia de la acción 6 podría ser contraria a los casos de planeación tributaria legítima, alineados con la facultad que tienen los particulares de adaptar las fórmulas negociales que resulten más convenientes con la finalidad de minimizar la carga fiscal o de obtención de una ventaja tributaria sin vulnerar el ordenamiento fiscal. [...]
>
> Para cierto sector de la doctrina, la finalidad del ahorro de impuestos es lícita, e incluso está protegida por la Constitución. Por lo tanto, sostener que es suficiente que uno de los propósitos principales de la operación sea obtener los beneficios de un TDT para negar la aplicación de dichos beneficios es una posición extrema y contraria a la jurisprudencia extranjera actual, que reconoce que el propósito de obtener una ventaja fiscal, como puede ser la que se deriva de un TDT, puede coexistir con propósitos negociales válidos[24].

23 Cotrut, *International tax structures*, 322.

24 Myriam Stella Gutiérrez y Natalia Quiñones, *Resultados del plan de acción BEPS y su aplicación en Colombia* (Bogotá: Instituto Colombiano de Derecho Tributario, 2016), 133.

Desde las perspectivas expuestas, se aborda entonces la facultad de los Estados de adoptar medidas generales y/o particulares/especiales antielusivas, dirigidas a contrarrestar los comportamientos que se consideran ilícitos o abusivos, aun cuando se enmarquen formalmente dentro de la ley. Siguiendo a García Novoa, las medidas antielusivas

> pueden definirse, de modo muy genérico, como estructuras normativas cuyo presupuesto de hecho aparece formulado con mayor o menor grado de amplitud, al cual se ligan unas consecuencias jurídicas, que, en suma, consistirán en la asignación a la Administración de unas potestades consistentes en desconocer el acto o negocio jurídico realizado con ánimo ilusorio o a aplicar el régimen jurídico-fiscal que se ha tratado de eludir. [...] se pueden clasificar, según el grado de detalle con que aparece formulado su presupuesto de hecho, en "cláusulas generales" y "cláusulas especiales"[25].

En principio, la necesidad de las cláusulas generales antiabuso está precedida por el ánimo de los países de combatir las prácticas de elusión y planeación fiscal agresiva. Sin embargo, esta concepción puede verse alterada por una aproximación más amplia al conjunto de prácticas que se consideran abusivas, como la que trae la directiva internacional BEPS anteriormente referida.

En efecto, el criterio *one of the principle purposes* bajo el cual se concibe la norma antiabuso según la propuesta BEPS, es una provisión sumamente amplia, sin mencionar la dificultad que entraña desde el punto de vista probatorio,

25 García Novoa, *El derecho tributario actual*, 181.

en cuanto a la intencionalidad dentro de un análisis objetivo y su carácter principal.

Una interpretación razonable de las cláusulas antiabuso generales (GAAR) es entonces la que se dirige a perseguir únicamente los arreglos artificiales, dejando por fuera a las operaciones comerciales válidas[26] aun cuando representen un beneficio fiscal.

En el mismo sentido, la obtención del beneficio debe ser el único o el propósito predominante para que la cláusula antiabuso se pueda aplicar.

Así las cosas, el concepto de abuso en el contexto internacional toma una nueva forma que puede incidir en las regulaciones fiscales internas que, al suponer criterios más amplios, imponen nuevos parámetros en la dinámica fiscal de los contribuyentes y de las autoridades de los distintos países.

Breves comentarios sobre la cláusula general antiabuso prevista en la legislación colombiana

Con ocasión de la reforma tributaria introducida por la Ley 1607 del 2012, se consagró por primera vez en nuestro ordenamiento jurídico la cláusula general antiabuso, la cual fue ampliamente cuestionada y criticada por su falta de claridad, coherencia y técnica normativa, lo que llevó a su inaplicación práctica. Al respecto cabe destacar lo indicado en la exposición de motivos del respectivo proyecto de ley:

> En relación con las normas antiabuso, esta propuesta de reforma incluye diversos mecanismos de control del

26 Catalina Hoyos Jiménez, César García-Novoa y Julio A. Fernández C, *Nueva fiscalidad Estudios en homenaje a Jacques Malherbe* (Bogotá: Instituto Colombiano de Derecho Tributario, 2017), 998.

> abuso destinados a aumentar el recaudo y fortalecer la cultura de cumplimiento tributario. Para que el sistema tributario realmente tenga posibilidades efectivas de combatir las prácticas abusivas, especialmente aquellas que son más sofisticadas, se requiere que las autoridades administrativas y judiciales puedan cuestionar la validez de transacciones que *no tienen propósitos de negocios distintos a la reducción de impuestos*. Con esto en mente, se propone introducir al Estatuto Tributario una cláusula general antiabuso (GAAR).
>
> Actualmente, la Administración no cuenta con suficientes facultades para fiscalizar los casos de abuso o fraude a la ley tributaria. En la mayoría de países, el mecanismo seleccionado para controlar el abuso consiste en la adopción de una cláusula general anti-abuso que permite la fiscalización a partir de hipótesis en las que se le pide al contribuyente, mediante la inversión de la carga de la prueba, *que demuestre que sus operaciones, actos y demás fueron hechos con un propósito de negocios, distinto al mero ahorro de impuestos* [énfasis añadido][27].

Es así como, originalmente, esta cláusula antiabuso se introdujo al ordenamiento jurídico colombiano como instrumento para combatir de manera efectiva las prácticas abusivas, concediendo a las autoridades la facultad de cuestionar y desconocer la validez de transacciones "que no tienen propósitos de negocios distintos a la reducción de impuestos"[28].

Dicho enfoque pretende acoger la validez de los negocios y operaciones en que coexisten propósitos de ahorro

27 Congreso de la República, "Proyecto de Ley n.º 134/2012, Cámara 166/2012 Senado. Exposición de Motivos", *Gaceta* n.º 666 del 5 de octubre del 2012, 55-56.

28 *Ibid*, 56.

impositivo con otros distintos a la reducción de impuestos, siempre que los mismos sean reales, válidos y razonables.

Ahora bien, con ocasión de la modificación de la referida cláusula antiabuso, introducida por la Ley 1819 del 2016, se recuerda lo expresado por el Gobierno nacional en la exposición de motivos del proyecto de ley respectivo, sobre la necesidad de actualizar dicha normativa, así:

> Se propone modificar los artículos 869, 869-1 y 869-2 del E.T., a través de: (i) la eliminación de cualquier referencia económica que acote el campo de aplicación de la cláusula general anti-abuso; (ii) el diseño de unos supuestos más amplios que permitan al funcionario encargado del control fiscal la identificación de conductas evasivas o elusivas sin que deba probar la concurrencia de un número mínimo y; (iii) la implantación de un procedimiento especial y sencillo para la declaratoria de abuso en materia tributaria, con la consecuente re-caracterización o re-configuración de la operación o serie de operaciones efectuadas por el contribuyente, agente retenedor o responsable[29].

Al respecto, se trae a colación lo expresado por Pardo Ramírez sobre la necesidad de contar con una herramienta que permita balancear el legítimo interés público en obtener un recaudo justo y de garantizar la aplicación de las normas tributarias a todos los individuos que se encuentran en las mismas circunstancias sustanciales, con

29 Congreso de la República, "Proyecto de Ley n.º 178/2016, Cámara 163/2012 Senado. Exposición de Motivos", *Gaceta* n.º 894, 19 de octubre del 2016, 158.

el fundamental principio de libertad de configuración negocial y legalidad en materia tributaria[30].

Es así como se refuerza el contenido interpretativo de las disposiciones antiabuso en el sentido de reconocer la libertad negocial.

El concepto de abuso vigente en la legislación colombiana, en los términos del art. 869 del ET, incorpora elementos típicos de las doctrinas antiabuso del *common law*, así como algunos elementos de las teorías usadas en las jurisdicciones del derecho civil tales como el fraude a la ley y la simulación.

Es así como la norma, al tipificar el denominado abuso en materia tributaria establece que "Una operación o serie de operaciones constituirá abuso en materia tributaria cuando involucre el uso o la implementación de uno o varios actos o negocios jurídicos artificiosos, sin razón o propósito económico y/o comercial aparente, con el fin de obtener provecho tributario, independientemente de cualquier intención subjetiva adicional"[31].

Así, el lenguaje de la norma sugiere la adopción de la doctrina de *step transaction*, según la cual el operador jurídico debe interpretar el resultado tributario después de hacer la integración de la serie de operaciones y no simplemente calificar su efecto fiscal según la caracterización individual de cada operación[32].

30 Héctor Gustavo Pardo Ramírez, "Modificaciones a la cláusula general anti-abuso", en *Comentarios a la Reforma Tributaria Estructural Ley 1819 del 2016*, dir. Juan Guillermo Ruiz Hurtado (Bogotá: Instituto Colombiano de Derecho Tributario, 2017), 212.

31 ET, art. 869.

32 Pardo Ramírez, "Modificaciones a la cláusula general anti-abuso", 212.

Sobre el concepto de artificiosidad, el parágrafo 2 ofrece unas pautas o circunstancias, al parecer no taxativas, que permiten delimitar el concepto y la consecuente carencia de propósito económico o comercial de las operaciones cubiertas por la norma/cláusula. Dentro de estas circunstancias se hace referencia al "acto o negocio jurídico que se ejecuta de una manera que, en términos económicos y/o comerciales, no es razonable".

Si bien ello atiende a la prevalencia de la sustancia económica, se trata de un concepto aún indeterminado, toda vez que la ley no estableció pautas adicionales ni criterios objetivos para determinar dicha circunstancia, quedando esta al arbitrio del funcionario de la administración[33].

En cuanto al segundo criterio esbozado, "Elevado beneficio fiscal que no refleja los riesgos asumidos por el obligado tributario", este queda al arbitrio del funcionario de la administración y sugiere que los beneficios fiscales siempre son directamente proporcionales a los riesgos del negocio. Ello, en principio, parece poco razonable, sin embargo, en países como el Reino Unido parece ser un criterio relevante[34].

Sobre el tercer criterio consistente en la "Celebración de un acto o negocio jurídico aparente, cuyo contenido oculta la verdadera voluntad de las partes", puede extraerse el elemento de la simulación comentado; a la Administración tributaria le corresponderá demostrarlo, acreditando que con el ocultamiento del negocio jurídico subyacente

33 *Ibid*, 214.

34 Según la "General anti-abuse rule (GAAR) guidance" emitida por la autoridad tributaria del Reino Unido: "Where taxpayers set out to exploit some loophole in the tax laws, for example, by entering into contrived arrangements to obtain a relief but suffering no equivalent economic risk, they will fall into the target area of the GAAR".

se produjo una reducción ilegítima de la carga tributaria y que el ocultamiento justamente tenía esa intención[35].

Ahora bien, respecto a la circunstancia según la cual los actos artificiosos deben realizarse "con el fin de obtener provecho tributario, independientemente de cualquier intención subjetiva adicional", contenida en el inciso segundo del artículo 869 del ET, no es claro si tal objetivo debe ser el único o el principal, o si basta con que sea uno de los propósitos.

Apartándose de los nuevos estándares BEPS, es preciso entender que no es suficiente que el beneficio tributario sea simplemente uno de varios objetivos, sino que sea el único o el primordial.

Así, se comprende que, aun cuando el derecho a la planeación tributaria o a la economía de opción no esté reconocido expresamente, la aplicación correcta de la cláusula supone la imposibilidad de recaracterizar este tipo de prácticas o conductas. Ello se puede extraer de la propia exposición de motivos de la ley citada, que hace referencia a la búsqueda del equilibrio entre el recaudo y la libertad de configuración negocial, como se indicó.

Algunos comentarios sobre la neutralidad fiscal en materia de reorganizaciones

En cuanto a la cláusula antiabuso específica relativa a las reorganizaciones empresariales, se observa que se trata de disposiciones que exigen en un negocio u operación la concurrencia de un motivo económico válido, ligadas normalmente al disfrute de una ventaja fiscal que pretende, en aras de la neutralidad, *no penalizar una operación o un*

35 *Ibid*, 214.

negocio necesario para la vida normal del contribuyente o de la empresa[36].

Este es el caso de las disposiciones antielusión especiales contenidas en las normas tributarias sobre reorganizaciones. Al respecto, cabe recordar que para estas rige el principio de naturalidad fiscal, según el cual los tributos no deben alterar el comportamiento de los agentes económicos[37]. Esto significa que "las normas tributarias no deben constituirse en una limitación ni en un incentivo para la adopción de decisiones de reorganización empresarial"[38].

Ahora bien, el principio de neutralidad fiscal que inspira el régimen fiscal especial de estas operaciones tiene como contrapartida la facultad de los Estados de negarse a aplicar total o parcialmente el mismo, cuando la realización de las operaciones tenga como principal objetivo, o como uno de los principales objetivos, el fraude o la evasión fiscal[39].

Desde esta perspectiva, la cláusula antiabuso específica se sustenta en la existencia de motivos económicos válidos, sin perjuicio de la configuración de una ventaja fiscal, siempre que coexista con razones económicas válidas diferentes[40].

Entre estas motivaciones se encuentran aquellas que corresponden a una eficiencia corporativa, a una mayor competitividad, a la "reestructuración o racionalización

36 García Novoa, *El derecho tributario actual*, 181.

37 Cahn-Speyer Wells, *Derecho Crítico*, 93.

38 Carolina Rozo Gutiérrez y Juan José Zomoza Pérez, *Memorias 37 Jornadas Colombianas de Derecho Tributario*, Tomo I (Bogotá: Instituto Colombiano de Derecho Tributario, 2013), 224.

39 Cahn-Speyer Wells, *Derecho Crítico*, 98.

40 *Ibid.*

de las actividades de las entidades que participan en la operación"[41].

Conforme la evolución jurisprudencial del concepto de *motivo económico válido* emitido por la Comunidad Europea, este debe interpretarse en el sentido de que es más amplio que la búsqueda de una ventaja fiscal[42], es decir, que los motivos fiscales son válidos y se respetan a menos que se trate de un montaje puramente artificial[43].

Breves comentarios sobre las reorganizaciones en el ordenamiento fiscal colombiano

En el contexto colombiano se tiene que, a partir de la reforma tributaria introducida por la Ley 1607 del 2012, se reconoció, de manera más detallada y estricta, la neutralidad fiscal en las operaciones de fusión, escisión y aportes en especie, siempre que se cumplan determinadas exigencias y requisitos, dentro de las cuales se encuentra el cumplimiento del principio de la continuidad de valores[44]. En palabras de la exposición de motivos de la mencionada Ley, se explicó:

> En los últimos años, ha habido un incremento considerable de las operaciones denominadas de "internacionalización" de activos y negocios colombianos, en virtud de las

41 Doctrina emitida por las autoridades tributarias españolas. Al respecto, véase Consulta V0003-03 del 21 de enero del 2003, SG de Impuestos sobre las personas Jurídicas, Dirección General de Tributos, Secretaría de Estado de Hacienda, Ministerio de Hacienda, España, https://petete.tributos.hacienda.gob.es/consultas.

42 Cahn-Speyer Wells, *Derecho Crítico*, 109.

43 *Ibid*.

44 *Ibid*, 157.

cuales dichos activos y negocios han sido sustraídos del territorio colombiano y, en consecuencia, del ámbito de tributación nacional.

La posibilidad legal de estas transacciones se fundamenta en la ausencia de restricciones tributarias para la salida de bienes colombianos mediante aportes a sociedades y otras entidades en el extranjero. Hoy en día, por tanto, los colombianos pueden aportar sus patrimonios a entidades en el exterior para su venta o para la acumulación de futuros rendimientos, sin que la transferencia de activos genere impuesto alguno en Colombia. Debido a las dificultades para fiscalizar las operaciones que se realizan fuera de la jurisdicción colombiana, lo más adecuado en los casos de transferencia de activos de cualquier clase al exterior es tratar dicha transferencia como una enajenación para efectos fiscales y gravarla con el impuesto sobre la renta y complementarios.

La legislación tributaria colombiana se ha limitado a establecer que las fusiones y escisiones no constituyen enajenación para las sociedades participantes, sin consagrar ningún requisito o condición adicional para otorgar dicho tratamiento.

Esta regulación es extremadamente escasa para el panorama de reorganizaciones empresariales que se han dado en los últimos años en el país, cuyo número y sofisticación ha aumentado de manera constante año tras año. Es así como, en algunos casos, las reglas actuales han permitido *la fuga de activos y capitales sin que se paguen impuestos en Colombia. Así mismo, en otros casos, las reglas han operado en desmedro de los contribuyentes que legítimamente buscan adaptar la estructura formal de sus negocios para optimizar procesos sin desprenderse de su patrimonio.*

Ello ha generado un sesgo injustificado a favor de las reorganizaciones, fusiones y adquisiciones en el extranjero,

> *cosa que puede prevenirse con la adecuada regulación de dichas transacciones.* [...]
>
> Así las cosas, se propone ampliar los supuestos constitutivos de reorganización, pues en la actualidad únicamente se contemplan fusiones y escisiones, que son solo algunas de las posibilidades jurídicas de reorganización, al tiempo que se busca reconocer y consagrar un tratamiento tributario adecuado a las distintas clases de fusiones y adquisiciones (vr.g. adquisitivas y reorganizativas). *Adicionalmente, se establecen los requisitos de continuidad en el control y en la actividad empresarial para lograr el diferimiento del impuesto hasta momento de la venta de los bienes o derechos adquiridos en virtud de la reorganización. Estos dos requisitos han sido identificados internacionalmente como elementos esenciales de una reorganización empresarial, pues en ausencia de los mismos la operación debe calificarse como una enajenación* [énfasis añadido][45].

En este contexto, y según se deriva del propio texto de las normas respectivas (arts. 319-3 y ss.), se observa que las normas actuales sobre fusiones y escisiones se sustentan en una realidad negocial que pretende ser protegida en los casos en que no se utilicen cómo instrumentos de elusión o evasión fiscal, bajo el cumplimiento de determinados requisitos objetivos y taxativos.

Esta delimitación puede resultar, en algunos casos, desafortunada, pues aun cuando se den los elementos formales para considerar una operación como enajenación para efectos fiscales, el sustrato real de la operación sigue estando dentro de los parámetros que sustentan el otorgamiento de la neutralidad, como lo sería la reorganización de una estructura de propiedad de un patrimonio

45 Congreso de la República, "Proyecto de Ley n.º 134/2012 Cámara", 29-30.

familiar que ordinariamente pertenece a un mismo beneficiario final.

Así mismo, atendiendo las justificaciones presentadas en la exposición de motivos, que impulsaron el establecimiento de estas disposiciones en el ordenamiento jurídico colombiano, se destaca la validez de las operaciones dirigidas a la adaptación de la estructura formal de los negocios para optimizar procesos sin desprenderse del patrimonio, así como los requisitos de continuidad en el control y en la actividad empresarial como aspectos fundamentales para conceder la naturalidad y el diferimiento del impuesto.

No obstante, el artículo 319-8 del ET prevé, de manera general, que los procesos de fusión o escisión en los que intervengan como enajenantes y adquirentes entidades extranjeras que posean activos ubicados en el territorio nacional, sí constituyen enajenación para efectos tributarios, salvo que el valor de los activos ubicados en Colombia no represente más del 20 % del valor de la totalidad de los activos poseídos por el grupo al que pertenezcan las entidades intervinientes.

Sobre esta disposición, se recuerda lo explicado en la citada exposición de motivos, que indica: "Debido a las dificultades para fiscalizar las operaciones que se realizan fuera de la jurisdicción colombiana, *lo más adecuado en los casos de transferencia de activos de cualquier clase al exterior es tratar dicha transferencia como una enajenación para efectos fiscales y gravarla con el impuesto sobre la renta y complementarios*"[46].

Según Carolina Rozo, "Esta disposición constituye un principio de impuesto de salida en Colombia, gravando la salida de activos con ocasión de escisiones o fusiones de

46 *Ibid*, 47.

entidades extranjeras"[47]. Es así como se acoge una presunción general de gravar las operaciones de reorganización efectuadas con sociedades extranjeras que posean activos ubicados en Colombia, capturando situaciones en que no se da el presupuesto que se pretende contrarrestar, lo que puede derivar en cargas impositivas improcedentes o injustas que desnaturalizan la institución y afectan la libertad negocial.

Es el caso que ahora se plantea, en el que la reorganización propuesta no tiene como efecto la transferencia de activos al exterior de manera fraudulenta, sino, por el contrario, su repatriación a Colombia, bajo la consideración de reorganización de un patrimonio que pertenece a un mismo beneficiario final. Así, las reglas pueden operar en detrimento de los contribuyentes que legítimamente buscan adaptar la estructura formal de sus negocios para optimizar procesos sin desprenderse de su patrimonio, como ocurre en este caso.

Sede efectiva de administración como criterio para determinar la residencia corporativa

Como es sabido, la noción de sede efectiva de administración (*place of effective management*), como criterio para determinar la residencia corporativa, tiene su principal desarrollo en el marco de los convenios tributarios, como regla de desempate en los casos de doble residencia de las compañías.

No obstante, la doble residencia también puede derivar en una doble no imposición, lo que ha sido utilizado por las compañías como instrumento de planeación fiscal

47 Rozo y Zomoza, *Memorias 37 Jornadas Colombianas de Derecho Tributario*, 58.

internacional para disminuir o eliminar la tributación corporativa, sacando provecho de la legislación interna de dos Estados contratantes.

En este contexto, y con ocasión de los desarrollos de la OCDE en materia de prevención de la elusión y la evasión fiscales, el concepto de sede efectiva de administración ha servido, como criterio adicional, al propósito de contrarrestar el abuso de los convenios, a partir de la consideración de los hechos reales al momento de determinar dicha circunstancia y la consecuente negación de los beneficios del convenio cuando se estime procedente.

El concepto de sede efectiva de administración ha sido utilizado también como criterio doméstico para la determinación de la residencia corporativa. Sin embargo, solo ha sido acogido por un grupo relativamente pequeño de países[48] dentro del que se encuentra Colombia. Su desarrollo en la doctrina y jurisprudencia local, vale decir, es sumamente escaso.

Cabe indicar que la residencia de una compañía determina, en general, dónde paga impuestos sobre sus ingresos y patrimonio de fuente mundial. Por lo tanto, resulta de especial relevancia la definición de dicha circunstancia en la legislación local, con el propósito de reclamar la potestad impositiva correspondiente.

Colombia introdujo esta disposición a la legislación doméstica por medio de la Ley 1607 del 2012, dentro de un paquete de normas que calificó como "normas anti elusión y anti evasión", "buscando promover la cultura del pago de tributos y con el fin de evitar la existencia o utilización de figuras que permitan tratamientos más favorables"[49], así

48 Simader y Titz, *Limits to the tax planning*, 69.

49 L. 1607/2012.

como de actualizar la legislación fiscal en esta materia frente a la práctica internacional.

Así, dispuso la modificación de la definición de residencia de las personas jurídicas para efectos fiscales, a partir de la consagración del concepto de "sede efectiva de administración" (SEA) como criterio determinante para considerar a una sociedad como nacional, en adición a los puntos de conexión tradicionales que hasta ese momento se aplicaban, es decir, el domicilio de la sociedad y su constitución conforme las leyes colombianas[50]. En la exposición de motivos de la mencionada Ley, sobre la regulación en cuestión, se explicó:

> Basados en el Modelo de Convenio Tributario sobre la Renta y el Patrimonio de la OCDE, muchos países consagran en sus convenios para evitar la doble imposición la sede de dirección efectiva de una sociedad o entidad con el propósito de atribuir la potestad impositiva correspondiente al Estado de la residencia.
>
> En la página 49 de 71 caso de Colombia, los convenios suscritos tanto con España como con Suiza definen la residencia corporativa como la sede de dirección efectiva, sin que actualmente Colombia pueda ganar la disputa por la residencia de las sociedades y otras entidades, debido a la ausencia de regulación doméstica sobre el punto.
>
> Dado que la residencia de una sociedad determina cuál de los países tiene mayor poder de imposición, es de suma importancia suministrar una definición en la ley interna colombiana que permita que Colombia se constituya como país de la residencia en los casos en los que

50 Claudia Marcela Escobar Oliver, "Sede efectiva de administración; vacíos en la legislación y retos de la reglamentación", *Revista Instituto Colombiano de Derecho Tributario* 74 (2016): 247, acceso el 12 de abril del 2019.

la sociedad en el exterior se constituyó como un simple vehículo manteniendo la dirección y la toma de decisiones vitales en Colombia.

Por esta razón, se propone modificar el artículo 12 del Estatuto Tributario para definir como sociedad o entidad nacional a (i) las sociedades o entidades que se hayan constituido en Colombia, estando por lo tanto sometidas a la legislación colombiana, y a (ii) las sociedades o entidades que tengan su sede de dirección efectiva en Colombia.

Adicionalmente, se establece que, para los efectos de esta disposición, se entenderá como sede de dirección efectiva el lugar en el que se tomen las decisiones clave para el desarrollo de la actividad de la sociedad o entidad. Es así como, por ser el de la sede de dirección efectiva un concepto contemplado en el Modelo de Convenio Tributario sobre la Renta y el Patrimonio de la OCDE, que es el usado como base de negociación por prácticamente todos los países (miembros y no miembros de la OCDE), para efectos de definir la sede de dirección efectiva en la legislación colombiana, se acogieron los criterios contemplados en los Comentarios al artículo 4 del mencionado Modelo[51].

Así, nuestra norma tributaria (ET, art. 12), basada en los comentarios al artículo 4 del Modelo de Convenio de la OCDE, señala que

Para los efectos de este artículo se entenderá que la sede efectiva de administración de una sociedad o entidad es el lugar en donde materialmente se toman las decisiones comerciales y de gestión decisivas y necesarias para

51 Congreso de la República, "Proyecto de Ley n.º 134/2012 Cámara", 48.

> llevar a cabo las actividades de la sociedad o entidad como un todo. Para determinar la sede efectiva de administración deben tenerse en cuenta todos los hechos y circunstancias que resulten pertinentes, en especial el relativo a los lugares donde los altos ejecutivos y administradores de la sociedad o entidad usualmente ejercen sus responsabilidades y se llevan a cabo las actividades diarias de la alta gerencia de la sociedad o entidad[52].

Y, continúa: "No se considerará que una sociedad o entidad es nacional por el simple hecho de que su junta directiva se reúna en el territorio colombiano, o que entre sus accionistas, socios, comuneros, asociados, suscriptores o similares se encuentren personas naturales residentes en el país o a sociedades o entidades nacionales"[53].

Se tiene entonces que las mencionadas disposiciones atienden a un criterio de contenido sustancial que permite delimitar y proteger la tributación local, en cumplimiento de un deber legal de carácter formal y sustancial, y a favor de la aplicación de los convenios tributarios suscritos y por suscribir.

Volviendo al caso concreto, cabe observar que su utilización como instrumento de planeación fiscal o de abuso, según se considere, es exótica, por cuanto sería extraño para la autoridad tributaria desconocer una circunstancia que atiende al cumplimiento de un deber legal, al que subyace una consideración sustancial y no meramente formal. A mi juicio, la autoridad tributaria tendría que probar la improcedencia sustancial de dicha declaratoria o su uso exclusivo para la simple obtención de una ventaja fiscal.

52 ET, art. 12.

53 *Ibid.*

Caso concreto: cláusula general antiabuso y disposiciones antiabuso específicas en materia de reorganizaciones y sede efectiva de administración

La relación entre cláusulas generales y específicas antiabuso varía en los diferentes sistemas fiscales. Algunos países utilizan la cláusula general como disposición de último recurso, al tiempo que otros la consideran complementaria, sin orden prevalente.

En el sistema fiscal colombiano se entiende que la cláusula general antiabuso se aplica de manera complementaria a las cláusulas específicas previstas en el ordenamiento, por no haberse dispuesto expresamente lo contrario. De esta manera, si una determinada operación supera el escrutinio fiscal a la luz de una norma antiabuso especial, ello no significa que quede automáticamente relevada del examen bajo la cláusula general, examen que puede no superar. Este es un aspecto que valdría la pena precisar como criterio para aplicar el respectivo derecho sustancial, como se propone en este trabajo.

En el caso concreto este aspecto adquiere especial relevancia toda vez que las operaciones de reorganización analizadas de manera individual pueden superar el escrutinio fiscal bajo las normas antiabuso especiales, pero también generar dificultades a la hora de revisarlas de manera integral bajo los derroteros de la norma antiabuso general, particularmente por la falta de claridad para valorar su procedencia.

Breves reflexiones sobre las compañías holding en el contexto del caso concreto

Conforme con lo expuesto sobre el ámbito de aplicación de la cláusula antiabuso, se estima razonable una interpretación según la cual el abuso se configura en los casos de ausencia de actividad económica real –actos o acuerdos puramente artificiosos–, cuyo propósito es la obtención de una ventaja o provecho tributario.

En el caso de las compañías *holding* el análisis sobre la actividad económica razonable y los requisitos de sustancia que se predican de esta se torna, sin embargo, un tanto complejo y surge la duda de si se deben exigir estos requerimientos de sustancia mínimos, dada la naturaleza de estas compañías.

Desde la adopción de las acciones BEPS, que ha dado especial relevancia a la sustancia, estas dudas se profundizan.

Cabe expresar que el simple establecimiento de una compañía *holding* en una jurisdicción de baja tributación no puede conllevar automáticamente a la asunción de que la estructura implementada constituye un acto o acuerdo puramente artificioso, si existen otras razones no tributarias válidas como una legislación comercial más favorable, reserva bancaria y de la información, fácil acceso a los mercados financieros, costos de financiación o administración reducidos, centralización y facilitación en la administración de activos, mejores resultados, separación de riesgos, entre otras[54].

Es así como la decisión de interponer una compañía *holding* no necesariamente es tributaria y puede atender a otros motivos válidos[55].

Si bien la nueva óptica internacional pone en duda estas estructuras, no puede desconocerse que siguen siendo un vehículo válido para la estructuración de negocios y patrimonios, a los cuales incluso se les atribuyen regímenes preferenciales como valiosos instrumentos de política

54 Simader y Titz, *Limits to the tax planning*, 460.

55 Cotrut, *International tax structures*, 282.

económica para atraer la inversión y el crecimiento económico, como ocurre en Colombia a partir de la Ley 1943 del 2018 con las compañías *holding* colombianas (CHC).

Es preciso reiterar que las limitaciones potenciales al uso de estos vehículos, en la forma de requerimientos de sustancia exigidos bajo el marco de las acciones BEPS —incluida la aplicación del test de propósito principal para acceder a los beneficios de los convenios—, pueden derivar en un límite excesivo e indeseable a las elecciones económicas y al tráfico comercial, por lo que es necesario salvaguardar su legitimidad.

SOLUCIÓN

Como quedó expuesto, sea lo primero indicar que son motivos válidos para la reestructuración la optimización administrativa y económica.

A las operaciones de fusión analizadas subyace entonces la intención de Pedro, como beneficiario único y final, de adaptar la estructura formal de sus negocios y esquema de propiedad patrimonial para optimizar procesos y recursos sin desprenderse del patrimonio, más allá de la obtención de una ventaja fiscal.

No se trata pues de un conjunto de operaciones artificiosas, cuyo propósito exclusivo es obtener un provecho o una ventaja fiscal, con alteración de actos o negocios jurídicos que no corresponden a la realidad. Lo cierto es que la fusión es uno de los mecanismo válidos y legítimos para la reorganización empresarial, ya sea que se trate de una multinacional o de un patrimonio familiar —que incluye la implementación de sociedades *holding*—, puesto que se enmarca dentro de la libertad económica y de configuración negocial del contribuyente, cuyo objetivo, en este caso, es reestructurar y simplificar el esquema de posesión de activos poseídos en el exterior, aun cuando ello envuelva una ventaja fiscal. Esa ventaja fiscal es, precisamente, la que se quiere garantizar cuando se trata de operaciones de simple reorganización, como ocurre en el presente caso.

Cabe indicar que el propósito perseguido con la reorganización se sustenta en lograr sinergias y la optimización de costos y riesgos. Por tanto, considero que se trata de una legítima economía de opción o selección del mecanismo que resulte más favorable al contribuyente, incluso desde la perspectiva fiscal, enmarcado dentro de legalidad tanto en su aspecto formal como sustancial.

Sobre la disposición relativa al criterio de sede efectiva de administración, no debe perderse de vista que la calificación de las sociedades como nacionales por tener su sede efectiva de administración en Colombia atiende al cumplimiento de un deber legal, al darse los presupuestos previstos en la norma para el efecto y supone, en adelante, la tributación sobre la renta y patrimonio de fuente mundial. Por lo demás, su espíritu se funda en evitar la deslocalización de rentas para disminuir o evitar su tributación, en protección de la tributación local.

Ahora bien, analizada la operación de manera integral, bajo los derroteros de la cláusula general antiabuso, se podría cuestionar la operación de restructuración del patrimonio familiar adelantada por Pedro —como en efecto lo propone la DIAN en este caso—, en la forma de fusiones precedidas de la calificación de las sociedades extranjeras como nacionales por tener su sede efectiva de administración en Colombia, por considerar su uso con el exclusivo propósito de obtener una ventaja fiscal. Concretamente, el uso de la norma de sede efectiva para llevar a cabo una operación que deriva en una ventaja fiscal, que, de no haberse implementado, hubiese generado una carga fiscal.

Al respecto, es preciso observar:

- Se trata de un mismo beneficiario final.
- No se verifica la implementación de actos o negocios artificiosos.
- Aun cuando haya podido representar una ventaja fiscal y esta se haya efectivamente considerado, existen otros motivos económicos y factores que sustentan la realidad y sustancia de la operación.
- La declaratoria de las sociedades extranjeras como nacionales por tener su sede efectiva de administración atiende al cumplimiento de un deber legal.

Con sustento en los objetivos de las normas sobre las reorganizaciones gravadas, que pretenden contrarrestar la trasferencia de activos en Colombia al exterior sin gravamen, no estimo procedente la tributación sobre una verdadera reorganización de un patrimonio que pertenece a un mismo beneficiario final. Cabe preguntarse entonces si una consideración de sustancia que resulte a favor del contribuyente descarta la aplicación de la norma general antiabuso, aun cuando pudiera resultar reprochable desde la perspectiva formal. Así mismo, cabe preguntarse si es procedente desconocer el cumplimiento de un deber legal, al haber tenido como efecto la obtención de un ahorro fiscal. Al respecto, considero que la disposición relativa al criterio de sede efectiva de administración no puede ser desconocida ni desnaturalizada para interpretarse como acto abusivo, por simplemente representar, bajo la aplicación válida de un conjunto de otras normas vigentes, una especie de ventaja fiscal.

Así, sobre la consideración de la sede efectiva de administración como instrumento de elusión, se estima que, en este caso particular, esta debe ceder al contexto negocial y propósito comercial válido de la reorganización, puesto que, en definitiva, atiende a la necesidad de revisar si resulta procedente tal calificación que el legislador quiso equiparar bajo la ficción legal.

No sobra recordar en este punto que la planeación tributaria de los patrimonios familiares es plenamente legítima siempre que se enmarque en la legalidad, en los términos expuestos, en cuanto que propende por "[a]lcanzar el mayor rendimiento del capital con el menor costo tributario posible"[56]. En este sentido, la estrategia de solución está encaminada a presentar una guía de criterios para la administración tributaria, dirigida a interpretar la cláusula general antiabuso actualmente vigente, con el fin de precisar su contenido y alcance, en aras de la seguridad jurídica y de la aplicación práctica de la misma.

Ello incluye precisar que un caso como el planteado, en el que en un conjunto de operaciones se combina un propósito fiscal con una serie de propósitos económicos válidos, debe quedar por fuera de su ámbito de aplicación, en procura del adecuado equilibrio entre las finalidades recaudatorias del Estado y los derechos de los contribuyentes en sus elecciones económicas.

Lo anterior, en desarrollo de una interpretación razonable tanto de la cláusula antiabuso interna como de la NPP, según la cual una razón de negocios puede coexistir con la razón de ahorro impositivo siempre que se pueda demostrar que hay un propósito de negocios válido, de manera que solo se configuraría el abuso cuando se trata de actos de carácter puramente artificial y no existen propósitos distintos a la obtención de un beneficio fiscal. Ello supone apartarse de la concepción internacional en materia de abuso anteriormente expuesta, so pretexto del cumplimiento del orden interno y de la soberanía nacional.

56 Javier N. Rojas, "Planeación Tributaria de los patrimonios familiares", *Impuestos Legis*, n.º 106 (2010): 4.

PROPUESTA DE IMPACTO O MEJORA

GUÍA PARA LA INTERPRETACIÓN Y APLICACIÓN DE LA NORMA GENERAL ANTIABUSO (NGA) POR PARTE DE LA ADMINISTRACIÓN TRIBUTARIA

Artículos 869, 869-1 y 869-2 del Estatuto Tributario

Parte I. Propósito de la guía.
Parte II. Criterios de interpretación y aplicación de la norma general antiabuso (NGA).

Parte I. La guía tiene como propósito fundamental contribuir a la interpretación y aplicación de la NGA contenida en el artículo 869 del Estatuto Tributario, por parte de la Administración Tributaria, a partir de la evaluación de unos criterios o lineamientos que permitan aproximarse, de manera más clara, precisa, transparente y uniforme, a su contenido y alcance, con miras a hacer efectiva su aplicación práctica, propendiendo por garantizar el adecuado equilibrio entre los supuestos generales regulados en la norma antiabuso y los derechos de los contribuyentes en su aplicación. Así mismo, se busca evitar que se genere un ambiente desfavorable para la inversión y el crecimiento económico.

Parte II. Criterios de interpretación y aplicación de la norma general antiabuso (NGA)
Criterios generales:

- La NGA está dirigida a contrarrestar únicamente los actos, negocios, conductas que constituyan "abuso" en materia tributaria.

- Son "abusivas" las operaciones o serie de operaciones cuando involucran el uso o la implementación de uno o varios actos o negocios jurídicos artificiosos.
- Son indicios de artificiosidad, entre otros:
    - Los actos o negocios que carecen, o en los que no predomina, una razón o propósito económico y/o comercial.
    - Los actos o negocios cuyo único propósito, o propósito predominante, es la obtención de una ventaja o provecho tributario, en sentido amplio.
    - Los actos o negocios que dan lugar a una ventaja fiscal, en sentido amplio, sin que se haya tenido que asumir un riesgo económico equivalente.
    - Cuando, a partir de criterios objetivos, de razonabilidad y de justicia, se identifica la existencia de otro acto o negocio que es el acostumbrado o que cumple de mejor manera con los objetivos económicos o comerciales perseguidos.
    - Cuando se verifica la existencia de un vacío legal del que el contribuyente hace uso, obteniendo una ventaja fiscal que carece de razonabilidad.
    - Cuando la operación o serie de operaciones implementadas resultan, para efectos fiscales, en montos o partidas significativamente distintas de los resultados económicos. Por ejemplo, montos de ingresos o utilidades significativamente inferiores o pérdidas o deducciones significativamente superiores.
- Una de las columnas vertebrales de las decisiones financieras en general, es el componente tributario —tratándose de una erogación obligatoria a favor del Estado— por cuanto los tributos afectan el rendimiento y el flujo de efectivo, tanto a

nivel corporativo como al nivel de los individuos. Por lo tanto, la consideración de obtener o la obtención de una ventaja o provecho tributario no necesariamente puede suponer que este sea el único o el propósito principal para haber elegido determinado acto o negocio, si este coexiste con uno o varios factores de otra índole económica y/o comercial, distintos a la obtención de un ahorro tributario, y si el acto o negocio elegido resulta razonable para alcanzar el objetivo económico y/o comercial perseguido por el contribuyente, o es el que de ordinario se utiliza para alcanzar objetivos comparables o similares.

- Los conceptos de "actos o negocios jurídicos" y "provecho tributario" deben ser interpretados en un sentido amplio.
- La recaracterización de las operaciones, una vez probada la existencia de abuso, no debe suponer necesariamente la elección de la alternativa que resulta en la mayor carga tributaria, sino la que, a partir de los criterios de razonabilidad y justicia, es la que más probablemente se hubiera implementado en las mismas circunstancias y que cumple adecuadamente los objetivos perseguidos dada su propia naturaleza.
- La cláusula general antiabuso contenida en el artículo 869 del Estatuto Tributario aplica de manera general y complementaria con las cláusulas antiabuso especiales previstas en el ordenamiento jurídico tributario. Por lo tanto, aquella no estará condicionada a la ausencia de regulación especial en una cláusula antiabuso especial ni opera de manera residual frente a estas.

Criterios específicos (test):

- ¿Cuál es la naturaleza de los actos, negocios o conductas implementados por el contribuyente identificados como potencialmente abusivos?
- ¿Cuáles son los objetivos económicos y/o comerciales perseguidos por el contribuyente mediante la implementación de tales actos, negocios o conductas?
- ¿Cuáles son las consecuencias tributarias y, concretamente, cuál es la ventaja o provecho tributario que se estima perseguido u obtenido por el contribuyente, mediante la implementación de dichos actos, negocios o conductas?
- ¿Cuáles son las razones objetivas para considerar que tales actos, negocios o conductas carecen de razón o propósito comercial y/o económico o que estos no predominan sobre la ventaja o el provecho tributario perseguido u obtenido?
- ¿Cuáles son las pruebas objetivas que tiene la Administración Tributaria para acreditar que la ventaja o provecho tributario es el único o el propósito predominante de la operación o serie de operaciones a partir de los actos, negocios o conductas implementadas? ¿Cómo tales pruebas son suficientes para acreditar dicha circunstancia?
- ¿Cuáles son las pruebas objetivas que tiene la Administración Tributaria para acreditar la ausencia o preponderancia de razón o propósito comercial y/o económico de tales actos o negocios? ¿Cómo tales pruebas son suficientes para acreditar dicha circunstancia?
- ¿Los actos, negocios o conductas implementadas son razonables y acordes con los objetivos perseguidos según su propia naturaleza?

- ¿Cuál es el espíritu, propósito, principio y/o política relevante que subyace a la norma, regulación, postulado aplicable, que se estima(n) abusado(s)?
- ¿Cuál es la transacción o serie de transacciones acostumbradas para materializar hechos y objetivos comparables o similares?
- ¿Existe un acto, negocio o conducta distinto al utilizado, que resulte objetivamente más razonable y adecuado para alcanzar un objetivo económico y/o comercial perseguido por el contribuyente, o que sea el que de ordinario se utiliza para alcanzar los mismos objetivos?
- ¿Cuáles son las consecuencias tributarias de esta operación o serie de operaciones esperada(s) y cómo difiere(n) de las consecuencias derivadas de la presentada por el contribuyente?
- ¿Cuáles son las pruebas que aportó el contribuyente para desvirtuar la conducta abusiva?
- ¿Qué hechos objetivos son probados con tales pruebas?
- ¿El contribuyente tenía la intención de obtener la ventaja o provecho tributario?
- ¿Cuáles son las pruebas objetivas que tiene la Administración Tributaria para acreditar la intención de obtener la ventaja o provecho fiscal como un propósito único o preponderante sobre la razón o propósito comercial y/o económico de tales actos o negocios?
- ¿Cómo tales pruebas, analizadas en conjunto con todo el material probatorio relevante, son suficientes o no para desvirtuar la existencia de una conducta abusiva, que deba ser objeto de recaracterización?

Ejemplos de actos o negocios que indican conductas no constitutivas de abuso:

- Las decisiones de inversión que impliquen la elección de un negocio, acto, mecanismo o instrumento previsto en la ley por ofrecer un alivio o incentivo tributario quedan por fuera del ámbito de aplicación de la NGA.
- Las decisiones de transferir bienes a los herederos por los mecanismos establecidos en la Ley para reducir el eventual impuesto sobre la sucesión quedan por fuera del ámbito de aplicación de la NGA.
- La simple implementación de una norma tributaria, que tenga como efecto la obtención de una ventaja tributaria, no es una conducta *per se* abusiva.

Criterios para la recaracterización de las operaciones que constituyen abuso en materia tributaria:

- La recaracterización de las operaciones supone la identificación de la verdadera naturaleza, forma y particularidades de la operación o serie de operaciones y la consecuente propuesta de ajuste de las consecuencias tributarias presentadas por el contribuyente, la cual debe darse bajo *criterios de justicia y razonabilidad*. Por lo tanto, entre otras cosas, el ajuste apropiado no necesariamente es el que supone la mayor carga tributaria, sino el que, a partir de los criterios de *razonabilidad y justicia*, plantea la implementación del acto o negocio que probablemente se hubiera implementado más en las mismas circunstancias y que cumple adecuadamente los objetivos perseguidos dada su propia naturaleza.

- El ajuste para reflejar las consecuencias tributarias que la autoridad estima procedentes no puede envolver elementos de doble tributación, cargas excesivas o inadecuadas o que no estén previstas en la ley o sean contrarias a la voluntad del legislador.
- Debe garantizarse el debido proceso durante el curso de todas las actuaciones adelantadas durante el procedimiento de abuso.

BIBLIOGRAFÍA

Bonilla Montoya, Lisbeth E. "Análisis de las acciones BEPS, su aplicación en Colombia y su inclusión al sistema tributario". *Revista Instituto Colombiano de Derecho Tributario*, n.° 76 (2017). Acceso el 6 de julio del 2019, https://revistaicdt.icdt.co/wp-content/Revista%2076/PUB_ICDT_ART_BONILLA%20MONTOYA%20Lisbeth%20E._Analisi%20de%20las%20acciones%20BEPS%20su%20aplicacion%20en%20Colombia%20y%20su%20inclusion%20al%20sistema_Revista%20ICDT%2076_Bogota_17.pdf.

Botella García-Lastra, Carmen. "Fusiones y Adquisiciones". En *Memorias XXV Jornadas Latinoamericanas de Derecho Tributario*, Tomo I, coordinado por Rodrigo Borasi. Buenos Aires: Abeledo Perrot, 2010.

Cahn-Speyer Wells, Paul. *Derecho Crítico: Perspectiva Tributaria*. Bogotá: Editorial Temis, 2016.

Cahn-Speyer Wells, Paul. "Fusiones y Adquisiciones. Aspectos Internacionales". En *Memorias XXV Jornadas Latinoamericanas de Derecho Tributario*, Tomo I, coordinado por Rodrigo Borasi. Buenos Aires: Abeledo Perrot, 2010.

Cotrut, Madalina. *International tax structures in the BEPS era: An analysis of anti-abuse measures*. Amsterdam: IBFD, 2015.

Escobar Oliver, Claudia Marcela. "Sede efectiva de administración; vacíos en la legislación y retos de la reglamentación". *Revista*

Instituto Colombiano de Derecho Tributario, n.º 74 (2016). Acceso el 12 de abril del 2019, https://revistaicdt.icdt.co/wp-content/Revista%2074/PUB_ICDT_ART_ESCOBAR%20OLIVER%20Claudia%20Marcela_Sede%20efectiva%20de%20administracion%20vacios%20en%20la%20legislacion%20y%20retos%20de%20la%20reglamentacion_Revista%20ICDT%2074_Bogota_16.pdf.

EY Abogados. "Cláusula General Antiabuso Tributaria en España: Propuestas para una mayor seguridad jurídica". Madrid: Fundación de Impuestos y Creatividad, 2015. Acceso el 12 de abril del 2019, http://www.fundacionic.com/wp-content/uploads/2016/02/Cl%C3%A1usula-General-Antiabuso-Tributaria-en-Espa%C3%B1a-Propuestas-para-una-mayor-seguridad-jur%C3%ADdica.pdf.

García Novoa, César. *El derecho tributario actual. Innovaciones y desafíos*. Bogotá: Instituto Colombiano de Derecho Tributario, 2015.

García Novoa, César. "Aproximaciones al concepto de elusión y evasión tributaria en el actual contexto internacional". En *Nueva fiscalidad: Estudios en homenaje a Jacques Malherbe*, dirigido por Catalina Hoyos Jiménez, César García-Novoa y Julio A. Fernández C. Bogotá: Instituto Colombiano de Derecho Tributario, 2017.

Gutiérrez, Myriam Stella y Natalia Quiñones. *Resultados del plan de acción BEPS y su aplicación en Colombia*. Bogotá: Instituto Colombiano de Derecho Tributario, 2016.

HM Revenue and Customs (HMRC). "General anti-abuse rule (GAAR) guidance (Approved by the GAAR Advisory Panel with effect from 28 March 2018)". Acceso el 1.º de julio del 2019, https://assets.publishing.service.gov.uk/government/uploads/system/uploads/attachment_data/file/695255/gaar_parts_a_b_c_2018.pdf.

Hoyos Jiménez, Catalina, César García-Novoa y Julio A. Fernández C. *Nueva fiscalidad Estudios en homenaje a Jacques Malherbe*. Bogotá: Instituto Colombiano de Derecho Tributario, 2017.

Ministerio de Hacienda, Secretaría de Estado de Hacienda, Dirección General de Tributos, España. Consulta V0003-03 de 21 de enero del 2003, SG de Impuestos sobre las personas Jurídicas. Acceso el 21 de abril del 2021, https://petete.tributos.hacienda.gob.es/consultas.

OCDE. *Proyecto BEPS - Nota Explicativa: Informes Finales 2015, Proyecto de la OCDE y del G-20 sobre Erosión de la Base Imponible y el Traslado de Beneficios.* París: Éditions OCDE, 2016. Acceso el 30 de junio del 2019, http://dx.doi.org/10.1787/9789264263567-es.

OCDE. *Combatir las prácticas fiscales perniciosas, teniendo en cuenta la transparencia y la sustancia, Acción 5 - Informe final 2015, Proyecto de la OCDE y del G-20 sobre la Erosión de la Base Imponible y el Traslado de Beneficios.* París: Éditions OCDE, 2016. Acceso el 30 de junio del 2019, http://dx.doi.org/10.1787/9789264267107-es.

OCDE. *Impedir la utilización abusiva de convenios fiscales, Acción 6 - Informe final 2015, Proyecto de la OCDE y del G-20 sobre la Erosión de la Base Imponible y el Traslado de Beneficios.* París: Éditions OCDE, 2016. Acceso el 30 de junio del 2019, http://dx.doi.org/10.1787/9789264257085-es.

Panis, Wim y Julie Permeke. "General Observations on and an Overview of the Development of a GAAR on an International LevelThrough the BEPS-Initiative". En *Nueva fiscalidad Estudios en homenaje a Jacques Malherbe*, dirigido por Catalina Hoyos Jiménez, César García-Novoa y Julio A. Fernández C. Bogotá: Instituto Colombiano de Derecho Tributario, 2017.

Pardo Ramírez, Héctor Gustavo. "Modificaciones a la cláusula general anti-abuso". En *Comentarios a la Reforma Tributaria Estructural Ley 1819 del 2016*, dirigido por Juan Guillermo Ruiz Hurtado. Bogotá: Instituto Colombiano de Derecho Tributario, 2017.

Restrepo Vélez, Humberto Aníbal. "Abuso en Materia Tributaria". *Legis*, n.° 204 (2017).

Rojas, Javier N. "Planeación Tributaria de los patrimonios familiares". *Impuestos Legis*, n.° 106 (2010).

Rozo Gutiérrez, Carolina. "Acción 6: El abuso de los tratados para evitar la doble tributación; ¿Cómo delimitar la frontera con la planeación fiscal legítima?". En *Resultados del plan de acción BEPS y su aplicación en Colombia*, dirigido por Myriam Stella Gutiérrez y Natalia Quiñones. Bogotá: Instituto Colombiano de Derecho Tributario, 2016.

Rozo Gutiérrez, Carolina y Juan José Zomoza Pérez. *Memorias 37 Jornadas Colombianas de Derecho Tributario*, Tomo I. Bogotá: Instituto Colombiano de Derecho Tributario, 2013.

Simader, Karin y Elisabeth Titz. *Limits to the tax planning* Viena: Linde Verlag, 2013.

Weber, Dennis. "The Reasonableness Test of the Principal Purpose Test Rule in OECD BEPS Action 6 (Tax Treaty Abuse) versus the EU Principle of Legal Certainty and the EY Abuse of Law Case Law". *Erasmus Law Review* 10, n.° 48 (2017). Acceso el 13 de julio del 2019, file:///C:/Users/jcastror/Downloads/ELR_2017_10_01_005.pdf.

Normas y leyes

Congreso de la República. "Proyecto de Ley n.° 134/2012, Cámara 166/2012 Senado. Exposición de Motivos". *Gaceta* n.° 666, 5 de octubre del 2012.

Congreso de la República. "Proyecto de Ley n.° 178/2016, Cámara 163/2012 Senado. Exposición de Motivos". *Gaceta* n.° 894, 19 de octubre del 2016.

ET.

SOBRE LOS AUTORES

COMPILADORA

Eleonora Lozano Rodríguez

Abogada, economista y magíster en Economía de la Universidad de los Andes. Doctora en Derecho de la Universidad de Salamanca. Actualmente es decana de la Facultad de Derecho de la Universidad de los Andes. Sus reflexiones académicas han girado en torno a la tributación y la hacienda pública colombiana, a partir de perspectivas comparadas e interdisciplinares.
Puede seguirla en www.eleonoralozano.com.

AUTORES

Juanita Castro Romero

Abogada de la Universidad de los Andes, especialista en Administración Financiera y Tributación de la Universidad de los Andes y magíster en Tributación de la Universidad de los Andes. Se ha desempeñado como abogada consultora en firmas de abogados especializadas en derecho tributario, comercial y corporativo y como asesora en temas tributarios en el sector público. Actualmente, se desempeña como jefe de la Oficina Asesora de Jurídica del Ministerio de Hacienda y Crédito Público.

Alfredo D'Costa Rodríguez

Abogado y filósofo. Especialista en Derecho Laboral y Seguridad Social de la Universidad Sergio Arboleda. Especialista en Tributación y en Derecho de los Negocios Internacionales de la Universidad de los Andes. Magíster en Derecho Privado y magíster en Tributación de la Universidad de los Andes. Se desempeñó como director jurídico de empresas del sector privado por más de 10 años, ha trabajado como abogado asociado en reconocidas firmas de servicios legales. Es profesor y conferencista en diferentes universidades del país. Actualmente brinda asesoría jurídica y tributaria a empresas del sector privado y grupos familiares.

Juan Carlos Durán Uribe

Abogado *cum laude* de la Universidad de los Andes. Se desempeñó como primer gestor académico de la Maestría en Tributación de la misma institución. Del diseño metodológico del curso de Maestría "Metodología para la resolución de casos tributarios", en el cual participó, así como de otras experiencias pedagógicas que ha tenido, surgió su interés por adelantar la Maestría en Educación de la Universidad de los Andes, a cuyo título aspira actualmente.

Andrés Guevara González

Abogado de la Universidad EAFIT. Especialista en Tributación de la Universidad de los Andes y magíster en Tributación de la misma Universidad. Cuenta con experiencia como litigante y asesor jurídico en asuntos tributarios, cambiarios y corporativos. Actualmente se desempeña como asociado en la práctica de Consultoría Tributaria en Jiménez, Higuita, Rodríguez & Asociados.

Félix Andrés López Pulido

Contador público de la Universidad de la Salle, especialista en Tributación de la Universidad de los Andes y magíster en Tributación de la misma Universidad. Gerente de impuestos con más de 12 años de experiencia en impuestos nacionales e internacionales. Ha trabajado en firmas contables y de impuestos en Colombia e Inglaterra. Ha sido docente de Impuestos indirectos en distintas universidades.

Gloria Johana Morales Osorio

Licenciada en Lengua Castellana y magíster en Literatura. Trabajó en el Centro de Español de la Universidad de los Andes coordinando los cursos de escritura académica intensiva de pregrado. También ha sido profesora de escritura académica en posgrado y está interesada en acompañar pedagógicamente la enseñanza de la escritura y la lectura en la educación superior.

Camilo Andrés Perilla López

Abogado de la Universidad Nacional de Colombia y administrador público de la Escuela Superior de Administración Pública (ESAP), especialista en Tributación de la Universidad de los Andes y magíster en Tributación de la misma Universidad. Cuenta con experiencia como asesor de personas jurídicas y naturales en temas de Derecho administrativo, Administración pública y Derecho tributario. Actualmente, se desempeña como funcionario del despacho del subdirector de Gestión de fiscalización tributaria de la Unidad

Administrativa Especial de la Dirección de Impuestos y Aduanas Nacionales (UAE-DIAN).

Andrés Felipe Rivas Cardona

Cofundador y CEO de Copérnico Tech S. A. S. Abogado de la Universidad del Rosario. Especialista y maestro en Tributación de la Universidad de los Andes. Actualmente, dirige una compañía de tecnología relacionada con el control y análisis de procesos tributarios. Así mismo, se desempeña como consultor independiente en asuntos tributarios para personas públicas y privadas. Desde el 2016 se ha desempeñado como profesor titular en la Especialización de Derecho Tributario, dictando el módulo de procedimiento administrativo tributario. Es miembro del Centro de Estudios de Derecho Procesal (CEDEP). Ha participado como panelista en diplomados de procedimiento tributario organizados por Legis Información Profesional S. A. desde el 2017.

Cindy Johanna Simbaqueva Vigoya

Profesional en Finanzas y Comercio Internacional de la Universidad Colegio Mayor Nuestra Señora del Rosario de Bogotá. Especialista y magíster en Tributación de la Facultad de Derecho de la Universidad de los Andes. Su experiencia abarca la realización de estudios y documentación de precios de transferencia para compañías multinacionales en Colombia, Costa Rica, Ecuador, Guatemala, Panamá, República Dominicana, entre otros países. Ha sido panelista de mesas redondas organizadas por el ICDT e invitada por universidades para profundizar sobre temas relacionados con Precios de Transferencia.

Actualmente, se desempeña como gerente del grupo internacional de Precios de Transferencia en BaseFirma Colombia S. A.

Ruby Esperanza Yaya Escobar

Licenciada en Biología de la Universidad Distrital Francisco José de Caldas, especialista y magíster en Educación de la Universidad de los Andes. Líder del frente de innovaciones educativas con tecnología en posgrado del Centro de Innovación en Tecnología y Educación (ConectaTE) y profesora de apoyo de cursos de la concentración de educación y TIC de la Maestría en Educación. Especialmente, profesora maravillada con el aporte de las TIC a la educación.

www.ingramcontent.com/pod-product-compliance
Lightning Source LLC
LaVergne TN
LVHW060318051026
849517LV00004B/1144
* 9 7 8 9 5 8 7 9 8 1 5 6 8 *